新世紀叢書

當代重要思潮・人文心靈・宗教・社會文化關懷

從現象學、存在主義到休閒資本主義

衝浪板上的哲學家

Surfing with Sartre

An Aquatic Inquiry into a Life of Meaning

Aaron James

加州大學爾灣分校哲學教授

亞倫・詹姆斯——著

邱振訓——譯

各界評論

深入淺出……在追求智慧與追逐浪頭間達到了巧妙的平衡。

——全國公共廣播電台（NPR）

歎為觀止。

——《紐約時報書評》

作者筆鋒平易近人……快將這本好書帶回家吧。

——《舊金山紀事報》

洞見非凡！真是本清晰而豐富的寶典。

——《哲人雜誌》

與沙特對談工作與遊戲，妙不可言的一本書。作者主張少工作、多休閒、更要多衝浪，這不僅無可批評，更是我們道德上該做的事！

——傑瑪爾 尤吉斯，《坦帕灣時報》

才智出眾，無比動人；既震撼又純粹；憑著一股衝浪客的精神以簡馭繁。

——《緬因先鋒報》

深刻而積極。《衝浪板上的哲學家》不僅有趣，更充滿睿智洞見，對人類境況提供一套新穎見解，無論是象牙塔裡的學者、無拘無束的衝浪客，還有街頭上的你我都能受益非凡。

——《好書覺察網》

細心鑽研，思想深刻……作者以他身兼哲學家與衝浪客的獨特角度重新剖析了哲學中的重大問題。

——哲學評論網站「理性與意義」

震撼人心，趣味十足；好一本關於工作與自由的輕鬆文集。

——《克爾庫斯書評》

對衝浪與哲學的深刻思辨……就算你不衝浪，作者也能帶你一探衝浪如何改變我們對世界的理解，從中汲取豐富的意義。

——《出版者周刊》

才智過人的作品……彷彿在一道哲學巨浪上遨遊，酣暢淋漓！

——《美國圖書館協會書單評論》

作者真是太了解怎麼讓深入思考充滿趣味了……想想看，一個大學爾灣分校的哲學教授教你怎麼從衝浪客的角度去理解自由、存在和知識論，這實在是太酷了！

——《圖書館雜誌》

衝浪板上的哲學家：從現象學、存在主義到休閒資本主義

【目錄】本書總頁數416頁

滑雪不只是讓我能快速移動和學習特殊技巧，也不只是玩耍……而是讓我改變了雪這種東西和它的意義。

——尚—保羅·沙特（Jean-Paul Sartre）

想到運動中的身體，我們就更能看清身體是如何居於空間（以及時間）之中，因為運動並非僅僅是被動地臣服在時間與空間之下，而是主動地預設了時空，運動體現了時空在日常情境中往往被掩蓋了的基本意義。

——莫里斯·梅洛—龐蒂（Maurice Merleau-Ponty）

抓住浪頭，就能坐上世界的巔峰。

——布萊恩·威爾森（Brian Wilson）與麥可·拉夫（Mike Love）

導論──這既是本關於衝浪的書，卻又不是如此

不久之前，在每週固定工時四十小時之前的黑暗日子裡，一般人只能不斷辛勤勞作，沒有充足休息時間，更甭提閒散度日、從事創作，甚至是到海邊衝浪了。還好，歷史有了革命性的轉變。在一九四〇年代初期，勞工運動為大多數勞工成功爭取到了固定工時、週末休假，以及公定假日。戰後經濟蓬勃發展，許多人紛紛在這新鮮的休閒文化浪潮中衝往海邊，尋找新的生命意義型態。時至今日，資本主義更重視閒暇，世界各地的衝浪點都看得到尋常的衝浪客，為當天最好的剎那巨浪著迷不已，將工作壓力拋在一旁，彷彿整個人生存在的意義就在於騎上那浪頭。

我的意思是，真的**超級**著迷，至少在巔峰時刻是這樣。沉迷在那浪頭呼嘯而起，轟然而落之間。在那剎那會覺得一切都如此輕鬆愜意、美妙、**燦爛非凡**。彷彿你只需要休息，吃個墨西哥捲餅。你先前的擔憂，早已不知飛去何處了。衝浪客也許會冒出幾句若有深意的話來：「只有衝浪人才懂」、「浪花沖掉了所有的問題」、「萬事萬物都息息相關」、「你得埋頭衝向更大的目標，你懂我意思吧？」等。或許最誠實的回答是：「你**現在**到底在說啥？」不過隨便

啦，你知道的，有誰會在意呢？曖昧不明的話無法表達這輕鬆的時刻，非得要用仔細定義的真理來講嗎？當然，徹底的思考並非**總是**必要的，更別說是因為世界永遠無法用言語完全掌握，就算我們用詞遣字再精確也依然如此。當你為了浪頭上一切都到位而欣喜不已，或是當你抓住了一個真正**漂亮**的浪管（tube），滑進浪管裡頭，彷彿歷經了無數**時光**，這一刻，你根本什麼也無需著手控制。你會著迷，是因為在其中沒有任何事會發生。因為沒有任何事物會有所變化。因為你可以單純活在這一刻。因為在南加州星期一的下午三點十五分衝完浪的這一刻，在墨西哥捲餅攤旁，在燦爛的陽光下，你正活生生地在這裡。

衝浪客並不是不知羞恥的懶惰蟲——至少在比例上並未比總人口中所佔的比例更高。大多數的衝浪客都有工作。他們會去上班，就算浪花捲起，他們也會為了責任感而強忍跑去衝浪的欲望。「工作狂」會汲汲營營於工作，狂熱地追求金錢與職位，根本無暇顧及責任感。那到底誰的工作更有道德價值呢？是只為了嚴肅的責任而行動的人，還是只管自己喜好而為的人呢？

對康德（Immanuel Kant）這位啟蒙哲學家、嚴格的道德家來說，行動的道德價值來自於行動的動機；這些為了責任——而且大概也只是因為責任所迫——而來上班的尋常衝浪客，也許可以因為做他或她其實不喜歡做的事而受到讚許吧。①但是康德這位高尚又超理性的哲學家（他可是與古希臘的柏拉圖〔Plato〕、亞里斯多德〔Aristotle〕並列最偉大的哲學家）大概不會衝浪。雖然康德年輕時也是個喜愛宴客派對的人，但他卻一輩子也沒離開過德國的柯尼斯堡（Königsberg）。據說，你可以在他每天散步沉思的時刻調整手錶來對時。這位勤奮的天才對於快樂充滿懷疑，對於道德又太過理智，嚴格要求服從律則，光是這些理由就足以叫衝浪客另尋高明，探索衝浪生活獨特的美妙之處了。

這倒也不是說現今的工作本身有多糟糕。大部分的人都能夠從賴以為生的工作中找到某種意義。一旦你進入了「心流狀態」（稍後會談到），無論是在爭論廚房該有什麼樣的規矩、回電子郵件，或是整理商店貨架，時間都會迅速流逝。但是我們大多數人都沒辦法持續專注在這些事上，尤其當工作變得乏味時，更是如此。我們的心思往往會飄到自己所欠缺的事物上。所以衝浪客經常陷入騎上浪頭的白日夢裡，無論是在鍵盤前、收銀台，還是在刷油漆，都忍不住會划動手腳，而不是全心全意投入工作之中。

我曾經在幾間餐廳洗過窗戶。這工作最大的好處就是工時彈性，所以我大可以在浪潮來時跑去衝浪。用刮刀快速刮過玻璃窗，不留一滴水漬，稍待一會兒就能開門迎客，這也很教人快

---

① 康德說，比起一個富有同情心，一心只想幫助他人的人，一個「不因為任何偏好，只為了責任」而克制不悅，勉力幫助他人的人，「他的行動這時候才首次有了真正的道德價值」。康德這話說得當然有點過頭了。但如果只為了責任而工作至少是該稱讚的作為，那麼這些不想上班的衝浪客也同樣該受讚揚。見《道德底形上學基礎》（*Groundwork for the Metaphysics of Morals*, 1785），第一節。

活。光是看著水流過的紋路這件事本身就很令人開心了——更別說這花不了多少時間，好讓我能更快上路去衝浪。當陸風吹向海面，緩緩捲起了浪花，每隔六呎就襲來一波波浪頭，我心裡只會想著這浪真是漂亮到不行，完全忘了我那微薄的薪水有什麼用。這倒不是說如果我只為了這念頭而工作，生活就會更好。生命的意義就發生在**現在**，就在今天，就在丹尼餐廳外幾哩之遙，但我現在只能在丹尼餐廳裡強忍時間不斷流逝的痛楚，就像被愛人拋棄一樣孤零零的，卻還得強顏歡笑，招待那些早餐吃太飽的顧客。

衝浪客的白日夢裡幾乎總有浪管駕乘的畫面。每個衝浪客都會告訴你，在浪管裡頭駕乘是多麼地令人狂喜，甚至可比擬高潮經驗（大概差不多啦②）。「在浪管裡面的時間是靜止的」，他們會這樣說。「那真的太狂了！經典！真的，老兄」——就算那是幾十年前的往事，他們也會你一言我一語，彷彿像是才剛讀了普魯斯特的書一樣，活靈活現地一再談論他們遇過最棒的浪管。他們會細細描述他們在浪濤深處的**速度**，還有那浪壁有**多麼陡峭**。他們會提到有幾滴水花飛濺身旁，會提到浪頭在哪個點開始「崩塌」，在他們的前方**築起一道**水幕。他們會強調他們**只差那麼一點**就被崩下來的浪峰壓進水底，或是為自己的英雄身手加油添醋，說他們如何抓準時機，靠著超凡的悠閒鎮定，**輕輕鬆鬆地**就滑了出來，雖說他們其實**根本**想都沒想到自己衝得出來。他們會告訴你在浪管裡空氣抽吸的聲音有多大（還一邊示範給你聽），說那裡頭風壓有多強，甚至還會有人睜大雙眼，像是發瘋了一樣，手舞足蹈地大聲呼號，說他親眼目睹了這一切，要證明給你看。

還好，衝浪客的這些話，就跟釣客會說他們釣過多大的魚一樣誇張，你用不著相信。高聳峭立的碧藍水牆，以及衝浪客在渦卷裡優雅站立的模樣，本身就是十足的美景，是自然和人類能力的極致展現，是人與海浪之間的完美協調。③

衝浪客通常對於世界萬有和他們自己存在的意義有種天生的輕鬆感。經常待在海邊的人就能充分體會衝浪客有多麼好運。我們很難討厭這麼徹底投入生命的人，就算他們實在有些招人反感甚至批評的缺點也一樣。當然，我們大都能學著活得輕鬆些，看淡生活中的種種問題。如果想要真正輕鬆地「滑」過我們的日常生活，衝浪客的生活方式或許能給我們一些實質的哲學建議。

這是本關於哲學的書。這本書要談的是關於歲月、關於知識、自由、控制、流變、快樂、社會、自然，還有人生意義的問題，看看衝浪客能否給我們什麼答案。這是本關於衝浪的書，

---

②會去衝浪的高中男生經常將波管滑行與性經驗相較，尤其同樣愛談進出次數。他們會為這兩者的優點爭辯，好像非得在其中擇一不可。但女衝浪客倒不會特別在意這有什麼相似性。

③看看寇亞·史密斯（Koa Smith）在奈米比亞骷髏灣這經典的一幕吧：https:// www.youtube.com/watch?v=LG9ei558NEA。

卻又不是如此，或者說不只如此，因為衝浪客所知道的，或至少所感覺到的，雖然未必細心體察，卻也是舉世關鍵的歷史時刻，重要性絲毫不亞於工作、地球與人類文明的未來。合而言之，衝浪客所知的，是教我們繼續推動戰後時期開始，從兩次大戰和經濟衰退中興起的休閒革命。近來鼓吹工作減量但維持或增加工時的潮流逐漸興起，尤以美國為最。但是我們並不該怠忽改善現今的種種制度。我們應該順著世界重大潮流，享受更悠閒、更像衝浪客般的資本主義，讓大家都有工作做，卻可以做得更少，讓工作比較不再是我們存在的主要理由。或者說，這是我在這本書中主要的論述目標，將在底下章節細說。

這本書也是我對於生命中的兩大重心「哲學」與「衝浪」的摸索，看看這兩者彼此會有何啟發。這一摸索，就帶我走向了二十世紀中期的哲學家與文學家讓—保羅・沙特（Jean-Paul Sartre）的世界。這個人太酷、太法國了，所以才會放棄一九六四年的諾貝爾文學獎。（他說他不能讓自己「被轉化為一種體制」，此外還給了一些不太重要又曖昧的理由。）身兼理論家、劇作家、公共知識份子的沙特對著他所處的時代說話，那是在兩次大戰戰後，瀰漫著冷戰的恐懼以及一種顯著荒謬、理性力量有限、文明不堪一擊的感受，整個世界都黯淡無光的一段歲月。對許多人而言，他就是那時代的良心，是見證時代暴行的勇士，是對時代焦慮的喊話聲。沙特於一九八〇年逝世，儘管他的觀點一直不是我們英美「分析」哲學主要的關注，但我倒是開啟了與他之間的對話，就像每個哲學家對偉大前輩會做的事一樣。要是我有機會和他在咖啡廳長談，或是在熱狗攤前聊天，那麼這本書的內容就是我要對他說的話。

我們的探問會依循古早論著的方式，從深層的基礎開始，一點一滴地涉及歷史上的重要事件。但既然大多數現代讀者不會這樣讀書，因為我們實在太容易分心（或也可能工作太忙），我或許該先說說衝浪客在歷史上的獨特地位，好讓大家知道這書中究竟要論證些什麼。④

有不少衝浪客確實該好好找份工作，為社會做些貢獻。但是大部分的人，包括大多數衝浪客在內，卻有著恰恰相反的毛病：我們做太多工作了。正因為我們工作做得太多，衝浪客在這一點上才會建議我們應該少做一點工作。這意思是我們真的應該**這麼做**，真的該少做點工作。當然，我們還是能夠工作，但是可以更有效率，更不浪費時間，只要賺到足夠的金錢就好，才能獲得更多的時間好去乘風破浪。這項建言聽起來或許有些不正經，甚至連許多衝浪客都未必能真正做到，可是「少點工作，多點衝浪」如今反倒能成為一種倫理教訓，讓人真正能對他人有些用處。

我們現在所做的工作，都會持續排放出暖化地球的氣體（例如二氧化碳、甲烷等）。所以在我們這生態稀缺的特異處境中，只要做比工作耗費更少生態資源的事，例如衝浪（只要不特

---

④本書的每一章都是各自完整的內容，所以集中力較短暫的讀者可以在不同主題間按照自己的興趣，隨著注意力的起伏，自行跳讀，弄清各主題之間的關聯後可以再回頭或往後閱讀。

別長途開車或搭機飛行的話），就會比努力工作少一些氣候變遷問題，也就是對社會做出貢獻了。

這是衝浪客合理化自己逃避工作的藉口吧？少做點工作，反而對社會有所**貢獻**——這難道不荒謬，難道不是帶點嬉皮風格的衝浪「哲學家」在陽光沙灘上的信口胡謅，更甭說是對「努力工作」這文明與個人德行基石的**蔑視**嗎？也許是，也許不是，但我要說的重點是這個想法確實有清楚的邏輯。如果你真的追求清晰的思考，在哲學上的挑戰方式，就是說出這裡頭不合邏輯的地方。

全球經濟富裕的日子過了，人要努力工作賺錢，排放溫室氣體，絲毫不擔心會造成生態危害、海平面上升、旱澇輪發、饑饉頻仍、人口集中遷移、資源戰爭等極端結果的巨大風險。衝浪客不是最具利他精神的一群人，但是就算不考慮他們對其他人的基本關懷，你也可以料想得到他們有自己的理由來重視這問題，因為海平面一升高，就會漫過世上許多絕佳的衝浪點。我們都應該**相信並祈禱**有個方便的科技能處理這問題。可是不能天真地以為我們不必自我調適，光靠新科技就能解決所有問題。事實證明，解決其他急迫問題的調整方式之一，就是發起每週工時四十小時的休閒革命。如果所有人都少做點工作，比方說，每週只工作二十小時，氣候危機也許就不像現在那麼可怕了。

對這個影響世界歷史的活動來說，就算衝浪客自己並不知情，也仍是積極的參與者。對其他不喜歡衝浪的人而言，當然還有養花蒔草、陪伴孩子、閱讀書籍等你此刻所熱愛的事項可選。只要這項活動比你在勞動市場上辛勤工作所排放的氣體少，那麼你做得愈多，工作愈少，就與衝浪客對社會所做的貢獻愈相像。

所以說，衝浪客是文明德行的某種新楷模。真正惱人的其實是工作狂，他們對勤於工作的努力反而使得地球暖化問題變本加厲。我敢說自己可是在代表衝浪客發言，因為若只是其他人有了這種不幸的缺陷，就責怪他們沒辦法放鬆，那實在是太不酷了。還好，不是每個人都必須全力投入這種限縮工時的新方向。儘管工作狂的工時還是高過了新的平均時數，但是衝浪客只要去衝浪就好，這樣才能「抵銷」多餘的溫室氣體排放。正如其他光怪陸離的事一樣，一旦我們了解到這生態稀缺的全新境況，就能得到這個結論。

這是個倫理學的問題：如果氣候科學就像我為了這個論證而假設的一樣，大致上是正確的，那麼我們在道德上便可以毫無限制地工作掙錢，就算將來會有千百萬的生靈遭殃，或是增加未來人類面臨嚴重傷害的重大危機也無所謂嗎？還是說，我們應該試著調整？假設我們在這調整中所做的「犧牲」就是少做點工作，花更多的時間陪孩子玩樂和從事運動好了，那很困難嗎？如果我們想變得更幸福，或者至少不要變得更不幸，那麼堅持休閒革命就不只是一項道德命令，而是我們真的能夠習以為常的事了。

我們必須終止新教的工作倫理，畢竟就算是世俗化最深刻的人也緊緊依附著這種強調努力、紀律、節儉的準宗教倫理觀。這種源自路德與喀爾文神學的倫理觀已經在我們日常生活中根深柢固，所以我們是不是真的能放下這種觀念就成了貨真價實的問題。單單是質疑這種倫理觀就會惹人生氣了，一想到要不靠這種倫理觀過活，會更讓人深覺不快，甚至手足無措。要是不看我的工作，我又會是誰？二十世紀偉大的存在哲學家沙特認為，人類並非生來就能適應無所事事的生活。人類天生既有自我意識，又十足自由，使得我們在永恆的自我創造中「注定要做出選擇」。在這一點上，這位真正的法國人卻是與首先肇興於歐洲，後來在美國蓬勃發展的老派資本主義完全一致。存在即是**作為**（Being is just *doing*），而作為本身就是某種勞動——這種勞動使我們變成屬於某種更大事物中的某個東西，成為了**某某人**（someone）。

沙特本人是個馬克思社會主義者，支持他那個時代進行的共產主義實驗。但是「存在即勞動」這個觀念倒是橫跨了美國、加拿大、德國等地，深植資本主義社會之中，直至今日仍揮之不去。個人的身分，亦即個人自我創造的成果，是看其他人願意為這個人的時間與天賦花上多少自己辛苦掙得的錢來定義。我們非常依賴市場決定我們對這社會做出多少貢獻，依賴市場決定誰來享受公共好處，依賴市場決定我們在他人眼中，甚至在自己眼中有什麼樣的形象。沒錯，每週四十小時工時確實可以讓我們有許多閒暇時間，但這是為了提升生產力的一項策略。休閒的目的就是為了替我們的職場工作「充電」，因為工作才是自我意義的真正根源。**閒暇、懶散、放鬆、遊蕩、衝浪的時光，是休閒重生**（recreation）**的時機，而不是工作呼召**（*vocation*）**的時刻。**

新教的工作倫理確實孕育出早期的資本主義[5]，要是不先提升國家財富，休閒革命根本無從開始。因此，衝浪客確實欠前人一份恩情。但這並不表示這種倫理觀就是我們自身存在的一部分，而是要說這樣才能變得富裕，才有時間做這些活動，不用再努力工作。既然現在先進國家這麼富裕了，那麼這套舊的倫理觀是不是過時了呢？衝浪客的名聲並不是來自於他們的知識，但他們有可能——也就是並非不可能——在歷史中選對了邊站。

不管怎樣，這就是這本書的主要論點：懂得如何駕馭風浪的衝浪客所知道的，能夠回答自古以來的難題——關於自由、控制、快樂、社會、人與自然的關係、工作的價值和生命的意義等重大問題。衝浪客對這些問題的回答可供我們借鑑，告訴我們在這不斷變遷的地球上，在人世間前所未見的暖化趨勢中要如何調適。這看似有些癡人說夢，就和工作環境中大部分的人道變革起初的模樣相去不遠。但這就是哲學最偉大的地方：我們可以擁有這樣的想法。我們可以靠著把眼光放遠，將自己從日復一日的政治算計中解放出來。

我能理解，這一切聽起來像是混合了什麼衝浪營和巴黎街頭咖啡館的哲學胡扯。但是我敢保證，衝浪客確實能帶出全新的洞見。事實上，沙特這個著作等身、頭腦敏銳、爭議不斷、菸不離手的存在主義哲學家就是我這本書裡最大的對手。如果能和他談談在我們這二十一世紀的困境中如何看待這些千古難題，我肯定會用衝浪客的知識來瓦解他哲學的中心思想。沙特將人類境況的深刻難題丟給了我們，也將我們拋入了淒涼的存在困境。在找尋出路的過程中，衝浪

---

⑤馬克斯・韋伯（Max Weber），《新教倫理與資本主義精神》。

客指出了一條走向陽光的路徑，一種充滿希望的歷史觀，也帶給我們一個更豐富、更生動的存在概念。

第 I 部

行動中的知識論

Epistemology in Action

1 衝浪客懂什麼

容易懂得論證或笑話的人大概很難理解事實。

——吉爾伯特．萊爾（Gilbert Ryle），《心靈之概念》

一波浪頭從深海捲來，衝浪客抓準了浪頭，隨著波浪自然之勢前進。

當海洋深處的湧浪襲上淺灘或海礁時，浪壁就會矗然湧起，滾成浪捲。如果這波浪頭適合衝浪的話，浪肩就會翻高捲成浪頂，沿著海灘奔出一道道波形，畫出底下沙灘或礁石的輪廓。要是有人躍上了浪頭馳騁（這可不是什麼簡單活兒，我稍後會再教初學者一些訣竅），那他就會沿著浪壁，在浪頂裡頭或附近滑行。接著可能會發生許多事：浪的大小變了、浪肩變了、湧起浪牆了，浪速變快了，或是捲成了浪管。

不管發生什麼事，衝浪客都得知道，而且馬上調適過來。衝浪客必須在浪頂衝過自己之前，察覺下一刻會發生什麼事，順著狀況來臨的時機調整。

大家都說「隨波逐流」是好事，無論在城市街道上，在工作計畫上，在日常事務上，以此為生活的大方向，可以少些焦慮、少些壓力，比較能夠順利成功。「隨波逐流」其實是對某件事的美好譬喻——但那是什麼事呢？衝浪客可是真的在大自然中隨波逐流，而且往往日日如此，宛如將自己的生命投注在這項活動之中。所以，如果要了解「隨波逐流」這譬喻背後的真理，最好先看看衝浪客究竟懂得些什麼。

如何衝浪

當海洋深處的湧浪推上淺灘或海礁時，得要在浪頭捲到最高峰、最頂端之前趕緊跟上。你要小心翼翼地踩穩姿勢，在逐漸湧起的波浪上划水，以便跟上波浪，順著其自然之勢前進。接著馬上抬動你的腳，把自己站上衝浪板，側身向前，但仍然保持重心放低的蹲姿。

當你進到波浪急速爬升的浪壁，跟上了海浪的速度，就可以感受到這波浪接下來會怎麼發展，又會如何起伏轉折。試著回應波浪，如果浪肩崩潰或變緩就暫停一下，要是浪壁形成浪牆就加速追上，因為這時浪頭就快攀至頂點，開始碎裂了。你每分每秒都在做出新的調適，仔細注意波浪發出的下個訊號。只要練習得夠多，你終究能無時無刻駕馭其上，沿著整道波浪滑行，連接起每個波浪部位，輕鬆迅速，悠然自得，流暢自在。

衝浪新手總愛問些基本問題。要怎麼「回應」？波浪會「要」你做出什麼動作？那又是在什麼「時機」？

可惜，哲學在這裡給不了明確的答案。這很像亞里斯多德對道德德行的說法，而他也拿道德德行與運動技藝的表現來類比。下一個動作該做什麼，完全取決於你面前的波浪情況，而這只有在實踐中才能領悟。就算再怎麼規律的波浪，也還是有太多不同的環節，得做出各種不同反應，任何事先告訴你該用什麼方式應對的規則或原理都沒法全部涵蓋。

不過呢，我們還是能在這些變化裡抓出個大致的感覺。所以可以考慮幾個關鍵的衝浪環節。

蹦躍（PUMP）：有時候你得快速衝到浪線下方，上下蹦躍讓衝浪板像引擎般加速，因為浪壁這時開始直立起來了，不這麼做你可能會落入崩潰區。

退回（FADE）：有時波浪速度雖然慢了下來，卻正在重新起浪，這時候你就得放慢速度，像在演奏爵士樂的重複低音段一樣，退到浪頂上，調整好姿勢，準備迎接下一波浪壁。

急旋（SNAP）：當你站到了最佳位置，可以盡力表現出最棒的轉向！如果浪壁升起，只等你上前，就像飢渴的舞伴在等你一樣，你可以在拱波裡將衝浪板直立起來，然後急速向後翻轉至六點鐘方向，將衝浪板尾推向浪捲裡頭。

切回轉向（CUTBACK）：如果你心情紓緩下來了，可以直接切進波浪的浪肩，趴下來做個長迴轉，在迴轉的過程中放慢速度，逐漸放鬆氣力，就像一塊肥皂滑進浴盆那樣。

預備（ANTICIPATION）：不管什麼時候，只要你打算從這個動作換到下個動作，都要準備好迎接下個波浪部位，播好種子等待收穫。除了注意浪線前頭的動向以外，還得快速換回低俯蹲姿，才能夠在下一個恰當時機一躍而出。

浪管駕乘（TUBE RIDE）：最重要的是，如果你運氣夠好，或者當天海象真的就是特別好，浪峰會突然翻出來，而浪槽則向內縮回。這時你就要鑽進浪頂裡頭，蜷曲身體，讓逐漸攀升的浪幕將你包圍在一個快速旋轉、不斷咆哮嘶吼的圓管狀漩渦之中。進入浪管時可別太興奮，但是速度必須要快。注意看著前方的浪峰線，才能讓你在蹲低姿勢保持前進的同時，不會被波浪吞沒。重心要擺在前方。如果你被浪管捲得太深，可以蹦躍或是向前滑行以保持動力。別被後頭的白浪花追上，白浪花會頂到衝浪板舵，將你翻個暈頭轉向。若真如此，就耐心等待機會離開，如果海浪之神眷顧你，你終究能等到那個時刻。

所以嘍，衝浪就是這樣。你看看發生什麼狀況，然後回應波浪的要求，而且要恰如其份地回應。

這還是沒多大幫助啊。怎樣叫作恰如其分？什麼時候才是恰如其分？這些問題是你真正實際衝浪時必須知道的，沒辦法在面前沒有海浪的時候提出解答；真正的波浪才能夠告訴你接下來要怎麼做。

就算能有人寫出一本衝浪規則全書，除非你能學會在實際操作時的「知道怎麼做」，不然也未必能幫上什麼忙。你可以讀懂所有的指示，理解規則內容，卻還是不知道該怎麼在動作中運用規則。一旦出現了新的浪頭，你就必須知道下一刻要**如何**應對。套句維根斯坦（Ludwig Wittgenstein）的話，這位二十世紀前半的謎樣哲學家說過，如果規則就是你必須遵循的一切，但就算有人建議指導，規則也無法告訴你如何從過去所發生的狀況「繼續」做下去。①如果只有規則，卻完全搞不清楚在嶄新的時刻中要如何應用這些規則，就得探求**進一步的**規則來教你什麼時候該用哪一條規則。可是你同樣要有規則來套用**這些**規則，如此以往，至於無窮，沒完沒了。這太荒謬了，根本不可行，也不是我們在學衝浪時的做法。

所以一定有其他方法能讓人處理眼前狀況，除了只懂得規則之外，還要讓人能掌握依循規則、詮釋規則的**基礎**。維根斯坦說：「如果一定得有任何事物『在語句表述後頭』，那就是**特殊情境**（*particular circumstances*）——當我說出那語句時，這情境能提供證成，說我可以繼續下去。」②所以我們必定有種方式可以知道自己處在什麼狀況之中。一定有某種不一樣、更「直觀」的理解方式來察覺和適應新狀況，而這絕非只靠掌握規則內容就能辦到。

對海德格（Martin Heidegger）這位活躍在二十世紀前半，復興了亞里斯多德對於重視日常經驗的德國哲學家來說，我們對世界的基本取向並不是靠思考、理性或知覺來知道事物真假。是「技用」（handiness），是知道如何運用事物：「最接近的聯繫方式並非只靠知覺認知，而是處理、使用、照料那些擁有自成一類『知識』的事務。」③

他用鐵鎚來當作主要的例子。你要「知道」什麼是鐵鎚，不是光靠**想**著它或**看**著它，而是要靠**使用**它。你知道這個東西是「拿來搥東西的」，懂得將這東西握在手裡，拿它搥打鐵釘。

這在所有人的經驗中幾乎都是如此，而我們關於「知道怎麼做」的所有日常知識，連同組織安排我們所有選擇的物質文明，便構成了人類的一切經驗。

因此，生命與其說是思考，不如說是行動，或者說是在行動**中**的思考，沒想太多。正如人家說的，哲學不能當飯吃。所以哲學當然不能教你怎麼衝浪。簡單地說，衝浪必須靠生命去體驗。

這或許能夠解釋對現代例行工作的不滿，也能解釋為什麼工作經常拿來跟生活對比。柯勞佛（Matthew Crawford）按著海德格的路子，以他自身維修摩托車的經驗解釋道，「工藝知識」（craft knowledge）在我們不斷精細分工之下，已經裂解為取代經驗的「微指示」（minute instruction），「靠著勞工自己對最終產品的想像和意圖進行」。④這與過去商人的傳統方式可是大相徑庭：

---

①《哲學研究》（*Philosophical Investigation*）p.30。

②同前，p.30。

③《存在與時間》（*Being and Time*），1.3.15 p.30。

④馬修·柯勞佛，《摩托車修理店的未來工作哲學》（*Shop Class as Soulcraft: An Inquiry into the Value of Work*），p.39。

> 木匠、水電工、汽車技師工作的外在環境有太多變化，白癡是做不來的；這些工作需要謹慎細心和變通調適的能力……這些行業也因此是自力更生的人最自然的選擇，不只讓他們遠離令人麻木不仁的抽象思考，更使他們免於我們現今經濟生活中猶如瘟疫般的不切實際和焦慮不安。⑤

在這種手工行業中，直觀的「懂得怎麼做」遠比「知道是什麼」重要，就和衝浪一樣，「永遠與個人的個別經驗結合。無法傳授，只能體會。」⑥像「深藍」（Deep Blue）這樣能在西洋棋上打敗大師卡斯帕洛夫（Garry Kasparov）的電腦，只能**模擬**活生生的個人身上那些內隱、直觀的知識。因為這種懂得如何做的生命體悟，就是工作的人文意義根源，用狹隘的遵循規則來取代就是貶抑了人的勞作，折損、敗壞了工作的價值。世上還是有真實而迷人的知識工作，但這愈來愈集中在非常少數的菁英手中。即使在白領階級的工作裡，處理例行報表的煩人彙整和損益計算，也都和思考很不一樣。至於在低薪或中等薪水階級裡，「創意類」工作通常是上層主管創造出來的幻想，而主管往往是「細節靠底下，成就算他的」。⑦（拿「僱員」和「夥伴」來對比就知道了。）因此，柯勞佛提倡要回歸手藝。我在第九章會提出另一種結論：我們應該朝向更短、更有彈性的工時制度邁進，讓我們有更多從事休閒活動的時間，無論要去衝浪或是修理摩托車都行。

衝浪客確實懂些什麼

衝浪在一九六〇年代才獨自成為一種文化現象，成為某種反主流文化的標記。衝浪客看似有某種主張，揭露出順應僵化體制的種種限制。⑧提摩西・李瑞（Timothy Leary）這位一九六〇年代吸食迷幻藥、鼓吹嬉皮的心理學家就曾試著提出解釋，他說，衝浪客是一群「真正先進的人」，他們對浪潮和改變的喜愛是種「進化」。他還宣稱：「許多衝浪客，說不定該說是大多數的衝浪客，幾乎都成了神祕主義者。」因為衝浪這活動「近乎道家詩篇，似若愛因斯坦主義。」⑨

雖只不過「近似」而已，但即使如此，也比對著墨西哥捲餅發想什麼模糊縹緲的省思來得

---

⑤同前，p.53。

⑥同前，p.162。

⑦同前，p.50。

⑧平克・弗洛依德（Pink Floyd）一九七三年的〈呼吸〉（Breathe）就唱道：「只有當你騎上浪潮，你才活得久，飛得高。」

⑨〈進化的衝浪客〉（"The Evolutionary Surfer"），《衝浪人》，一九七八年一月號。

強。沒有多少衝浪客真的健忘，更甭說會無視禮節，整天呼麻到昏頭。⑩如今已沒有多少嬉皮了；大多數嬉皮都有了工作，而且無論他們如今何在，都已不再追求愛怎樣就怎樣的那種自由。那個變革的時代、李瑞高呼「質疑權威」、「開機、轉台、輟學」的反主流文化年代早已過去了。那波變革帶來了資本主義壓倒衝浪文化的勝利，或者毋寧說，有創新精神的衝浪客都進了大公司，開設衝浪企業、販售服飾和潛水衣、打造品牌，使衝浪專業化。現在大部分的衝浪客既不是新嬉皮英雄也不是遊手好閒的懶漢，反而多少算是守舊份子了。雖然有許多不玩衝浪的人是為了工作而活，認真的衝浪客倒是會日復一日在上班前後練習，賣命追求在這運動技藝上的卓越表現。

就算我們沒辦法請求衝浪客開釋，就像請教斯多噶學派智者或禪學大師那樣，但是衝浪客確實懂得某些事。衝浪客最主要關心的不是智慧，而是**波浪**與**衝浪**，還有上次那道湧浪和往後日子裡的其他湧浪，才不管它是什麼意思呢。許多衝浪客十分迷人，而且舌粲蓮花，例如前世界衝浪冠軍尚恩・湯瑪斯（Shaun Thomas）。當然還有無疑是史上最佳衝浪手的凱立・史雷特（Kelly Slater），他在二十年間參賽必勝，擁有不計其數的世界冠軍頭銜，到四十歲都還持續在進步，比許多職業好手的退休年齡還大，而且他還是個體貼、細膩、善良的人。不過若要比擬為生物界，衝浪客族群實在是龍蛇混雜，弱肉強食。衝浪客裡有小毛頭、有職業選手、有沙灘遊客，還有勞工階級，全都只靠著對波浪的狂熱聚集在一起，卻也各自擁有不同興趣、不同嗜好。

不過呢，對波浪的熱愛倒有許多共通之處，而泡在水裡的時間也確實讓人興起一份對於生活與存在的共同感受。所以把**衝浪客**當作專有名詞是說得過去的，至少當我們追問衝浪客在衝浪技巧之外還懂得什麼的時候，可以這樣來談。

那衝浪客懂什麼呢？李瑞顯然玩過衝浪，所以他拿浪管駕乘來譬喻「高度自覺的生活」：

在沿著浪管邊緣持續滑行時……把浪管當成過去的時間，而我則是個進化的行動者，我所要做的就是處在你即將進入未來的那個點上，但是你必須與過去有所聯繫……那是讓你獲得力量的來源……你當然備感無助，但你也是最能精準掌控那當下的人。運用過去……過去會推你向前，不是嗎？波浪是在你的身後崩潰，對吧？你不得不跟上，否則你「就會被淘汰」。⑪

---

⑩這種刻板印象主要來自傑夫·史皮克里（Jeff Spicoli）。西恩潘（Sean Penn）在一九八二年的電影《開放的美國學府》（*Fast Times at Ridgemont High*）中就扮演這位經典的衝浪哥。另一位衝浪哥在一支廣為流傳的短片中喃喃說著：「坑到底耶，超坑的耶！」讓人不禁想問，你嗑藥了嗎，老兄？（你只是在搞笑，對吧？）https://m.youtube.com /watch?v=d0mpUKnh9yo。

⑪〈進化的衝浪客〉。

我完全贊同啊！但是這到底什麼意思呢？如果要描述關於我的資料，那我就是個終身衝浪客兼職業哲學家，而儘管我可能太偏文組腦，但我還是搞不懂李瑞在說什麼。

嗯，好吧，我們處在當下。但萬事萬物都在改變，一直都是如此。我們不該忘了過去，因為過去會「推你向前」，可是要怎麼從過去獲得力量向前？他到底在說什麼？衝浪客的確會說你得「待在浪袋裡」，那波浪動力的源頭。邁爾斯．戴維斯（Miles Davis）說：「好鼓手才不會從頭打到尾，只有爛鼓手才會這樣分拆時間。因為他們就是沉不住氣。」厲害的衝浪客跟厲害的爵士樂手一樣，會在掌握良好節奏的基礎上自然調適，混搭被動的等待和主動積極的覺察。而這也同樣是哲學應該試著解明的東西。

話說回來，衝浪的意義倒也不是每個人都能明白。很少職業哲學家會去衝浪，大部分的衝浪客也寧可真的去**衝浪**而不是討論或書寫關於衝浪的觀念，更不用說為了衝浪費心做哲學論證。蘇格拉底說的「未經檢驗的生命不值得活」太誇張了，像是選擇沉思卻早死會比愉快、長久卻毫無反思的衝浪人生更理智一樣。如果蘇格拉底是要表達他覺得不做哲學會死的狂熱（而他終究還是死了），他這種情懷大概可比擬衝浪客覺得不衝浪會死的激情吧？這兩件事都能讓人活得充滿意義。

但是做這兩者之一並不見得就能有助於做另一件事；兩者各自的實務技巧和才智技能並不必然能互相轉換。再拿我當例子來說吧，我這輩子都花在定期衝浪和認真做哲學研究上，但是直到開始寫這本書之前，我根本說不出這兩者之間究竟有什麼關聯。

這就回到一個古老的問題上了：實務上知道怎麼做，是要如何帶來理論性的知識呢？為什麼擁有能夠在波浪上抓到適當時機、輕鬆做這做那的身體能力，要為哲學提供探尋終極真理的洞見呢？

英美哲學的「知識論」都不從「知道怎麼做」這條路找靈感，大部分的焦點都專注在「知道是什麼」上。知識能夠有定義（例如非因巧合證成的真信念）嗎？⑫還是說，知識是個無法定義的基本概念？⑬說不定柏拉圖老早就說對了，「知道是什麼」跟單純的「知道怎麼做」或許沒什麼關係。正如柏拉圖所說，單純的「訣竅」（"knack"）是來自於重複，而這無法帶來真知識，因為真知識只會來自於理智思考。二十世紀中葉的牛津哲學家萊爾（Gilbert Ryle）說服了大多數哲學家相信，在好比關於射箭或衝浪這種技藝的「知道怎麼做」，與在科學、數學或哲學中關心其命題真假的「知道是什麼」之間有著根本差異。⑭一如他們所說，一個書呆子就算

---

⑫關於因為巧合而得到證成的真信念，見葛棣爾（Edmund Gettier）的〈有證成的真信念就是知識嗎？〉（"Is Justified True Belief Knowledge?", *Analysis*, 23, no. 6 [June 1963], pp.121-23）。

⑬見威廉森（Timothy Williamson），《知識與其極限》（*Knowledge and Its Limits*, Oxford: Oxford University Press, 2000）。

⑭《心靈之概念》（*The Concept of Mind*），第二章。近來萊爾的「反智性主義」遭到約翰·史丹利（John Stanley）與提摩西·威廉森（Timothy Williamson）的批評，見〈知道怎麼做〉（"Knowing How",

再怎麼著迷於棒球數據分析，就是不懂怎麼運動。肌肉猛男懂不了多少歷史，衝浪客也不會太了解水深測量法，更遑論幾何學或道德理論中的奧妙之處了。至少，如果不下苦功**學習**或花時間思考是辦不到的。（對柏拉圖來說，真知識是種靠反思得來的先驗事物，而反思倒是衝浪時可以做的事。）照這樣看，我們大概不該期待衝浪客有什麼新奇的哲學洞見，至少，從純衝浪客那邊是得不到的。

反過來說，「知道怎麼做」和「知道是什麼」之間雖然不同，卻也能有深厚的關聯。這傳統以歐洲的海德格與維根斯坦，美國的威廉·詹姆斯（William James）、約翰·杜威（John Dewey）、查爾斯·皮爾斯（C. S. Pierce）為代表，可追溯至古希臘的亞里斯多德，認為日常經驗中的「知道怎麼做」至少有部分能夠用命題的真假與否來加以**闡明**（explicated）。舉例來說，知道怎麼活用鐵鎚這知識可以改寫成關於「人該如此這般使用鐵鎚」的宣稱，也就是說，改寫為具有真假的命題，能夠成為「知道是什麼」與信念的對象。就連萊爾也可能會說建築工人、衝浪客與聰明的學者都一樣，「在實作中套用了亞里斯多德關於那種事務的抽象理論」。[15]

有些釀酒業者相信在釀酒的每個階段裡，都該從關於酒的哲學概念著手。對南非的釀酒業者兼衝浪客的伊本·沙蒂（Eben Sadie）與約翰·雷涅克（Johan Reyneke）來說，杯中之物應該要能說出或表達出其根源才行——就像波浪的浪底與浪型一樣，會以特定的型態與方向表現出海底沙灘或礁石的輪廓來。一批酒的價值並不在於其成色、滋味、酒精濃度等性質，更不是看評酒賽（或釀酒賽）的評分。真正重要的是這酒能展現出它所經歷的土壤、陽光、氣溫、濕度，以及葡萄採收高度等個別特徵的能力。在製造過程中用到的化學與科技之外，這種共享的理解指引了該如何進行熟成與醱酵的每個階段，甚至包括果農從藤上採收葡萄的方式。在這種近乎藝術形式的生物動力農作法中，對於酒本身和如何釀造的完整理解就意味著懂得這酒本身的特殊價值，也實現了這種特殊價值。

事實上，衝浪客對估算波浪的水深測量相當在行；他們能直覺感應到波浪對於當地浪點的海底地形會生出多少種型態來。一有湧浪捲來，他們就知道這股湧浪會如何升高，又會如何塌裂。當一股湧浪靠了過來，簌地一聲，衝浪客就會划水上前，往這股突然湧起的浪峰方向衝過去。「波浪知識」會因人而異，而最厲害的衝浪客則擁有近乎魔力般的領會。⑯這並不只是水

Journal of Philosophy 98, no. 8 [2001], pp. 411-44）與史丹利的《知道怎麼做》（*Knowing How*, Oxford: Oxford University Press, 2011）。

⑮《心靈之概念》，第二章。這裡的「套用」未必是說建築工人或衝浪客真的提出了什麼關於行動的命題，也不是說要是真有人問他，他經過反思後就可以答得出來。這可以是在行動過後，在某些情況下才進行反思的「建構性詮釋」（constructive interpretation），見下文。

⑯前世界冠軍湯姆．克倫（Tom Curren）之所以成為傳奇，就是因為他彷彿只要等待最佳浪頭，最棒的浪頭就會為他出現。他從年輕時在加州聖塔芭芭拉的定點浪型所建立起來的迷人風格，完全在於對海浪的精準預期。

上運動的什麼「訣竅」而已；衝浪不只是在浪頭上移動身體前進這麼簡單。衝浪客是**憑著**對於衝浪本身價值的感覺來衝浪的，是以自己的方式在這特定的一刻，選擇這個轉向或那個轉向，從這條路線或那條路線，按這個方向或那個方向前去。衝浪客會畫出**穿越**波浪部位的路線，反映出自己從衝浪的角度來看認為值得追求，並加以表現出來的領悟。衝浪客衝過的每道波浪都顯示出這道波浪的種種環節，也彰顯出衝浪運動本身，這就是衝浪社群日復一日在浪頭馳騁時，心中對衝浪的獨特價值與意義所懷抱的共享觀念。衝浪客會暗自問的是：「看我這招，我這可是專為你們而做的。我做得不錯吧？」一旦有人做出了特別漂亮的轉向或浪管駕乘，我們其他人會邊看邊點頭，答道：「帥啊！這招漂亮！真有你的。」

這在哲學上可有得說了。人類和其他的動物一樣，生來便知道怎麼適應周遭環境與人群。小孩子就懂得怎麼從天生的公平感去探究社會關係，這種公平感是種形塑孩子感受與行動的「潛藏能力」，也能清楚地彙整出一套正義原理。⑰所以衝浪或許反映出了在哺乳類動物和人類身上某些基本能力的高度發展或完整實現，也就是亞里斯多德所謂的「第二天性」，而這些能力又表現出我們與生俱來的天性。我們既然能夠建構正義感的理論，說不定也能夠從衝浪客的能耐中彙整出一些東西，而哲學家大概會稱之為對於衝浪客實作知識的「建構式詮釋」吧。⑱

要怎麼做呢？我們必須先撇開哲學家常用的作法，不去追問論證，不去問哪些哲學命題為真。不妨單刀直入，問問究竟衝浪的特殊價值是什麼。這個問題也就是問我們最適合採取什麼樣的哲學觀點。我要證明，衝浪**的確具有**一種獨特的人性價值，而這就使原本的問題變成：哪個哲學觀點最能說明或掌握這主張？我們不妨想想其他的大哉問：什麼是自由？什麼是結果？什麼是幸福？我們與自然有什麼關係？我們該不該改變資本主義作風？釐清問題後，我們就會設想不同的答案，探索哲學所能提供的最佳回應。如果這些理論為真，我們就再從衝浪的價值、衝浪能對人生所產生與反映出的道理來看，選出與衝浪最貼切的一套（或者不只一套）理論來。

簡單來說，我們要找的就是**衝浪客**在這問題上的**立場**。假如有個說法能讓一般衝浪客都說：「說得對！」「這就是在說我啊！」「老兄，你真是說到點上了！」我們就能說我們釐清了衝浪客「內隱」的知識。所以，我雖然會提出不同的哲學說法，但我並不是只當作在表達自

---

⑰羅爾斯（John Rawls）在《正義論》（*A Theory of Justice*）中擲地有聲的正義理論，就試圖要清楚表述出我們的「正義感」究竟為何。羅爾斯將自己這套構想與杭士基（Noam Chomsky）著名的心理語言學理論相提並論，而杭士基的主張可大大重創了萊爾行為主義式的心靈理論。

⑱我認為羅爾斯的正義論仰賴建構式詮釋，見〈為既有實作建構正義：羅爾斯與現狀〉（"Constructing Justice for Existing Practice: Rawls and Status Quo," *Philosophy and Public Affairs* 3, no. 33 [2005]）。我也用相同的方法來談全球經濟，見《實作中的公平》（*Fairness in Practice: A Social Contract for a Global Economy*, [New York: Oxford University Press, 2012]）。

己的意見，陳述個人的理解（我只有一部分是衝浪客）。我要代表的是我們這整群愛好衝浪的男男女女，用我們所有衝浪客（或至少大部分衝浪客）的理解來談。當然，我說的還是我自己對於我們共同知識的詮釋，如果大部分衝浪客覺得我說得不對、不清楚、不滿意，我也不會動氣翻桌，堅稱自己才對，哈，我只是要為衝浪客代言嘛！但是各位親愛的讀者，我還是要說，我們——這裡是指**你和我**——真的能從衝浪客知道如何衝浪這件事裡學到東西。我們真的能找出一種最能說明衝浪客看待事物方式的哲學觀點，說不定還會覺得很有意思，甚至還可能掌握到真理呢。

水上運動的哲學

撇開在巴黎花神咖啡館（Café de Flore）裡頭的沉思、抽菸和高談闊論不談，沙特有些重要著作是在他當兵期間，甚至成為戰俘時所寫下的。儘管沙特見證了二次大戰的恐怖、大量的死亡，以及希特勒可能終結自由文明的瘋狂，勤奮不懈的他倒是撥出時間來思索水上運動。

沙特在他《存有與虛無》（*Being and Nothingness*）這部曠世鉅著裡，花了相當長的篇幅對滑雪做了一番絕妙的討論。他說，滑雪顯示出了自由的人超越與穿越物質現實的路徑。但是滑雪終究只是「滑過水上」的一種樣式而已，沙特在另一處就說其他的滑行樣式更能展現出人的自由。照沙特的說法，「最理想的水上運動」就是「用小船或是動力船拉著，尤其是靠滑水板在水上滑行。」⑲

衝浪客聽到這裡都會回他一句：滑水？我相信滑水客也認為滑水很棒，但是我更清楚我能代表衝浪客說，在波浪上頭衝浪才是在水上運動、單人運動、極限運動，甚至是所有運動項目中最無與倫比的一種。衝浪是人類活動的極致；能與衝浪比肩的，是藝術、友誼、愛、音樂，甚至性愛（或許性愛還搆不上邊，至少對許多贊同沙特和他情人西蒙・波娃〔Simon de Beauvoir〕那種放蕩關係的衝浪客來說是這樣）。⑳沙特從來沒接觸過衝浪，但是我想天才如他，對於各種展現人類自由境況的「水上滑行」活動，絕對會熱切同意其中最美妙的就是浪頭上馳騁這種自然舉動。㉑

---

⑲《存有與虛無》。

⑳他們知名的混亂關係暗示了對於性愛這件事的一種競賽態度。關於他們的軼事，見愛德華・福布魯克（Edward Fullbrook）與凱特・福布魯克（Kate Fullbrook）的《性與哲學》（*Sex and Philosophy: Rethinking de Beauvoir and Sartre* [New York: Continuum Press, 2008]）。

㉑我確信，要是衝浪運動早一點在法國西南方歐瑟溝禾（Hossegor）與比亞里茲（Biarritz）一帶的絕佳浪點出現，讓沙特在巴黎能讀到相關報導，或是在度假時曾親眼目睹，他一定會對此說深表贊同。畢竟，要一位哲學家只坐在咖啡廳裡單純反思，卻未曾親眼目睹衝浪，他也實在想不到會有這種活動——就算是沙特也辦不到。

浪從深海處湧來，衝浪客駕乘其上，順著波浪自然之勢一路前行。衝浪客無時無刻都在感受下一刻會遭遇什麼，而且沒多想，當那時刻來臨就調整身體來回應波浪的要求，才能藉著波浪的推力向前推進。

簡言之，衝浪客就是懂得**調節領會**（adaptively attuned）。衝浪客**領會**自然現象的變化，才能察覺到各個時刻會如何改變；衝浪客會**調節**自己的身體，才能夠藉由波浪的推力前進。衝浪客是刻意地尋找這種動態關係，而且之所以重視這種動態關係是因為這關係本身——比方說，這是人在有限人生中能追尋到的一種崇高之美。

我認為，這就是衝浪的本質。**衝浪**就是

1. 領會一種不停變化的自然現象，
2. 並藉由調節身體，隨波浪的推力移動，
3. 而且是為了這件事本身而刻意這麼做。

在這種定義下的衝浪就有了一種獨特的價值。在調節領會這種不停變化的自然現象時，有一部分是由於不需要刻意去控制，所以是一份自由、一份自我超越，也是一份幸福。至少我在底下的篇章中會證明這點。我要說，在人類生活中出奇重要的，就是能夠調節領會——也就是廣義上的「衝浪」。

整體說來，**衝浪**就是去調節領會一種不斷變化、超越個人自身的自然現象，而且只為這件事本身而這麼做。人在**社交上**的調節領會可以是在對話中、在工作會議裡、在喧囂的城市大街上「衝浪」，隨著對話、會議或交通的動向流動，領會到其他人的變化，在參與的每個時刻都流暢地回應對方。無論你除此之外還想額外達成什麼目標，你都是為了這件事本身而刻意這麼做，也明確地察覺了這件事本身的內在價值。說不定，你會為了讓彼此合作關係更緊密，為了讓社會連結的和諧感與隨之而來的平靜感而放手，不會試圖加以控制。

衝浪客經常對不衝浪的人感到十足困惑，究竟這些人平時都在**做**些什麼呀？他們好像花許多時間工作，只為了多賺那一點點錢，而且絕對很少衝浪。他們當然不知道自己錯過了些什麼，不懂得單純的瘋狂，而衝浪客則是得天獨厚能夠嚐盡箇中滋味。（「只有衝浪客才懂這感覺」真是句實在話。）沒有人會認為衝浪或任何活動就是一切（不過最接近的理想也許是「吃、衝浪、睡；一再重複」吧）。當然嘍，認真衝浪的衝浪客有時也可能對衝浪失去興趣。但是我以自己是個衝浪客的身分來說，我相信衝浪獨一無二，而且是在人有限一生中最值得做的事，甚至可以說直到世界末日都是如此，或者說這就是工業革命後所有財富與休閒最終的**目標**。

我敢說，衝浪絕對比美式足球、滑雪、滑水、棒球、高爾夫、甚至足球都更棒。但是我不會拿這些運動瑣碎地互相比較。畢竟，許多衝浪客對高爾夫也有著莫名的愛好，而我自己也覺得芭蕾舞和即興爵士演奏在許多重大方面和衝浪不相上下。所以我做個大方的主張：無論衝浪是不是最棒的活動（但很可能就是），衝浪都有著一種獨特的人文價值，而其他活動也能夠共享這種價值（只是通常沒那麼直接，也沒那麼豐富）。至少，衝浪能讓我們更清楚體認其他活動與相關事物的價值。所以說，像帆船運動有時候就能被當作衝浪的一種。我們可以說帆船運動是種廣義的「衝浪」，也更能理解它獨特的價值，亦即調節領會的價值。㉒

理性摸索

在我看來，衝浪很自然就會引發哲學反思。我在成為職業哲學家之前就已經是個認真的衝浪客了——早在我讀陰鬱的尼采和沙特之前，更早過我讀到叔本華的那句名言：「人生就是折磨」。（相反地，其實比較像「人生就是衝浪」。）奇怪的是，我一開始會喜歡哲學是因為想要控制自己所相信的一切，雖說人生就和衝浪一樣，必須放棄控制，才能隨波逐流。我後來才逐漸找到能夠與自己衝浪性格相符的方式來做哲學。但是，儘管我主要的生命目標愈來愈不會不一致，我卻從未花上太多時間在衝浪與哲學間彼此連結，不曾將這當作研究的課題。

萬事萬物彼此之間都有連結，這是千真萬確的，你永遠都能在奇怪的地方找到哲學上的大問題。我在做研究的過程中偶爾會發現，衝浪能提供許多未必真正需要去衝浪的重要洞見。㉓身為衝浪客的見聞與旅行無疑影響了我在智性活動上的選擇。我寫過關於全球經濟公平的書，雖然那本書並不是特別討論印尼，但是我對於各個地點以及對於發展中國家大致上經濟活力的感受，都是來自於定期到蘇門答臘衝浪的行程。在我另一個小一點的研究計畫裡，惹人惱火的衝浪客激發出了一套關於混蛋的哲學理論。㉔儘管如此，當別人問我：「衝浪和哲學難道不是天生一對嗎？」我也總說：「並不盡然。和詩歌相比，哲學反而更像是數學。」

這情況在英美分析哲學中尤其顯著，英美分析哲學在過去幾十年來愈來愈形式化，愈來愈無甚詩意。這種分析進路將文筆清晰視為首要；他們特別堅持定義語詞和運用邏輯，以仔細架

㉒但是為什麼不反過來說衝浪是種廣義下的「帆船運動」呢？在我聽來，這實在有些刺耳。風浪板與風箏衝浪都是同時利用波浪與風力。傳統的帆船在廣義上也能說是在「乘」風破浪。但正統的衝浪並不是在任何意義上「御風」而行，因為衝浪並不需要借助風力，而且在波浪上的調節本質上是關於身體的事。

㉓我在研究所第二年寫了一篇關於價值「隨附」（supervenience）的文章，我的指導教授史坎倫（T. M. Scanlon）認為文章裡頭確實提出了波浪在創造價值上的特點。那篇文章脫胎自我在威斯蒙學院（Westmont College）的學士論文，而我後來用這篇論文申請了博士班，還用衝浪做出了一項主要的區別。史坎倫教授當年正是博士班招生委員會的一員，他告訴我這篇文章確定了我在哲學上的原創性。哲學家裡頭的衝浪客沒那麼多，所以也沒有什麼剽竊的危險。而這一切，全都可能沒那麼順風順水。

㉔見《混蛋理論》（*Assholes: A Theory* [New York: Doubleday, 2012]），至於這理論的政治運用，見《混蛋理論：關於川普》（*Assholes: A Theory of Donald Trump* [New York: Doubleday, 2016]）。

構和釐清對手的立場及論證。㉕這會帶來某些風險：如果衝浪客真有些深刻的洞見，執著於分析哲學的清晰可能反而有礙我們去理解這些洞見。維根斯坦曾說過：「能夠說出來的東西，都能夠說清楚。」他接著說：「至於我們無法談論的，就必須緘默以對了。」那些超越我們能清楚掌握的對象，我們無法言說，或許只能稱之為「顯現」（manifest），甚至是「神祕」（mystical）了。㉖

可是我們當真只因為霧裡看花，就非得閉嘴不可嗎？歐陸學派絲毫不擔心這點；他們就放肆地說些極其抽象的句子，**感覺**起來既宏大又深刻，但卻可能沒辦法清楚而精準地表達出來，甚至根本讓人聽不懂。㉗我所受的分析哲學教育讓我對沙特只有粗淺的印象，只能遠觀，不會近賞。沒人懷疑他的思想深度；但就像許多歐陸哲學大師一樣，主要的麻煩在於要讀懂他並不容易。試看這精采的一段話：有意識的存有，而非只是單純的物體，「是其所不是，而非其所是」。沙特是說真的，抑或只是在**鬧我們玩的**？這種模糊可能會激怒堅定的分析哲學人：沙特到底在宣稱什麼？㉘不過他採取這套方法的動機倒是值得欽佩：在理想上，宏大而印象深刻的語言能夠讓我們站在一種清楚的距離看待生活，讓我們凝望在每天雜務中早已丟失的那些巨大、深刻的事物。分析式風格的哲學也同樣受到這種鼓舞，只是步調較為緩慢，**希望**藉著逐步累積，最後終能拼成大局。

不管如何，我們全都是要試著去理解，就算哲學永遠不會有定論，而且大概也得不出定論。這有點像是從某個定點後退幾步來看一幅點描畫，才能看出整幅畫中的景色——雖然並非

㉕史丹佛大學哲學系的研究生之間流傳著這樣一句話：「我們把『分析』哲學從『拉稀』中救了回來。」我最近還聽到一個說不定更貼切的笑話：麻省理工學院要某個研究語言哲學的研究生去教「人生的意義」這門課，這個研究生上課的第一天，在黑板上寫下了「人生的意義」這幾個大字，然後轉身過來宣布：「我們這個學期先從『意義』開始講，然後再講『的』」這時他轉身把「人生」劃掉，說：「至於這個，我們大概就沒時間處理了。」（我很確定，這笑話是謠傳。）

㉖見《邏輯哲學論》（*Tractatus Logico-Philosophicus* [London: Kegan Paul, 1922]）。

㉗海德格有句關於虛無的話很有名：「虛無虛無虛無。」這是說虛無本身是某種東西，而這種東西毫無內容，也就是說，這就是虛無的活動。聽到這句話的人都會問：啥？說實在的，我讀他對這段話的辯護還是覺得在胡扯，但是他倒認為傳統的言語和文法模態都無法表達他的核心思想；他的這套思想打從根本上背離了哲學傳統，所以他只好另創自己的一套語言。為了理解他在講些什麼，我參考的是休伯特．德雷佛斯（Hubert L. Dreyfus）的《在世存有》（*Being-in-the-World* [Cambridge, Mass.: MIT Press, 1991]）。

㉘學界對沙特文本的爭論有一部分原因是因為沙特老愛語出驚人。他的話是修辭上的鋪陳，並非他真正的內心想法嗎？還是說這些語帶挑釁的話，確實是他真正的觀點？一般多認為後面這種詮釋是沙特的意思，我也按照這套標準來讀。但是比較寬容的另一套看法反而還讓沙特更接近衡浪客的立場（詳見下文）。

全然如此。應該說，你其實是在試圖將一整個碩大無朋的現實塞進一個理論或體系裡，然後趁它爆開炸成碎片前，向後退幾步看看這整體樣貌。㉙

那我們應該只從科學中求知嗎？科學在人類社會中獲得了無比的成功，所以我們多少可以理解優秀的科學家在螢幕上會大放厥詞，胡扯些哲學無足輕重的鬼話（但是他們其實就在**做**哲學，只是做得很差）。哲學往往始於科學未萌之處，而那或許正是科學永遠無法全面掌握之處。哲學是一切科學之母（心理學是百來年前才分家出去的），打從亞里斯多德首創物理學與生物學以來，哲學在這兩千多年來不斷孕育出健康的後代，會這樣就**突然**絕育了嗎？可是依然有不少人覺得哲學思辨不若科學重要。如果我們**唯一的**希望就是哲學最終能夠孕育出科學，加以培養茁壯，或許再給些指引，那麼科學也許會是知識的真正根源。

這種說法本身就是一種**哲學**立場，所以倒也不是徹底拒絕了哲學。這是種科學知識論，很像當初引發採取分析進路來處理哲學問題的那種知識理論。在二十世紀初期，維也納學圈的「實證論者」或「邏輯經驗論者」（包括席力克〔Moritz Schlick〕、紐拉特〔Otto Neurath〕、卡納普〔Rudolf Carnap〕、萊欽巴赫〔Hans Reichenbach〕等人）提出不少邏輯和語言理論來解釋經驗科學為何能夠成立。至於其他可能的知識來源，無論是倫理或宗教，他們全都一股腦兒丟出了窗外。

這群人不只敵視海德格那種令人費解的文句㉚，更痛恨所有盤根錯節的形上學體系，包括康德或黑格爾的德國「觀念論」在內。㉛問題並不只是理解上的困難。實證論者堅稱，有意義的語句都能夠**得到檢證**（verified）；可以透過感官經驗、在實驗室操作實驗，或是藉由直接觀察來加以檢驗。不知為何，實證論者並不特別在意這其實是個自我否定的主張。「有意義的宣稱永遠都能得到檢證」**這個宣稱**就沒辦法用五感來檢驗。但是這句話看起來確實很有意義：這意味著任何無法在經驗上檢證的倫理或宗教主張——不管是「人生值得衝一回浪」、「快樂是善」，或「上帝存在」——都沒有認知上的意義，頂多只是情感的抒發而已。這些語句並非只是不可知或者錯了，而是根本就**毫無真假意義**可言，就像說「數字二在星期二發生」一樣沒有意義。所以說，如果至少有一句無須檢證就有意義的宣稱——也就是檢證原則本身——那出現**第二句**、第三句，甚至第九句又有何不可？對數量的任何限制看起來都是武斷的決定。所以，儘管實驗室裡可能還是需要檢證，但何妨讓我們採用最好的推理方法來整理出真理究竟為何呢？這在數學上已經運作得很好了，在倫理學上又為什麼不這麼做呢？

維也納學圈最後分裂了，卡納普和萊欽巴赫逃離歐洲的戰爭，在陽光燦爛的南加州加入了

㉙聰明絕頂的諾齊克（Robert Nozick）曾說過類似這樣的話。

㉚海德格那句「虛無虛無虛無」難道不是屁話嗎？若想從當代歐陸哲學的觀點來了解這個主張，可參考柯翰（G. A. Cohen）的〈全是放屁〉（“Complete Bullshit”），收錄在《在他者中尋找自我》（*Finding Oneself in the Other*, [Princeton, N.J.: Princeton University Press, 2013]）。

㉛有個笑話說，黑格爾在世時，只有兩個人懂他的理論：一個是黑格爾本人，另一個則是上帝。

加州大學洛杉磯分校的哲學系。我想他們並沒有在一九五〇年代末期與一九六〇年代那段衝浪進入主流文化的時期去試試衝浪。這兩位巍然巨人後來大部分力氣都花在打擊邏輯實證論上，而哈佛大學的蒯因（W. V. Quine）和北加州加州大學柏克萊分校的戴維森（Donald Davidson）倒是顯然嘗試過衝浪。我沒聽過人家說衝浪是否讓他們對科學研究採取了更實用的觀點，也就是比較整體論式（holistic）的辦法。但是衝浪或許讓他們對科學的看法更寬鬆了點。不管怎麼說，新實用主義開啟了對價值的理性研究大門。

我們要怎麼研究價值呢？現在的標準說法是靠理性摸索。也就是說，我們先從對事物的直觀開始，然後藉由反思知識整體來形塑我們的倫理「直覺」。例如我們可以問，休閒時間本身是不是好的？我會傾向回答：「對，直觀上來說是；看起來是這樣沒錯。」而這就相當於說：「對，看來如此，但是我現在還沒辦法說我能夠解釋為什麼這是真的，而且要是我發現找不出任何解釋，我可能會改變我的想法。」然後我就可以嘗試想出能夠解釋我這種直覺反應的原理或理論。我可以調整或剔除我的直覺或者這些原理和理論，直到它們能夠形成一套融貫的體系為止。我還可以繼續修補這體系，直到這體系整體看來能令人滿意，就像科學家逐步修正理論的方式那樣。二十世紀最重要的政治哲學家（也是蒯因在哈佛的同事）羅爾斯說這就是在追尋「反思均衡」（reflective equilibrium）。倫理學也好，科學也好，永遠都在做這種追尋。我們不是沒進行過蘇格拉底式的反覆檢驗就隨性漫談，但是追尋總要有個目標。而我們能在這之中獲得理解與信心。

不過，到底為什麼要這樣自找麻煩？未經檢驗的生活肯定也值得活；不曾反思過的衝浪客也可以一直衝浪到死呀。那又為什麼要把生命花在對問題提出解答這件事上，何況那些解答可能根本稱不上是「答案」呢？至少對我而言，哲學的價值與衝浪的價值是不一樣的。這兩件事都很好玩！但更重要的是，波浪與觀念通常是崇高的、美麗的，或者兩者兼有，而且如果仔細觀察這兩者，還可以發現更多容易忽視的部分。你在思考和行動中，可以領悟得更深刻、領會得更多。生活中的膚淺層面、對地位、金錢或權勢的狂熱，以及伴隨而來的焦慮恐慌，全都消退成了背景噪音，影響不了平靜生活裡的愉悅旋律。

沙特關心的題目

所以這本書所要做的，是哲學研究本來就會做的事，而在當前這個世紀尤其重要。哲學的工作就是要將模糊不清的東西清楚地表述出來。這時沙特的「現象學」方法就格外有用了：我們可以在日常活動中**看看我們的日常經驗是什麼樣子**。一旦能合乎理性地描繪出來，我們就可以發掘更深刻的原理，甚至能發掘出在我們認為理所當然的日常技能中所「內含」，近乎普遍的「邏輯」。我還是認為我們在進行這種探究時要保持清晰；至少在開始時，要知道自己在說些什麼。接下來就可以循著我們摸索到的方向前進，用文字去掌握難以形容的那些東西。（維根斯坦最後終究還是放棄了他關於沉默的那段名言。）這超越了科學，卻並非不科學。我們其實很像科學家，都只需要在面對我們所無法主宰的這個世界保持一份清醒的驚訝之際，去調整我們的探究。如果我們能夠這樣思考宇宙，當然就能藉由思考衝浪客來探討沙特對於生活與存有的主題。

沙特肯定會率先支持關於衝浪的現象學。我也會接受像是胡塞爾（Husserl）、海德格、沙特、梅洛—龐蒂（Maurice Merleau-Ponty）等歐陸大師能為我們多多解說其中的意義。事實上，將身體感應當作人類意義主要來源解釋得最清楚，幾乎像是為衝浪客代言的第一人，是法國現象學家梅洛—龐蒂，這我到後頭會再細講。梅洛—龐蒂和沙特一同進入巴黎高等師範學院就讀，一同在沙特的《摩登時代》（*Les Temps Mordernes*）雜誌工作，兩人一直是長期好友——直到他們對共產主義的看法分歧，這關係才變質。他們所採的方法相同，影響力也旗鼓相當，但是梅洛—龐蒂對身體的專注最終讓他成了衝浪客所支持的哲學家。

所以，我們的任務就是要描述衝浪客在懂得如何調節領會之際，在環繞著這種特殊價值所安排的生活中，內心究竟知道些什麼。我們會從沙特的存在困境談起。在他看來，自由就是意志堅決的自我決定，是在面臨荒謬選項時創造自我的努力活動。而我們的第一步就是要放棄這種刻意的控制，因為這會讓我們難以順隨潮流而行。對衝浪客來說，自由並不是極端的自我決定，而是一種達成調節領會的成就；自由是一種藉由放棄對於控制的需求，無為而為的存在方式。

這麼說來，衝浪客也與斯多噶學派相去甚遠，因為斯多噶學派要的就是控制自己內心，才能保持穩定的平靜與淡然。衝浪客則是深深依附著衝浪人生，毫不在意任何風險，放肆去愛。將自己的幸福賭在大自然的變化無常上的確會招致不少挫折。但是生命並沒那麼可怕，就算是對偶爾無所事事，只能在等待浪起時刻裡彈彈吉他或做做哲學的衝浪客也一樣。真正的挑戰在於保持信心，放棄對控制的需求，甚至別想去控制自己的內心，才能隨著自然的韻律起伏，進入無為而為的順暢流動。

衝浪客隨著波浪流動時，是靠直覺感受，靠著全身而不光是靠眼睛或腦袋來領會周遭環境。而這就成為了人類知覺能力的最高展現，是人類同時存在與行動的方式。因此，尋求流暢就不僅僅是種令人享受的經驗狀態而已；更不只是尋找在頂尖表現中到達高峰經驗的那種大家口中囂囂不休的「心流狀態」，因為就算對最優秀的衝浪客來說，這種描述都顯得太過籠統了。衝浪客尋找的流暢是一種平凡的存有模態，就算在尋常的波浪中也能達到，在自己當天衝浪中成就崇高的美。

感謝老天，這是條相對簡單的自我超越之路。領會要靠信之不疑的練習，但是不用像佛教徒尋求開悟得棄絕欲望、放下自我那樣辛苦，不用隨時「全神投入」那樣努力，也不用刻意追求個人完善。衝浪客就只是去衝浪，在與外在世界維持動態領會的關係中相對輕鬆地超越自我。

社會當然會對此有所不滿，尤以其對意識狀態所造成的重大危險為最。即使外出衝浪時，假使遇到稀有的浪頭，衝浪客通常也得為自己的下浪權與地位競爭，所以可能會變得極端暴躁易怒，有時還會導致暴力相向。但是隨著潮起潮落，忿忿不平的情緒也會過去，衝浪客之間又會重新領會彼此，重新領會變化不停的同一片海浪環境。

衝浪客的社群是個有所調節的「無政府社會」，是不同社會在這變化不停的星球上彼此調節的縮影。我們的地球逐漸暖化，海面逐漸高漲，衝浪客必須自己做些事來避免衝浪點就此淹沒。而我們所有人，不管是不是衝浪客，都可以幫助社會領會這種變化中的人類處境，做出一種新的社會貢獻：少做點工作，多點休閒，縮短工時。如果工作和物質享受對我們已經不再那麼重要，那麼活在領會的剎那中，專注在那剎那中，就幾乎可說創造出生命在整個人類歷史中的所有意義了。

2—自由

狄米崔：塔索，我得承認，有時候我真希望自己多像你一點。

塔索：可以呀，從存在主義的角度來看，你完全是自我產生之物！你就是你自己創造出來的！

狄米崔：太棒了！我一直希望長得和你一樣高。

——《柏拉圖與鴨嘴獸一塊上酒吧？》①

衝浪就是自由。衝浪客會這樣說。沙特不會同意這說法：自由是種更焦慮的狀態，是要在

①《柏拉圖與鴨嘴獸一塊上酒吧？》，湯姆・凱瑟卡（Thomas Cathcart）、丹・克萊恩（Daniel Klein）著，廖月娟譯，台北：時報出版，二〇〇八。

面對荒謬時控制我們自己和自身命運。這就帶到了一個千古大哉問：自由是什麼？

自由就是憤怒

對海德格而言，要活著、要存在，就是得處在**某處**，處在一個確定位置，要摻雜在一個知道怎麼做的「生活世界」中，融合在一個我們的文化藉以定義我們自身存在、我們能做出有意義行動的日常「意義」中。我知道怎麼繫鞋帶，怎麼穿越人潮洶湧的大街，怎麼與人對話，怎麼結交或是出賣朋友。我只有在一個厚重的文化母體中才知道這些怎麼做，文化母體為我的選擇提供了意義，讓我毫無去追尋完全不同事物的一絲可能。亞里斯多德認為擁有實用智慧的人永遠會在適當的時刻，以適當的方式做適當的事，這樣的人完全就是個文化專家。就算是要與自身文化**對著幹**，也是一種在這文化內的舉動。②

這或許能解釋為什麼海德格會支持希特勒在一九三〇年代的德國掌權。二十世紀的政治哲學家漢娜．鄂蘭自己就是猶太難民，但這位海德格的舊愛就曾認為海德格只是在「賭氣」而已。他只是個工作狂，受到了壞影響，而且根本就搞不清狀況——這完全是不相信有任何事物能超越個人生活世界的人會有的樣子。而且，就算他是個緬懷過去，把德國的一切問題都怪到猶太人頭上的反猶太份子好了，他的觀點也不**蘊涵**（entail）支持納粹呀。海德格這個人大概真的比他的理論更差勁，這麼一來，我們就得自問：我們能從他的理論中學到什麼。③

如果你找個衝浪客來問的話，他會說這是一種聽起來就綁手綁腳的存在。雖然打敗了納粹，但是一九六〇年代那時的叛逆衝浪客還是免不了對南加州寄望過高，工作、婚姻和家庭生活可容不下多少時間讓人去衝浪。因此，衝浪和致力於衝浪的另類生活就成了我們文化中自由的一種象徵。

沙特讀到海德格的理論時，心中一定也會泛起與衝浪客一樣的心情，渴望衝破文化桎梏，爭取自由。對沙特而言，無論我有什麼樣的過去，無論周遭的文化多麼嘈雜混亂，早在任何「生活世界」告訴我這事情是什麼意思、告訴我該成為什麼人之前，我這個人本身就是自由的。我有自由辭掉工作，奔向墨西哥或印尼。自由不是像霍布斯（Thomas Hobbes）那種單薄的定義，只限於我在這世上的移動「沒有外在阻礙」。如果我只有移動的自由，那我旅行時，就得把我的不自由也打包在行李裡頭。完整的自由來自於**內在**，無論我身在何方，自由都是源自於我心靈與意識的內在架構。

---

② 對海德格來說要如何超越自身文化，又能超越多遠，相關的討論可參見休伯特．德雷佛斯的〈有任何事物能比日常道理更有道理嗎？〉（"Could Anything Be More Intelligible Than Everyday Intelligibility? Reinterpreting Division I of *Being and Time* in the Light of Division II"）。

③ 又或者，有什麼更「德國」的東西在影響他？剛過世不久的哲學家柯翰（G. A. Cohen）就曾經拿「德國的自由概念」開玩笑，說那只不過是完全臣服於不正義的鐵錚錚法律之下而已。

一個有酒癮的人要是不甘願地遭人灌酒，也會厭惡這樣的自己；一個神志失常的遊民在城市裡遊蕩，既不知道自己是誰，也沒有任何目標，雖然有移動的自由，卻哪裡也去不成。這兩種人都看著自己做出違反自己動機的糟糕決定，但是也只懂得像條流浪狗一樣，享受在垃圾桶裡翻找新鮮垃圾的欲望自由。這就指出了關於自由的根本問題：這樣的人欠缺了什麼？他們要做什麼才能真正自由？也就是說，有什麼東西能夠令一個人在道德上為自己的行動負責，能夠承擔自己行為的一切褒貶？④

對沙特來說，要成為一個人，就是要用心、有意識地從某個特別的觀點去體驗這世界。人（即「為己存有」）與樹木、石頭這種沒有心靈的物體（即「在己存有」）打從根本上就完全不同。我有各式各樣的思想，包括關於我自己的思想，也包括關於我在未知的將來會是怎樣的人、會變成什麼樣的人的思想。但是我並不只是個任由事情在我身上發生的被動觀察者。我是個做出自己種種選擇的**行為者**，而這所有的選擇總合起來，最後就使我成了什麼樣的人。我可能一直太懦弱，不敢辭掉工作，但我還不算是個懦夫，因為我的未來還沒確定，而且未來的這一切仍都取決在我。所以也許我今天就決定我的未來，為自己下個定義，下個星期就走人不幹了。

我通常在早上起床。在某個時刻，我會跨過半夢半醒與徹底清醒的界線。這時我得做出選擇。這選項不是哈姆雷特的「要活還是要死？」，而是「要繼續躺在這裡，還是起身開始做事？」我在醒過來這一刻就已經是**活著**的了，正在床上。所以，我究竟是該繼續賴床，還是該爬起來了？

但是我並沒有**看看接下來會怎樣**這個選項，我沒辦法將自己當作躺在床上的另一個人，也沒辦法將自己當作睡眠科學家，觀察這個受試者在實驗中怎麼清醒起身。（在卡夫卡的小說《變形記》〔*Metamorphosis*〕中，起床後發現自己變成了一隻蟲子的主角葛列果．薩姆莎〔Gregor Samsa〕，就是用這種觀察者的態度來面對自身的困境；卡夫卡的重點在於薩姆莎採取的是一種異化的觀點。）如果我因為工作上需要我去某個地方而起來了，那我就是選擇了**起身**。但要是我躺在床上清醒地等著，那就會是我做出的選擇：再**等等**吧。不管怎麼做，我都必定有所選擇。而就在這清醒到有意識的過程中，我就像沙特所說的一樣：「注定要做出選擇」。

這就是人類的困境。一條狗在盯著披薩狂流口水時，心裡大概想著：「食物物物物物！」我也看到了披薩，但是我卻能退後一步，問問自己：「我真的要吃掉這塊令我目不轉睛的披薩嗎？」我有一種了不起的能力，能夠自覺地問自己該做什麼。我可以靠自己的理性力量來提出解答，並且按照這個理由或那個理由付諸行動。正因為我生來如此，我認為自己就該為我所選

---

④關於這點，最經典的論述是法蘭克福（Harry Frankfurt）的〈意志自由與人的概念〉（"Freedom of Will and the Concept of a Person"）和華生（Gary Watson）的回應〈自由的行為者〉（"Free Agency"），兩篇文章皆收錄於華生所編的《自由意志》（*Free Will*, 2nd ed. [Oxford: Oxford University Press, 2003]）。

擇的行動負責。⑤

所以說，我的行為不只是單純的反射動作，不是科學研究中與人無關的因果反應；這是**我的**行為，是我自由的行動。是我選擇了我的舉動，是徹徹底底的全新舉動，與我先前所發生過的事、在這一刻之前是什麼模樣毫無干係。對沙特來說，這就是我對自己負責的方式。「事實上對人類來說，存在就是**選擇自我**。」我選擇的自我，就是我所做出每個選擇的總結。發生在我身上的事「無論來自外部或發自內心」，我都得決定哪些才是我該「接受或承擔」的，而且還「徹底深陷難受的必要性之中，必須打造出〔我自身的〕存在——連最微小的細節都不能放過」，「絲毫求助無門」。⑥

衝浪客可能會覺得她自己的工作爛透了（這裡暫且把錯過漂亮的浪頭當作是爛工作的定義）。因為她滿心都是對波浪的熱愛，彷彿中了沙特稱為「自欺」（bad faith）的這種魔咒，所以她將自己看成只是這世上的另一件物體而已，就像是餐桌上的咖啡杯一樣，又好比受人追求的女子，手掌「只能無助地被對方溫暖的雙手握住——既未同意，也不抗拒」，彷彿只是一件物品罷了。⑦這名衝浪客把自己的一舉一動都當作彷彿靠因果法則就能預測，可以任人控制與操縱，不是自己能完全自主的事。她也許不會後退一步問問自己，是要為了現在而選擇這份工作，還是要為了將來而拒絕。只有**別人**，只有那些接受減薪的幸運兒，才能去旅行，去印尼或大溪地衝到完美的浪。在沙特看來，這個衝浪客雖然事實上是自由的，卻沒辦法接受自由帶來的責任——也就是「真誠」（authenticity）這個重擔。

對海德格來說，要是沒有活在死亡籠罩的陰影裡頭，你就不算活過。而我想活得真誠，就要擁抱這個當下，就細啜**這一口咖啡**，因為這每一口的體驗，都遲早會消逝。這裡的沙特看起來比較樂觀（他這種樂觀精神不太像法國人，反而更像美國人）。我要真誠面對我的行動，就不能把我的現況或未來只視為世界的固定模樣，而是**操之在我**，由我控制。這就是我的「絕對自由」：沒有其他事物能決定我的行動。所有在我的過去、我的身體、現在一切感官知覺中的

---

⑤難道狗就沒辦法做些基本的推理嗎？比方說，如果披薩壓在箱子底下，該怎麼拿出來？除了人類以外，有不少動物（尤其是高等靈長類）似乎都能夠意識到自我（例如說，給牠們看一面鏡子時，牠們不會誤以為鏡中影像是另一隻動物）。沙特可以說，動物與人類的不同差別大約散落在一道光譜上。如果荷馬・辛普森（Homer Simpson）在看到一打啤酒的時候，腦子裡想的都是「啤啤啤酒！」，那沙特的意思就是，如果他是人的話（可是他算嗎？），他至少能夠捫心自問到底自己該不該喝掉這些酒。不過，事實上荷馬大概永遠都不會問（或者很少會問）這種問題。

⑥《存有與虛無》。

⑦同前註。也可以注意肯伊・威斯特（Kanye West）用第三人稱的異化方式來談論自己：「有人問我的意見，我就被拱上台了。一被拱上台，我們都知道那真的很難——所以我就像個瘋子一樣，用第三人稱的方式來說我自己——可是對肯伊・威斯特來說，要不保持真誠，不說出自己的感受，那才真的叫難。」

固定事物，統統不能決定我的未來。我自己也好，我的未來也好，全都操之在我。所以在看待我這份爛工作時，我永遠都能後退一步，捫心自問：「我究竟是誰？我現在該做什麼？」光是**問有什麼可能**這件事，所有對我自身選擇的種種限制（比方說奴隸般的種種責任）就全都「否定」、「消解」成為「虛無」了。我的未來、我的行動全都是開放的（我很清楚自己能辭職不幹）。

在電影《畢業生》（*The Graduate*）裡，主角布拉達克（Benjamin Braddock）不甩人家叫他進「塑膠」行業的建議。儘管戰後局面如此繁榮，洗衣機、郊區住家、翠綠草坪一應俱全，布拉達克就是沒辦法跟隨文化潮流走。他就像當時的美國年輕人一樣，隨著寫出《在路上》（*On the Road*）的凱魯亞克（Kerouac）一同上路，要向自己證明自己是自由的，只是仍然不免為毫無特定方向而焦慮萬分。因為這就是在路上的意義，就是自由遊蕩的意義：你注定要不斷地問：「接下來呢？」儘管我們有著不斷自我創造的能力，但是沙特卻還是給我們一個令人沮喪的答案：沒有什麼東西是真的有意義、有價值，或者至少說，若不是我做出了選擇，沒有任何事物能完全決定什麼才是對的。

自由的人沒有「本質」（除了自由之外）。服務生並非因為是服務生或女人就天生要背負著侍應服務的責任。而做出選擇也並非從既有的狀態中選擇，而是從虛無之中做出選擇，沒有任何實際的理由能要你非選這個，不選那個。若非我多少有些武斷的選擇，其實沒有哪個選項真的會比其他選項更好，而且就算這種選擇披著抽象價值的外衣，但那仍是我自己決定的道路。我們還是得為自己選擇的人生負起所有的責任。我們注定要背負著真誠這份重擔，在沙特所謂「憤怒」的絕望裡，從虛無中做出選擇。

而這一切就帶來了一個問題：有什麼東西能證成衝浪客的輕鬆人生呢？

水上運動的理想極致

按照這位在西方史上最前衛的自由哲學家所說，自由人在宇宙中的地位，在「水上滑行」和種種滑行類運動項目中最能表現出來。這些滑行項目大多都在水或冰雪等物質上滑行，藉以提供移動的動力。照沙特的說法，溜冰是種「非常差勁」的運動，因為溜冰只是「刮過那些冰，找到早已組織固定的材質」。相較於其他的材質，比方說雪好了，雪可是「輕盈、無形、轉瞬即逝的」。在滑雪時，我可以想像自己在衝下山坡時「不留一點痕跡」，但是溜冰就不行。我可以想像自己因為白雪覆蓋了腳下的廣袤大地，所以隔絕了「早已組織固定」的現實世界，彷彿我在過去未曾留下任何足跡，沒有任何線索能夠限制或預測我的將來。

之所以這麼說，是因為我要是會因自己的過去、本質、過往的品格或甚至神明的安排而**早就**注定要走這個或那個方向，那我就不能自由選擇我的行動與未來了。在沙特看來，任何決定論都沒辦法與我的自由相容。但是我在滑行時只有自身一人，我在這無心靈的宇宙中所留下的軌跡確實完全由我所掌握。我彷彿是自由的，能夠自由安排宇宙萬物，就像我所留下的足跡一樣。我所做的轉向動作就猶如上帝創世，這個世界應該如此如此，完全只因我說這般這般。正如沙特所說，我的轉向動作是從虛無中出現，不受任何事物決定，只有我說了才算。

自由滑行要怎樣辦到呢？嗯，關鍵在**速度**。我們的身體是物理現實的一部分（沙特稱為「現實性」〔facticity〕）。重力會將我們拉向雪地裡，限制我們的移動自由。但是只要移動速度加快些，雪就會突然成為我們的助力。我霎時有了新的力量，讓我選擇這個方向或那個方向，讓我可以加速、放慢，或是**割雪過彎**（carve），全憑我的本事和風格。沙特談到滑雪時，說：「是我給了我自己這種速度，是我給了這片雪地這樣貌。」⑧我在一個毫無心靈的物質界中穿越、留下的路徑因此成了**有人性的**（personal），是我的，因為無論怎麼走，都是我自己在加速的過程中有意選擇的方向。

因此，滑雪客是靠著速度來「持續創造」個人的自由意識。我是什麼？不是特定的這個想法或那個念頭——不是瑞士的阿爾卑斯山，不是從巴黎遠道而來的沙特所穿戴的帥氣滑雪靴或隨風飄揚的圍巾。（他寫得彷彿自己曾滑過雪。）我，就這個我，我是**某個人**，是一個人，是能意識到這一切霎時生滅、變動不停的心思的人。我就是一切經驗的中心，輕盈、無形、轉瞬即逝的思想、感覺與經驗都在我穿越狂風時，從這持續恆存的自我中奔流過去。我的意識也因此自由地流動。還好，我行動時並不太掛著這些念頭；所有的思想或知覺都是轉瞬生滅，只在記憶中才偶然重現。我流動的心意活動只殘餘一絲痕跡，待再回首，過往幾乎無跡可尋。我上個月的思想消失到哪兒去了呢？我試著找回兩天前的思緒，但是絕大部分的經驗全都有如過眼雲煙，一經體驗便剎那消散。而我現在的回想，其實也是我在**重新塑造**（refashioning）過去的經驗，讓留在我「記憶」中的不完全是過去真正發生的事。

唉，可是如果滑雪真的**感覺起來**自由自在，那麼對沙特來說，這終究是「錯覺」。沙特解釋說，一看到留在身後的那道痕跡，就不免感到失望落寞。「要是那些雪在我們滑過之後會自己重新復原該多好啊！」我猜並不是每個人回頭看到自己從山坡上滑下來的軌跡時，都會感受到那份存有的失落。但是頂尖的美國滑雪好手戴夫．羅森巴格（Dave Rosenbarger）在稱讚直落滑雪（從滑雪道或峭壁直接躍下的滑雪方式）時，也表達了和沙特一樣的想法：「極限條件造就了極限風格。我喜歡滑雪時不落一點痕跡。」⑨

弗洛依德（Freud）認為我們的行動都是出於性與快樂的驅力（drives），是受我們的成長背景所限制，受我們的出生序和早期依附所扭曲。對沙特而言，我們的自由行動就意味著我們超越了這種過去的事件。如果你一直擺脫不了過去的自卑情結，那你當下的行動也同樣**選擇**了受

⑧《存有與虛無》。

⑨《雪粉》（*Powder*）雜誌，二〇一五年二月號。

它所制，「是面朝著現在，背向了未來。」⑩你心中的情結能在治療過程中獲得解釋；真正重要的不是你的「記憶」，而是此刻回想與重新塑造你的記憶時，你要如何打造它們。

這就是沙特認為在水面上滑行要比滑雪更能象徵自由的原因了。液態水的特性就是恢復平靜，因而也「沒有記憶」。所以在水上滑行是真的「了無痕跡」。激起的水花再怎麼洶湧，都會重新融入水裡，不留一絲殘跡，不免讓人心頭一鬆，不再緊攫過去種種，不再否定當下的自由，開始重新刻畫打造一切。

沙特盛讚玩動力船和滑水，尤其是滑水，稱之為水上活動的「理想極致」。水上運動展現了人的自由，而在動力船和滑水中的種種展現更是趨近完美。衝浪也同屬滑水這一大類（沙特稱為 glissement）。雖然沙特未曾接觸過衝浪，但我想他一定會為衝浪神魂顛倒。那他會因而改口說他那種極端的自由並非必要嗎？大概不會。但是我要說，衝浪也能展現出與動力船或滑水同樣的高度自由，甚至更加完美。衝浪和動力船與滑水一樣是靠水進行的活動，但是卻不受動力船或滑水過程中的限制。

你看，衝浪客身旁的浪花會飛越衝浪板，飛入空中，再落回海裡，徹底消融，不見蹤跡。要是在浪袋裡切浪（carve）或急旋做得特別漂亮，浪花就會如同一道完美的羽毛般綻開，這驚人的美景隨即消逝，不留餘跡。正因它「了無痕跡」，沒有誰能預測或限制自己當下的轉彎或接下來前進的方向。

再來，速度也是關鍵，尤其要切浪的時候更是如此。當我順著浪壁滑行時，可能得要沿浪線急速衝刺。當浪壁變陡，整排波浪部位奔向前方，浪峰頂端高高聳起，要是我加快一點速度，我就會在浪峰底下飛馳，而要是我在浪高線附近徘徊等待，再等一等，再繼續等，然後馬上蹦躍加速，高高懸起，直到我知道自己成功了，也看見了下個波浪部位正在消退。接著，因為高速躍入了緩慢的波浪部位，我大概會慶祝一下這輕鬆的片刻，做個大切回轉向，把全身重量都放在旋轉上，將身體伸展開來然後逐漸向核心集中收攏，最好能做出一次完美的切浪，濺起一片與我的自由相呼應的浪花。

因為衝浪需要調節，所以能展現出意識的自由流動。衝浪客在不同的波浪中**穿梭**，**從**這一刻進到下一刻，再衝進隨之而來的另一個時刻，就像我腦中疾馳的思緒或感覺一樣過了就忘。在人心中呼嘯而過的每道經驗全都各自獨特、無法重來，同樣地，每一道波浪也都有自己的不同階段，每個階段都需要人重新調節追隨流動的能力、肢體的活動和自我呈現的風格。

說到這裡都沒問題。衝浪至少可以和動力船與滑水平起平坐。詭異的是，沙特卻也說在水面上滑行是種**使用**（using）水面的方式，按你個人的目的來「估算」，就好像是你**擁有**（own）這塊平面，將它當作是你定義自我這個行動的一部分。他這意思不是說你在水面上玩得很開心，也不是說你在浪袋裡做出漂亮急旋時會在水上留下什麼個人的印記；他的意思是你**主宰**（mastering）、**掌有**（possessing）著水面，就像主人主宰、掌有著奴僕一樣。⑪他說，根據同樣的

---

⑩《存有與虛無》。

⑪同前註。

道理，爬山的人也**征服了這座山**（claim it），把山「估算」成一份戰利品，「而自己則是戰勝者」。⑫

這種「估算」可就不在衝浪的自由之中了。那衝浪是不是因此就比較不自由呢？才不會！在衝浪客看來，沙特的那種極端自由才是不必要的。要是沙特懂得衝浪中的特殊之處，他大概就會更明白地承認人可以同時既是自由的，而在更深層之處，也緊緊繫於有形的實在之中。

至於爬山，我想一般玩票的登山客大概偶爾的確會說：「耶！總算成功攻頂了。**瞧**！我幹掉了這座山哪！」但是真正專業的登山客在登頂時才不會有這種主宰或掌有山峰的傲慢，頂多會拿這來開自己玩笑罷了。約翰．丹尼斯（John Dennis）提到他一六八八年跨越阿爾卑斯山的事時，說他所遭遇的危險使他內心充滿「極為愉悅的恐懼，至為恐怖的歡愉」，讓他「在無盡的滿足中顫抖著」。⑬沙特口中會炫耀自己攻頂成功的登山客看起來像是欠缺了康德（Immanuel Kant）所謂的「相稱於〔崇高〕對象的內心領會」，而康德說這種領會「不是感受到我們自身天性的崇高，而是拜倒、臣服其下，感受到我們的徹底無力。」⑭

在面對二十呎以上的駭人巨浪時，玩大浪的衝浪客肯定會察覺到自己的渺小無力。⑮英國哲學家伯克（Edmund Burke）說過，就算離得遠遠的，崇高經驗也會帶來一份在恐怖中所感受到的「愉悅」（比方說，從峽谷深處向上望）。可是衝浪客的愉悅是當自己正面對著危險，在過了震撼區，「潛浪」（sneaker set，比一般的波浪更大）隨時會吞噬自己的時候才會出現。那情況真的很容易就會溺斃，有如一九九四年傅馬克（Mark Foo）在加州半月灣小牛海灘所遭逢的悲劇，還有一九九七年陶德・切瑟（Todd Chesser）在歐胡島北澳所發生的憾事一樣（沒想到，傅馬克竟一語成讖：「在做自己喜愛的事時死去也不壞」）。你只能接受自己遲早**一定會**遭海浪擊倒，翻來覆去，甚至反覆拋到空中。但是當你在等浪或開始划向那巨浪的時候，心中的恐懼遠不如對這不斷翻滾洶湧、涵納蓄積、層層拔高，而後也終將碎裂的崇高海峰所**興起的崇敬**。一旦你真的衝到了巨浪上頭，那種感受真的不會是**主宰**或**擁有**；你感受到的，是一份對如此天大幸運而有的歡愉或感激。

也許從山上滑雪而下會比較合乎沙特那種主宰或掌有的意思吧。但是你真的會為了你的運

---

⑫同前註。

⑬約翰・丹尼斯，《詩文雜集》（*Miscellanies in Verse and Prose* [London: James Knapton, 1693]），pp.133-34。

⑭《判斷力批判》（*Critique of Judgment*）。

⑮「大浪」是指大約二十五呎高以上的浪，專衝大浪的地點大多在加州的小牛海灘（Mavericks, California）、南非的地下城（Dungeon, South Africa）、茂宜島的下顎（又稱佩阿希，Jaws/Pe'ahi, Maui），甚至也有人到葡萄牙的納札雷（Nazaré, Portugal）這樣的地方去衝七十呎以上的巨浪。這種玩法是要對大浪做些什麼沒錯，但是沒有哪個神智正常的人會認為自己是在「估算」能從這種駭人巨浪中得到什麼利益。

動目的而「估算」這座山頭嗎？對我來說，滑雪看起來主要還是**應付**（coping）著圓丘和長坡的一種運動，因為你在滑雪時會由於重力拉扯而不斷遇到這些地貌。滑雪的時候要是能夠處理好這些地貌真的很爽，在雪粉中也會更自由自在，但這仍是處理，不是主宰。山可是連動都沒動呢！（雖然我想還是有人能在雪崩時滑雪啦。）⑯

沙特確實說動力船和滑水更貼近水上運動的理想極致；這兩者都包含了「控制」或「擁有」這種要素。但是這兩種運動不就因此而**比較不**自由嗎？船的浮力本來就會讓船得以對抗向下拉的重力，而船在水面上的滑行則是只靠著人造動力，藉由內燃機的運作推進。反觀在水上滑行的衝浪客所憑藉的是大自然的動能，完全不靠吃油的人工船隻費力拉曳。而要是說滑水比動力船更能展現自由，因為滑水有更多的滑行與切浪，那我們就是忽略了動力船對滑水玩家的方向、速度與未來的種種控制，這與其說是自由，毋寧該說是束縛（畢竟還加上了繩索、傷害和甩動等細節呢）。

船隻駕駛沒辦法「主宰」或「掌有」衝浪客，衝浪客完全獨立於他人的意志。衝浪時就只有衝浪客和浪——好吧，也許再加上一隻鵜鶘或海豚隨著浪壁滑移。衝浪板當然是人工的沒錯；你需要一塊衝浪板，因為你沒辦法光靠身體在波浪上滑行（不過也因此能夠換來飛快的速度和切浪的機會）。但是真正關鍵的速度可就是自然而然出現的東西了；衝浪客是乘藉波浪的自然動力，靠著身體自由領會擺動、蹦躍旋切，才有了這樣的速度。

所以衝浪才是真正堪稱「水上運動的理想極致」。衝浪這種滑行運動，是自由人自然狀態的充分表現，甚至可說是最完美的一種呈現。

既具體，也受限

大家通常都說沙特的自由觀太過「二元論」（dualistic），太像柏拉圖或聖奧古斯丁、笛卡兒對於身心分離卻能彼此互動的觀點。儘管沙特不像傳統的二元論一樣，假設你在死了之後還有個讓你仍舊是**你**的靈魂；但是沙特卻說我們至少能夠期待擁有像神明一樣，不受形體拘束的自由。他說：「人就是要成為神明的存有。」⑰

可是對衝浪客來說，就算是這種期待也太過虛無縹緲，與我們自由騎乘在浪頭上的天人關係實在是大相徑庭。如果誰有海神波賽頓（Poseidon）的力量，能夠按著自己的意願翻江倒海，那麼他就不可能當個好衝浪手。⑱這樣一來便完全沒有自由漂流的機會，無從調節領會超越自

---

⑯我有個瑞士朋友恩佐．波瑟里（Enzo Porcelli）是滑雪高手，他從小在阿爾卑斯山山腳下長大，後來卻開始衝浪，甚至還為此長年待在加那利群島（Canary Islands）。他說衝浪的後勁強多了，他這意思是衝浪比滑雪來得棒多了。

⑰《存有與虛無》。

⑱我們人類能做到最接近的方式就是靠船隻的協助。但是除非像在面對二十五呎以上，甚至七十呎高這

己所掌控的事物了。這種極致優雅的狀態是衝浪所必需。何不好好享受呢？

按照這條思路來想，沙特與梅洛－龐蒂的長期交遊彷彿就是在為衝浪客代言，傳達出自由就是我們有意識的身體活動與我們所處環境之間的一種「交流」（exchange）：

> 在情境與個人的交流之中，不可能區辨出何者是「情境的因素」或「自由的因素」。我既不僅僅只是個事物，也不純粹只是份意識。甚至連我們在自己所選擇的情境裡採取主動作為時，尤其無法區分，這些作為彷彿就像是老天安排的命運一樣。⑲

所以我可能決定不來個大切回轉向，而是沿著浪線直衝。但是我也可以兩個都做。我不做切回轉向是我的自由。如果我真的因為接近波浪的快速部位而**別無選擇**，只能沿著浪線直衝，這也同樣是我的自由動作。不管是哪一種情況，我的衝浪動作都是自由的，是波浪與衝浪客都成就了衝浪的這一刻。我會因為注定總是有新的浪到來而**比較不自由**嗎？不，我的衝浪還是自由的，依舊出於我的自由意志與自由移動的力量。我是個既具體又受限的人類，不只是像波賽頓一樣能夠將我的意志強加到事物上才自由，在我每次回應下一道波浪的時刻也同樣是最自由的。自由不僅是我身為意識存有的基本條件，也是我在行動中達成的成就，不只是「純然的意識」，而是種相互關係，是我的主動作為與周遭環境之間的成功「交流」。我在衝浪中是自由的，就只是因為我成功地隨波逐流，在老天的眷顧下，做出適當的調節，能領會下一刻的波浪。⑳

衝浪的可能性條件

大海包圍著我們，一動一靜都崇高無比。㉑海洋本身，包括了海風、潮汐、湧浪當然都完

種沒辦法靠著在衝浪板上划水追上的巨浪，否則通常大家都會覺得這樣不夠正統。

⑲《知覺現象學》（*The Phenomenology of Perception* [1945]）。

⑳ 西蒙．波娃認為這基本上就是沙特的觀點，而梅洛—龐蒂則是個差勁的對照（見〈梅洛—龐蒂與假沙特主義〉〔“Merleau-Ponty and Pseudo-Sartreanism”〕）。沙特則似乎承認兩人間有所不同，而他也認為這很重要（見〈梅洛—龐蒂重生〉〔Merleau-Ponty Vivant〕），甚至還提到了波浪：「梅洛深深覺得必須維持一份將世界當作世界本身的覺察，而在這份覺察中將自己物化為歷史的一部分也深感自在。他還將自己隨意比擬為波浪，是整道海浪中的一個浪頭，而這整片海則是由一層層的泡沫堆疊而成的。」這兩篇文章皆收錄在《沙特與梅洛—龐蒂之爭》（*The Debate Between Sartre and Merleau-Ponty*, ed. Jon Stewart [Evanston, Ill.: Northwestern University Press, 1998]）。

㉑ 關於衝浪客在衝浪之外對海的諸多直覺感受，瑞秋．卡森（Rachel L. Carson）在《大藍海洋》（*The Sea Around Us* [1950; New York: Oxford University Press, 1989]）中有著極為精采的掌握。

全超出我們的影響力之外。當一道快速的海流將你吸入，將你推向突出的礁岩，或是不斷被浪頭翻進海裡，沿著海底拉扯的時候，你絕對會明白這件事。（這時候你得保持「破娃娃」的姿勢，用雙手保護你的頭部與頸子，等待機會浮上水面呼吸。還有，切記要保持放鬆。不要想到死，也別擔心自己會死。）

大浪極為駭人，而且真的是「駭人」；大浪會讓人感到驚駭，會恐懼、嘆服、欽佩、訝異或惶恐。但是話說回來，波浪確實也只是海洋那源源不絕的洪荒之力的剎那展現。你感覺得到那股力量，就算海面風平浪靜，當你在等待的暫歇期間，在等那滾滾湧浪再度捲來，或是平靜的海流，以及那受環繞地球運行的月球重力所牽引的緩慢潮汐之中，都能感受得到。就算是在比較輕鬆的浪點，衝浪客也不會假裝自己技高一籌，因為他們深知海洋的壯闊，明白自己在浪濤之前是多麼渺小無力。

這種無力並非像癱瘓那樣地**全然**麻痺。我們還是能划水、游泳、擺動手臂、踢水、控制自己的身體；可是我們沒辦法像在陸地上一樣明辨方位，任何實作意義都無法像在海德格那種「生活世界」中一樣能「信手拈來」，因為在海上隨時可能沉沒。衝浪就像是開天闢地一樣，或至少該說是種超脫凡俗的經驗。衝浪這活動需要運用奇特的道具（衝浪板除了衝浪之外沒有其他用途），需要人類以外的天然力量。㉒在學會怎麼追上波浪、站在衝浪板上、隨著波浪的動力前進之前，光是坐在不停搖晃的衝浪板上，就得要對身體重心不斷略加調節。如果衝浪原本就是人力能及的份內之事，那你除了學會如何接受海洋的引導之外也別無選擇，只能承受大海所給予的一切，沒有一點沙特所謂「估算」的那種主宰、控制的非份之想。

我們在海洋與波浪面前的相對無力，並不只是人類境況的一項實情而已。這是我們在衝浪時必須堅定**接受**（accept），甚至擁抱的一項事實。硬要說的話，這種接受態度就**構成**（construct）能夠進行衝浪活動的心理條件：沒有這種感受能力，你就衝不了浪。

與其說衝浪是個人意志的宣示，毋寧說是對個人意志的超越，要隨著海洋所提供的一切，隨時準備修正自己的妥善規劃。衝浪時如果不以這種相對無力的感覺為根本，就無法調節領會，讓自己配合得上每一刻的波浪。除非我們在海洋面前觀察著、等待著，仔細地注意**這一道浪、這一個時刻**，藉著認識在過去這段時間與這道浪相似的波浪，否則我們就無法在正確的時刻、在正確的位置、以正確的方式立即做出反應。這恰恰就是為什麼那些在運動中特別容易顯示出自己控制欲的吹牛大王會覺得衝浪很難學的道理。一個人要是不能體悟到別將自己的意志強加到波浪上頭、別只因佔有欲或主宰欲而試圖控制一切的話，嗯，那他最好還是坐在一旁看

㉒關於這些描述的科學研究，見尼爾．蘇賓（Neil Shubin）的《我們的身體裡有一條魚》（*Your Inner Fish*，天下文化）。衝浪這種活動的起源可能是祕魯或南太平洋的小島，後來才成為夏威夷社會生活的主流。我沒聽說過關於衝浪起源的人類學研究，但是關於衝浪的整個歷史演變，尤其是科技的變遷與戰後的蓬勃發展，可參考彼得．威斯威克（Peter Westwick）與彼得．鈕舒（Peter Neushul）的《漩渦中的世界》（*The World in the Curl: An Unconventional History of Surfing* [New York: Crown, 2013]）。

著就好。他可以從學著感受海浪的崇高開始，學習在波浪上滑行的動作，學習不加控制而自然展露的美感。到那時候，也只有到了那時候，他才真正準備好開始學習怎麼領會外界。

這有一部分純粹是人的水性：不管你想怎麼樣，如果不持續調節自己，馬上就會落水。初學者若不想落水，主要的課題就是學好無數的基本領會。不論你是初學或是新手，都能依循一些基礎規則，讓你至少能感覺「受控」（in control），例如：「坐在衝浪板上時，輕輕踢腳以保持平衡」、「站立之後要保持低蹲姿」等。但是這些規則會逐漸顯得不必要，甚至不適當；你在浪尖轉向時需要伸直前腳，或是要在浪管裡直立，這時都不能保持低蹲姿。「進步」通常意味著要「放下」這些規則給你的控制感。你會學到專注在接下來的時刻，注意接下來該做什麼反應才適當。真正的挑戰在於逐漸學會用身體感受自己的處境，這才能讓你流暢寫意地做出那些你在一直顧慮規則或控制時做不到的動作。

說實在的，你也不可能覺得徹底「失控」。除了當日天候、海象等狀況和你自己的衝浪技巧，或許再加上**大量的**划水和潛泳穿越重重浪點之外，你所需要的就只是一份「衝浪值得一試」的感覺。不過，無論在哪個階段，你所攀上或是馳騁其上的浪頭都不會是「完全受你控制」，甚至連「大概控制」都稱不上。你這時需要的不是沙特那種極端的自我決定、估算或主宰，只需要身體的協調，配合著領會周遭才能夠順利衝浪。

身體控制

要對自己有基本的控制，你的行動（action）就必須是**你自己的**行動，不能只是你的某種動作（behavior）或是自動的反射動作。也許你衝浪時會做出某些旋轉動作，帶著點蜥蜴移動的感覺，但這就是你自己獨特的風格，不是什麼生來就患有嚴重缺陷，或是被雷劈中等天外飛來的厄運。你需要的不過就是把這種蜥蜴動作**變成**你自己的動作。知道你自己在做什麼，而且刻意這樣去做。亞里斯多德說過，這就是**行動**（action）而非僅是動作的基本標記。除了最貼心的朋友以外，不會有人稱讚你，不過像蜥蜴那樣歪歪扭扭的風格也多少還是能成功啦。

但是差勁的風格確實有其限制。「速度、力量與流暢」是職業衝浪的關鍵判準，進階的衝浪幾乎都在追求流暢的風格表現。這些判準比傑出的指導更重要。雖然這些判準不是衝浪的可能性條件——滑得再醜還是衝浪，只是很醜罷了——但是即使是基本的衝浪，也會要求展現出速度、力量與流暢。要駕馭波浪的自然力量，就得進行一連串複雜、迅速的動作組合，有效率地不斷調節自己的身體。採取「臭蟲姿態」的人（衝浪時會像飛行中的臭蟲一樣把屁股蹶高）可以在適當的時刻，用某種適當的方式移動手腳和核心、軀幹，成功使出一些基本的花招。但是你的姿勢可能就會太過笨拙、沉滯，或是欠缺一些關鍵的細部微調。要是你的重心在錯誤的時機太過前傾或後放，通常會讓你突然翻落水裡，惹來旁人的訕笑，懷疑你的能力，讓你窘得無地自容。

所以初學者必須學會一種基本的無意識控制，不讓身體胡亂扭動。四肢與身體重心要整合許多細微的調節領會，讓這成為一種自動習慣，如果你一心想要控制自己的移動，就表示仍停留在學習的初階而已。通常來說，除非你真的在控制身體方面有毛病（例如會轉向某一側）不然最好別只想著要**控制身體**。不如「放下」，藉由穩定的練習，讓自己習慣適當的動作。也就是說，要試著去感受身體姿勢和波浪之間的共鳴，看看專家怎麼做，想像自己做出那些動作，然後一再練習，依照可行的方式來調整自己的衝浪動作。試著去領會更多，仔細觀察，發掘對周遭的知覺和各種動作的不同可能。只要你耐心等待，終究能發現其中訣竅。

控制就是高超的領會

即使到了進階程度，在配合每個時刻的波浪活動時，流暢的衝浪也不需要對身體做多餘的控制。各種大略的規劃（「我在想我要搶進這組波浪」、「我一定要衝進浪管」）都可以隨著瞬間的思緒變易和身體的立即調節而馬上改變。沒有哪個計畫在事先就能夠十分確定。衝浪客只能隨著每個新的時刻重新調整，不靠任何既定規劃，才能找到真正流暢的做法。想要好好調節領會，關鍵就在於**不要**試圖憑著自己的意志操控任何波浪或時刻。絕對不要「勉強」。

有時候，對於表現得特別高超的技巧和領會時機，我們會稱讚一聲：「控制得不錯啊，老哥！」衝浪客會抓住適當的時機，在波浪上前進、停駐、低伏，或是從急旋的甩尾中回穩，甚至是做出驚人的空中迴旋。也可能來個強力切浪，或是在急旋時「甩筐」（threw buckets），激起片片浪花，這可只有在衝浪客持續配合波浪的強勁力道時才辦得到。不過，要不是正好碰上了適當的浪潮，衝浪客絕不可能光靠意志或控制力就做得出任何動作。即使是陽剛味十足的「重力型衝浪」（power surfing）也絲毫不像在政治上的「呼風喚雨」或商場中的「操之在己」。玩重力型衝浪的衝浪客能用非凡的力道與控制力殺出一個大彎或是切浪，甩出個大迴旋，但要是他的領悟差一點，就絕對辦不到。「重力型衝浪」不是靠意志力、體力的強，而是來自知覺、直覺和預感的敏銳——是來自於明瞭海洋與波浪只能尊敬，不能控制，因而與之調節應和的良好關係。

在最好的情況中，衝浪客所蓄積的直覺領會與身體調節能夠與波浪合而為一，這時衝浪客就會陡地「衝破」常規，以難以置信的速度、極其炫麗的動作，展現出張力十足、動人心魄的風格。這難道不是主動、極端的自由，不就是沙特認為的那種存有本性嗎？很可能是。不過這些情況也只是在**流動**中展現出最完美調節的美妙時刻而已。衝浪客的目標並非在於變得無拘無束，或是控制無法控制的對象，而是在於成就——不靠控制便能展現的成就。

所以，在人類所處的境況中也有一種可以不必事事控制也能成就功業的方法。從衝浪客的角度來看，大概可以說：「不要勉強，順勢而為。因緣總有聚合之時。做好接下來的每一動就好。」

衝浪（與人生）並不可怕

十七世紀法國數學家兼基督教哲學家巴斯卡（Blaise Pascal）曾說：「吾人天生壽命有限而軟弱無比的命運如此悲慘，令人加以細想，便再難尋慰藉。」㉓對沙特來說，巴斯卡是把理性放對位置的第一人——而這種對理性的科學擁護造成了典型法國式浪漫的失望。杜思妥也夫斯基（Dostoyevsky）曾寫道：「要是上帝不存在，那想做什麼都行了。」沙特完全贊成這說法，拒絕任何對世俗道德的溫和擁護。「沒錯，如果上帝不存在，人類因而遭到拋棄，那想做什麼都行了——因為人無論裡裡外外都找不到任何事物可供依靠。」㉔如果巴斯卡下注賭的是上帝存在，那麼無神論者沙特說的就是我們注定要從虛無裡做出選擇，只能在一切意義都是自我建構的荒謬人生中做出抉擇。

那麼衝浪客心裡又是怎麼想的呢？衝浪客難道就只是比較幸運，能忘卻人類焦慮的病態，能拋下人類境況中的顯著慘狀嗎？還是說他們只是逃避主義者？或只是要否認這一切？抑或衝浪客只想逃避存在的責任，單純只是**懶得**努力不懈地自我創造？

衝浪客會說，衝浪不就是自由的意義，甚至是自由的極致嗎？無論上帝是否存在，都不會是做**什麼**都可以。謀財害命、背叛朋友、蹺班衝浪（而且還沒得到允許㉕），這些都是道德上不允許的行為。因為這些行為都欠缺了能讓我們向其他人證成自己舉措正當的道理。㉖你沒辦法對朋友說你有理由向其他人洩漏她的祕密。她要是直盯著你，問你：「你怎麼可以這樣？你到底在**想**什麼？」你其實沒有什麼合理的說法可以回答。（上帝不也有一番道理，告訴你背叛是錯的嗎？你沒辦法跟遭受背叛的人說你的背叛很合理。如果你的所作所為會冒犯上帝、社會，甚至全體人類，那都是因為你冒犯了你所背叛的那個人。）

對衝浪客來說，浪潮來時還賴在床上也是無可饒恕的罪過。除非你真的需要休息，或是你晚點會去衝浪，不然躺著賴床實在對自己交代不過去。因為衝浪並不**只是**一項毫無理由，完全為了自我創造而選擇的行動，也不能一早醒來就毫無理由地選擇不去衝浪。衝浪總是**值得**去做的事，或者用亞里斯多德的話來說，衝浪本來就「值得選擇」（choice-worthy）。除非你真的需要休息，恢復體力，不然早上花幾個鐘頭去衝浪還是很值得的。為什麼？就為了衝浪啊！因為

㉓沙特在〈評《異鄉人》〉（"Commentary on *The Stranger*"）中也引用了這句話，見《存在主義是一種人文主義》（*Existentialism Is a Humanism.* [New Haven, Conn.: Yale University Press, 2007] p.75）。

㉔〈存在主義是一種人文主義〉（"Existentialism Is a Humanism"），收錄於《存在主義是一種人文主義》。

㉕我父親從小就在茂宜島長大，在某次衝浪意外摔斷脊椎之前總是會去衝浪。他在我高中時跟我做了個約定：如果我的成績能持續進步，每到適合衝浪的時候，他就會打電話到學校幫我請病假。

㉖見史坎倫（T. M. Scanlon）的《我們彼此虧欠什麼》（*What We Owe to Each Other* [Cambridge, Mass.: Harvard University Press, 1998]）。

衝浪超好玩啊！因為能對海浪有所領會是種崇高的經驗。因為那很美。因為那是在我們有限的一生中能做的美妙好事。

當然，憂鬱的人不會在陰鬱的早晨裡躺在床上說這種話。但不管是精神疾病或是偶然的消沉心情，都不是完全自由的標準樣貌。如果衝浪客憂鬱到連所深信的價值都沒辦法打動自己，那到底還有什麼是可在乎的就是個大問題了。難道連讓人每天早上起床的理由都沒有嗎？希望今天你能和朋友一起去衝浪、放鬆、做好份內工作、聽聽音樂、讀點書，然後帶著甜蜜的回憶進入夢鄉。說不定你明天也能如此。沒錯，自由意味著我們有所選擇，但是有些選項要比其他選項來得更好。漂亮的波浪好過糟糕的波浪，糟糕的波浪又好過沒有波浪。衝浪本身就是值得做的事，偶爾也值得錯過幾道波浪，放棄自己的下浪權，不要太貪心。幫助陌生人是件好事，你可以光是為了人家好，替他指引方向或給點小錢。你知道的，說不定你也會想做些事情回饋社會。我們總是有好理由去衝浪和喝杯咖啡。也許今年你沒打算要到納米比亞來一趟衝浪之旅，在黯淡的人生處境中找尋一絲完美；但有些比較簡單的事，光是為了某些簡單的理由就很值得做了。這不是因為人生很簡單，而是因為真正有價值的事本來就很單純。

可是這種單純的「價值」會不會只是種錯覺？理論上，衝浪可以沒有任何**內在**（intrinsic）價值，因為它就只有工具性價值。人之所以需要休息或休閒，也許只因為這樣才能去做其他比較體面的事，好比賺更多的錢、花一整天回電子郵件或開會。但就算是像美國人這樣的工作狂，也不會沉迷工作到公開拒絕自由的地步。如果自由真的有價值，但要是沒有為了衝浪本身而去衝浪的自由，或是沒有為了同樣重要的其他事情本身而去做的自由，那自由的價值到底是什麼？再怎麼說，就算是守財奴也常打高爾夫呀。就我所知，他們會去打高爾夫，是因為綠地能帶來平靜的感受，而且你還可以一邊工作一邊揮桿。他們說得沒錯，這不就是工作賺錢的目的嗎？但如此一來，高爾夫和衝浪之所以真的有價值，就不只是因為該活動對工作賺錢能有何助益了。而如果這種活動不只具有能藉以成就其他事物的工具性價值，那麼活動本身就有內在的重要性，值得在有限的生命中從事。

衝浪當然是人生的一部分，所以也有著和人生一樣的荒謬。什麼是荒謬呢？哲學家內格爾（Thomas Nagel）說得好：

> 在日常生活中，荒謬就是在現實與表象或期待之間有著明顯的反差：好比某人發表了一份極其複雜的演說來支持一項已經通過的動議；惡名昭彰的罪犯當上了慈善基金會的主席；你對著電話那頭的廣播錄音大聲示愛；或是當你受冊封為騎士時，褲子卻掉了下來。㉗

㉗〈荒謬〉（"The Absurd"），收錄於《人生大哉問》（*Mortal Questions* [New York: Cambridge University Press, 1979]）。

還有，如果有誰在板子上划著下水，卻對每個人都板著一張臭臉，「呃，老兄……如果你**確定**你真有兩下子，那我們就讓給你。」可是當波浪一掀，這人卻落海吃水，摔了個四腳朝天，白白浪費了其他人原本大有機會的超棒浪管。也有可能是兩個人在大聲爭吵下浪權（「你想偷浪啊，老兄？想得美，滾你的蛋！有種上岸單挑啊！」），而白白讓浪頭過去，實在枉費這兩人都歷經千辛萬苦，不遠千里而來，只為在面前這完美崇高的洶湧浪濤上馳騁的初衷。

但是就衝浪這件事本身來說，成功騎上浪頭這個單純的行動荒謬嗎？不荒謬。衝浪沒有什麼能夠落空的偉大表象或期待。當衝浪客說你能夠「為了衝浪而衝浪」時，他們的意思確實是只為了衝浪本身而衝浪，只是要你在有限的一生中去做這件崇高美妙的活動，不是要談些什麼大道理。就算天塌下來，這句話也不會多一層意義。即使有顆隕石朝地球飛來，即將毀滅人類短促而荒謬的存在，你還是可以和朋友把握最後的時光，趁著意識還清晰時一起去衝浪。

所以沙特也許說錯了：你躺在床上為存有難題掙扎時並非完全自由。如果你翻身起床，踏入水中，主動去做一件在生命中值得做的事，你會更加自由。自由是一種成就，是一種在行動中達成的事。

我們現在開始從沙特的存在困境向外跨出一小步。我們已經下床了。不過，我們還沒證明衝浪客的生活確實輕盈自在。我們先前所說的這一切，都可能只是某些特定活動的結果而已，而且這些活動還不是人人都能參與呢。拿登山來說，沙特自己就說過登山客的疲憊「暗藏在放棄自我、投入自然的廣大活動之中」。但是他又說，接受這種放棄本身就是種選擇「同意」的活動，讓「公路上的沙塵、烈日的曝曬、道路的崎嶇能夠徹底顯露」，能真正地「刻骨銘心」。㉘

所以你也許可以為了能更徹底投入運動的目標而放棄自己的自由，就算只是暫時如此也沒關係。這樣一來，衝浪仍然可以是水上運動的理想極致，但也僅只是一種運動罷了。衝浪無法當作個人整體處境的**樣板**（representative），畢竟人生際遇也許會因為大多缺乏意義而悲慘萬分。

我們至今還沒談到焦慮的真正根源。在沙特和其他存在主義者寫作的時代，世界大戰戰火方興，世事紛亂，經濟衰退，啟蒙理性看似搖搖欲墜，舉世前途茫茫未卜。法國存在主義者卡繆（Albert Camus）說薛西佛斯要不斷扛著巨石登上山丘這行動象徵著**抗議**（protest），是有意的反抗。㉙儘管薛西佛斯的困境實在荒謬透頂，但是這情況至少能有這層單純的意義。不過，卡繆的重點在於這個世界並不完美。他說最優先的哲學問題就是要不要自殺，因為我們面臨了一個

㉘《存有與虛無》p.587。

㉙〈薛西佛斯的神話〉（“The Myth of Sisyphus”），收錄於《薛西佛斯的神話與其他論文集》（*The Myth of Sisyphus and Other Essays*, [New York: Vintage Press, 1983]）。

嚴重的問題：「人生到底值不值得活下去」。㉚到了最後，先前提到的那些單純意涵或許足以說人生值得活，也或許還不足以這麼說。

所以，我們其實還沒真正回答更重大的問題：人類所處的境況究竟是什麼？要如何應對？我們能夠像先前所說的一樣乘風破浪嗎？這是後續章節所要談的主題。

順著必然性而行

人類境況也帶出另一個關於自由的問題：人生是否早已注定？又有多少是未受決定的？假設我起不起床，是在老早之前由大霹靂發生時的初始條件和不變的物理法則決定，這是不是說我今天一早並不是憑著自由意志起床呢？

我在問要不要起床的時候，確實如康德所說的一樣，必須「在自由這個概念下行動」（不用多說，他比沙特更早就寫出這句話了）。我在行動的時候，無法將自己的行動當作早就注定的。我沒辦法對自己說：「反正早就注定了，那我們就看看我究竟會不會起床好了。」這**根本就是**在自欺欺人嘛，沙特會說這叫做懦弱的「決定論者藉口」（determinist excuse）。這根本是把自己當成一件物品而不是能夠在行動中決定自己未來的人來看待。如果我不是個懦夫，那我就要承認早上起床是自己做的決定，是出於自己的理由。

好，現在想像一下，有一個擁有和上帝相同能力，能完全知道自然法則、過去無論大小的物理事件，以及這些法則和事件對未來會有何影響並做出預測的物理學家；這名物理學家對衝浪客打包票說：「沒錯，你會衝浪衝一輩子。」事實上，他這句話的意思是**不管你做何選擇，情況都不可能有所不同**。根據物理法則和宇宙的初始條件（如果你比較喜歡宗教版本的話，也可以換成上帝的藍圖），整個世界歷史的演變早就鉅細靡遺地鋪排好了，衝浪客的命運注定就是當個衝浪客，服務生就是要當個服務生，屠夫就是屠夫，諸如此類。如果一切都是這樣注定好的，那我們現在可以問一個問題：衝浪客能稱為自由的嗎？

沙特會說不是，衝浪客並不自由。去衝浪的這選擇並不是衝浪客自己決定的。對沙特而言，自由指的是他那種極端的自由。宏觀物理學（或是喀爾文式的預定宿命神學）所暗示的決定論世界與自由**不能相容**（incompatible）。許多哲學家都會同意，如果每個事件、每個行動打從開天闢地就仔細預定要如何發生，而且事實真的如此發生，那我們就**不可能**是自由的。因為那樣一來，我們就不可能不做出我們實際上採取的行動。所以說，如果我們真的如一般所設想的那樣自由，這世界就不能是決定論式的世界，要比牛頓（Isaac Newton）那種決定論物理學底下的世界更狂亂、更隨機、更開放。㉛我們的行動必定要能夠從因果序列之外**向內**影響（這也許得

㉚同前註。

㉛採取這種觀點的「自由意志論者」（libertarians）會承認自由，否認決定論。不過你也可以反過來接受決定論，拒絕自由，走向「虛無主義」（nihilism）。這兩種主張的共同預設就是我們目前正在考慮的

透過量子的不確定性吧㉜）。我們事實上得要擁有神明般的能耐，主宰、擁有這整個世界，要世界隨著我們的心意改變。就像沙特說的一樣，世界會是什麼模樣，全是我們說了算！

衝浪客的自由倒沒有這麼咄咄逼人。一個人能夠做值得做的事，只因為這件事是他自己有好理由重視的事，那他就是自由的。我為了衝浪而一大早就起床，我衝浪是為了衝浪本身。這些都是我的理由，是我對我的行動所持的觀點，也是這些行動何以是我自己的行動的緣故。而這一切本身也可以是宇宙宿命的一部分。㉝自由與決定論其實可以彼此相容，因為我們能夠為了自己所知的內在好理由而去衝浪，就算過去與未來的所有事件都早就注定好了也一樣。歷史的必然性會帶著我們前進，但是老天保佑，我們仍然可以自由地衝浪。

這樣想好了：如果歷史上發生的每件事都是早就注定的，那麼衝浪客會因為沒有當上**服務生**而不自由嗎？我認識的大部分衝浪客都不會這樣說，反而會慶幸自己成了衝浪客。

英國近代初期的哲學家洛克（John Locke）說，想像一下我們被鎖在一個房間裡。你可能不想離開這個房間，也可能不知道自己被鎖在房裡了。不過，你看起來還是沒有離開房間的自由，因為不管你喜不喜歡或做何選擇，你就是沒辦法離開房間。同樣地，衝浪客也許不想當服務生，但是「就算她想當服務生也當不了」這件事實就意味著她並不自由。衝浪客「被鎖在」成為衝浪客的命運中，所以不是自由的。

上鎖的房間聽起來實在太侷促了，尤其跟比較寬闊的地方（例如印尼）相比更是如此。可是想像一下，我在乾季的時候到了印尼，這是當地最適合衝浪的時節；可是我不知道我已經沒辦法離開這個國家了（比方說，在這島上或船上可能收不到消息），然而我既**不想**離開，也不會離開這裡，因為那樣一來我會錯過下一波湧浪，錯過超棒的浪頭。這樣看起來，我好像是**自由選擇了留下來**，開心地衝我的浪。我不知道我無法離開這裡，但是**就算我知道**，又為什麼會希望離開呢？理性告訴我該留下來，理性告訴我等待接下來的湧浪是最值得做的事。我相信我

「自由與決定論不能相容」。

㉜困擾不已的物理學家有時會繼續主張量子擾動（也許發生在大腦裡吧）就是我們能夠擁有自由的唯一方式，但是他們卻沒想到他們在自由意志論辯中採取了不相容論的立場。就算是哲學系大二學生也很快就會發現其實還有許多「相容論」的不同立場。休謨（David Hume）甚至認為自由也要**預設**決定論，不然我們就會太難預料，根本沒辦法說什麼叫正常、什麼叫理性。不受決定的行為者與其說是會因其行動而受人褒貶的自由人，還不如說更像個瘋子。

㉝關於這種相容論立場，見華生（Watson）的〈自由行為者〉（"Free Agency"）與史坎倫的〈選擇的重要性〉（"Significance of Choice"），兩篇文章皆收錄於華生所編的《自由意志》（*Free Will*, 2nd ed. [Oxford: Oxford University Press, 2003]）。也可參考費雪（J. M. Fischer）與瑞威札（Mark Rivizza）合著的《責任與控制》（*Responsibility and Control: A Theory of Moral Responsibility* [Cambridge, UK.: Cambridge University Press, 1998]）。費雪與瑞威札說我們對理由的回應是種「控制」，但其實他們的意思是對理由採取一種相容論式的領會。

的理性，做真正值得做的事，那我就是自由的，是按照我自己的美好目標在過我的生活呀！

為了這麼做，我就得有意地起身下床，為了我自己的理由，因為我認為值得這麼做。可是我不必在決定是否要起床上廁所這種重大問題時，還特別考慮這和整個宇宙的形上架構有什麼**關聯**。尿床噁心又不衛生，我還需要什麼更好的理由起床才能說我是自由的？同樣地，只要衝浪是值得選擇去做的事，衝浪客的自由就是這麼簡單，可以和決定論相容，也能和非決定論相容，甚至是與這兩者之間的任何粗細版本（端看你談的是哪個領域的物理學）都相容。㉞

假設現在有個衝浪客撒謊欺騙老闆，好蹺班去衝浪。那究竟自由與否的形上架構（或是毫無架構）根本就**無關緊要**（besides the point）。我們說這個撒謊的衝浪客犯了道德過錯；他是該受到譴責，所以他的行動也是自由的。無論衝浪有什麼價值，這時候的問題在於：即使這世界不是早就決定好的，但是這個人是不是只有當他在沙特那種極端的自由下做出決定，才應該為他的自由決定負起道德責任？**要是**世界的一切早就注定好了，那他是不是就可以脫身了？還是說，整個宇宙的形上架構在是否要譴責他這件事情上其實毫無用武之地，根本就**毫無干係**？

我們可以考慮一些可能的說辭來回答這問題。這個欠罵的衝浪客會對老闆說些什麼？他可能會這樣說：對，我很抱歉，我知道我錯了，可是老大，當時海象真的超讚的，這樣你可以稍微體諒我一下嗎？反過來看，要是這世上的一切早就注定，他真的別無選擇，而且沙特所說自由是極端、不受決定的說法是正確的，那這個衝浪客也可以拿這點出來說，撇清自己的責任。他可以說他讀了你正在讀的這本書，學到了近代物理學，還有整個宏觀物理宇宙基本上就是個早已決定好的系統，在物理法則和大霹靂以來的宇宙初始條件底下，他（這個物體）也不得不去衝浪。他會說，這樣一來，要他負擔道德責任其實是搞錯了。**他根本就做不了別的事**，所以根本不能怪他。

不過，沒有誰會真的敢冒大不韙說出這番話來。雖然這番說辭聽起來很蠢，但從我們先前所接受的這些預設所生出的這個論證倒是沒有犯錯。決定論**確實是**個可以脫罪的條件，所以這個衝浪客也確實並不自由。老闆若要駁倒這個論證，就得反駁衝浪客所提出來的物理學（也就是說，老闆得要反駁決定論）。但是這聽起來未免太荒唐了。老闆大概就跟我們大多數人一樣，會對這名員工說：嗯，隨便啦，就這樣啦，你既然答應要來上班，我就能說你該為你的曠職負責；物理學家怎麼說，跟這件事一點關係都沒有。

如果這樣說沒問題，那麼決定論就不會消滅自由，因為這理論和我們認為負責的尋常用法

㉞衝浪客會不會採取決定論的立場？我們大概可以說衝浪客似乎比較喜歡某種程度的不確定，畢竟就算是再完美的波浪也會有意外的變化，或者像在風中飄蕩的樹葉穿過的路徑一樣，理論上其實是無法預測的。但是衝浪客同樣不介意原子是否會化為波或粒子。如果真的要在波粒二元論中選擇一個立場，或許選擇波會比較好。要是從形上學的美感觀點來看，弦論所假定的統一「弦」（strings）甚至還更好，而在不同的弦之間也仍存在著如同波一般的共振吸引力。

並不相干。㉟沙特所說的極端自由並不是自由衝浪的必要條件。人可以受到必然性的牽制，順著宇宙的潮流前進，卻依然能保持著他的自由。

㉟史卓森（Peter Strawson）在〈自由與怨恨〉（"Freedom and Resentment"）中將這個無關性論證闡述得最為精采，該文收錄於華生所編的《自由意志》一書，是二十世紀後期最常受引用的論文之一。

3—控制

而今又該當何為？

力所能及盡人事，力所不及聽天命。

——愛比克泰德（Epictetus）

衝浪就是安於波浪的時刻變化，好讓自己隨著潮流移動。衝浪客是怎麼辦到的？有一部分是來自於放棄控制。衝浪客拋棄了現代社會中最大的執著，也就是不試圖事事控制，不去主宰自然，不去約束不確定的未來，因而能在崇高的海洋面前發現相對無力的自己如何有效前進的美妙方式。

柏拉圖和亞里斯多德是古希臘最偉大的哲學家。但是後來大約到了西元一世紀左右，斯多噶學派興起，成了最懂得指導人該如何生活的實用哲學學說。生為奴隸，後來獲得自由身的斯多噶哲學家愛比克泰德對於什麼叫作無力可有一番體會。對於要如何過得幸福，他說：「力所能及盡人事，力所不及聽天命。」我對外在的處境無能為力，所以我只能接受它們的模樣。但是對斯多噶學派而言，並不用完全放棄控制。只有控制自己的態度，也就是我自己能夠主導的部分命運，才能夠接受我的處境，也才能尋得幸福平靜。

晚餐要不要來塊蛋糕呢？看情況。要是一起吃飯的人忘了留一塊給我怎麼辦呢？所以我應該耐心等著，甚至在心裡偷偷興起這股欲望之前就開始等，直到有人把盤子遞過來，讓我拿得到再說。要是我發現自己會目不轉睛地盯著蛋糕，就該瞥開目光。我可以靠著有意的舉動將注意力從這個事物轉向另一個事物，我所注意的對象也會改變我對什麼是真、什麼值得做、我有什麼感覺，以及我想要什麼的看法。我的欲望可以因此受我的理性判斷引導。

依照這種方式，**無論**外在處境如何，我都可以隨著處境調節自己的欲望。要是我的孩子死了，我在哀痛之中得提醒自己：她畢竟壽命有終；我不該奢望死亡不會降臨到她的頭上。當我擁抱我的配偶時，也得暗自想著她終究也會死，才能為她的過世提早做好心理準備。如果我德行夠高的話，甚至連自己被五花大綁在刑具上都還能保持平心靜氣。①要是在我的理性判斷下還真的能有所頑強、「不理性」的欲望繼續湧現，那我也可以把這種欲望當作超出控制範圍之外的事物，不予理會，將它看成只是發生在我身上的一件事而已。隨它來吧。但是無論究竟前方會出現什麼，我都能控制好我自己。

相較之下，衝浪客倒是沒那麼擔心滿懷欲望，更甭提整天都想衝浪的激情了。不過衝浪客和斯多噶學派一樣，也接納自己無力控制波浪自然變化的事實。只是衝浪客更放棄了要控制自己轉瞬即逝的思想與感受，好在調節領會中能自在徜徉。心靈要能知所進止，不是靠控制按捺，而是能好好領會超乎自己所能控制的事物。

見證完美

如果當今世上要找個衝浪的絕佳地點，那就是印尼了；當地相對民主，好人還是會接受賄賂，而西方人偶爾也會因為毒品交易而遭判死刑。在印度洋「咆哮四十」（roaring 40s，即緯度四十度左右地區）的狂風吹拂下，強勁、筆直的湧浪直衝綿延千哩的群島而來，在淺珊瑚礁上一口氣爆出璀璨的美景。歡迎光臨衝浪樂園。這裡的海浪比全世界各地的都更**好切**（rippable），而且老天爺啊，我是說真的**超**好切、超適合衝浪的！

印尼衝浪熱潮的濫觴是布魯斯．布朗（Bruce Brown）在一九六六年的電影《無盡的夏日》

---

①軍隊會對士兵施行斯多噶式教育，士兵要是成了戰俘，這項技巧就極為有用。而那些能夠專精這項技巧的人在回家之後，也往往經年累月離群索居。

（*The Endless Summer*）。在電影《玉女春潮》（*Gidget*）和在馬里布海灘大玩海灘毯賓果的年代，新的浪潮呼喚著一整個世代的衝浪客離開加州、夏威夷、澳洲，奮勇前去尋找新的衝浪點。②一九七〇年代初期，衝浪客紛紛發現了完美好浪，首先是峇里島，然後是蘇門答臘和爪哇，最後則是整個印尼群島。這裡的浪不只是比大家想像的更棒而已；這裡的浪棒透了，透過衝浪媒體的攝影鏡頭捕捉到的畫面，衝浪客對於什麼是完美的衝浪有了全新的概念。

為了負擔昂貴的旅費，早期到此探險的衝浪客有不少都冒險走私毒品。③其他衝浪客則和現在的衝浪客一樣——節衣縮食。④同時，合法的衝浪產業開始興起（至今年產值大約有一百三十二億美金）。到印尼去，尤其是在五月到九月間的乾季去衝一次完美好浪，成了硬派衝浪客的必去行程。世界各地也都發現絕佳寶地（尤以大溪地和斐濟為最）。夏威夷歐胡島北岸著名的「萬歲管浪區」（Banzai Pipeline）永遠都是職業好手一展身手的首要地帶，但是印尼才是大多數衝浪客都會去，或者是**真心**想去的地方，而且往往年復一年，彷彿朝聖一樣。⑤

印尼和南亞其他熱帶地區一樣令人驚豔。當地人民樂天開朗，事物生猛有勁，有許多酷炫文化值得探訪。我推薦到峇里島待上一陣，然後再南下龍目島（Lombok）或松巴哇島（Sumbawa），要是你不想跟其他人擠著衝浪，也可以北上爪哇島和蘇門答臘。唉，峇里島沿著布吉半島（Bukit Peninsula）的峭壁與海灘，包括最早發現的著名景點烏魯瓦圖（Uluwatu），現在都成了人山人海的遊樂園。從人類學的角度來看，在烏魯瓦圖洞窟上方層層疊疊的里約熱內盧式貧民窟（*favela*）無疑是個有意思的景點，也許看過之後，還可以探訪懸在峭壁高處，猴子裡

裡外外攀爬的寺廟，然後去找個較少人的浪點衝浪。⑥而在峇里島繁華鬧區不遠處，跨過龍目

---

②可惜的是，他們在南非錯過了如今頗負盛名的傑佛瑞斯灣（Jeffreys Bay），要是他們在聖法蘭西斯角（Cape St. Francis）拍攝那著名片段時去那裡，傑佛瑞斯灣肯定早就像聖法蘭西斯角一樣瞬間引爆衝浪熱潮。

③紀錄片《黑暗之海》（*Sea of Darkness*）就在說這件事。網路上可找到這部片的預告片段：https://www.youtube.com/watch?v=tqBLuGOyRdE。

④威廉・芬納根（William Finnegan）的鉅作《野蠻人日記》（*Barbarian Days* [New York: Penguin Press, 2015]）忠實地描繪出他是怎麼在世界各地知名景點刻苦度日的情況。比我年輕一代的衝浪玩家就輕鬆多了，他們有更好的經濟基礎、各種不同的衝浪營，甚至還有人擁有豪宅。但即使對有錢的環球旅人來說，匯費也是筆大開銷。如果你願意放棄穩定浪點冒險一試，世界上也還有不少尚未仔細開發的地帶等待探索呢。

⑤知名的夏威夷群島雖然擁有強勁的大浪，浪型卻沒那麼完美，只有歐胡島的萬歲管浪區和茂宜島的火奴魯阿灣（Honulua Bay）算是例外。斐濟盧阿島（Tavarua）的浪在規模、力道和完美程度上都更上一層。不過，真正要能全面贏過印尼的就只有大溪地，因為當地開闊海洋的力道催生出各式各樣不同的浪型，而且不管哪一種都完美極了。儘管如此，印尼星羅棋布的眾多浪點還是有著更多不同變化。

⑥一九七一年的電影《地球之晨》（*Morning of the Earth*）捕捉到了峇里島開拓初期的滿滿美景（見

海峽（Lombok Strait），就可以看到不管從哪個方面來說，都是這美麗星球上最棒的單一衝浪點。

在印尼東南部，來自太平洋的活水洋流穿過印尼各個大小群島與航道，進入了印度洋。科學家口中所稱的印尼直通流（Indonesian Throughflow），是環繞地球的「導熱帶」（heat conveyor belt）的重要環節，能調節大氣平均溫度，進而影響洛杉磯或里斯本的天氣，或是祕魯和莫三比克的農耕情況。而就在這道穿越橫亙峇里島與龍目島的龍目海峽的直通流裡頭，我們找到了大家稱之為「沙漠」（Deserts）的沙漠浪點。

這個浪點只有在潮線很低的時候才能衝浪，所以一旦海平面上升太多，這大概會是第一批永沉海底的浪點。（只要礁岩上方再多個幾呎海水就完了。）根據傳聞，有個勇猛的衝浪客在這遙遠偏僻的地方被當地的私掠者用大刀砍掉了整隻手臂。（不過我也聽過當天晚上在場的人說，是那個人在自衛的時候先動手，而不是無辜遭砍。）都是過去式了，如今時日，這地方一開張營業，衝浪客就宛如蝗蟲般撲襲而來。從海峽深處推擠上來的湧浪好似一道道晶瑩碧綠的高牆，隨即在礁石上方崩落，形成了浪管的快速部位和慢速部位。一旦所有條件齊聚，人類境況中的殘缺乏味隨即得以緩解，而在所有衝浪活動中最教人殷切期盼，彷彿畢生難逢的波管騎乘——在波浪形成的浪管中滑行——也不再遙不可及。

要知道這有多讚，可以回過頭來看看，在加州，光是在浪管中滑上三秒就已經可以讓人整天誇口，甚至說上一整個月了。在沙漠浪點，天氣適合的日子裡，要是遇上了海水的低潮或是最低潮，只要配上理想的推進，訓練有素的衝浪客可以在鋪天蓋地、嘶嘶作響的浪管裡穿梭、調節、站立，衝上個十秒，甚至二十秒，而且還有機會可以脫身，免於淪為波臣，甚至連波浪渦漩都完全噴濺不到，不會昏死在這令人心醉的眩暈之中。

對先進國家的衝浪客而言，當他們一回到家鄉，見到自己在每日的生活與工作閒暇中所見到的那平凡浪頭，心裡就會馬上興起想要衝上完美好浪的渴望。我們必須對先進國家的富裕舒適心存感激，但是對於日新月異的變化、猝不及防的變動腳步可就未必那麼滿意了。在一片拚命追趕、避免落伍（或者至少別落後太多）的熱潮裡，在紛紛擾擾、宣告誰在這贏者全拿的經濟競賽中獲勝的喧囂新聞裡，只有少數人才能夠不受這些嘈雜訊息干擾。不過對我們大多數人來說，要關掉這些噪音，得不斷耗費心神，才能勉力為之。

這一切在印尼都不再重要了，第一天的文化衝擊就會讓你恍如再世為人。衝到完美好浪突然變得不再遙不可及，甚至易如反掌。天氣好時，優秀的衝浪客就像是希臘神話中的半神人一

---

https://www.youtube.com/watch?v=4e_2SrcjJLY）。芬納根在《野蠻人日記》中述說他在一九七〇年代晚期造訪當地的情形，當時峇里島已經「飽受蹂躪，大量的觀光遊客與印尼當地的貧民之間的衝擊實在怵目驚心」（p.237）。我在一九九〇年代後期初次到訪，仍然深受當地魅力吸引，庫塔海灘（Kuta Beach）當時已經車水馬龍，但烏魯瓦圖卻還保持著天然美景，只有少數用來貯糧和按摩的竹棚。如果你喜歡和一堆人一起衝浪，當地海浪本身還是超好玩的。

樣高大魁梧，力量無窮。就算只是尋常的衝浪客，偶爾能夠抓住大管浪，甚至還能暫時直抵天際，如登仙階。

我也是旅居印尼的眾多衝浪客之一。我主要是為了那裡的海浪而去。也會為了提醒自己那份完美而去，為了那份獨一無二，在悲慘危殆的人類處境中可以確實觸及的完美而去。

但即使是在印尼，你也需要一點運氣。在印尼雖然相對容易遇到好浪頭，但是就算你先前登過了在那裡定期出現，可能改變你一生的曠世好浪，你仍可能會繼續癡癡地等，甚至為了那樣的浪頭**等上**一整個星期。衝浪客不是冒險犯難的騎士，隨時可以為了高貴的任務犧牲性命。衝浪客想要的是**登上浪頭**，是切切實實地衝個完美好浪，而不是光聽人家說說而已。

而我們也多少有些辦法應付衝浪時的壞運氣。若在知名地區附近，隨便一道美好小浪就足以讓衝浪客謝天謝地了。當你騎著摩托車穿過臭氣沖天的市鎮，沿著在深綠叢林底下的海岸道路馳騁一陣之後，總算在交錯縱橫的棕櫚樹幹間看到海浪拍打著礁岸，最後終於抵達令人雀躍的海邊村落。衝浪點就座落在這幾間鐵皮屋後方，也就是說，礁岩上可能熱鬧得很，而且還不光是隨處閒晃的羊隻、捕章魚的漁夫，或是來傳教的教士而已。礁岩通常也是露天廁所，每次海水漲潮就能用清水洗得一乾二淨，你甚至能在腳趾縫間看見珊瑚的頭呢。當地人實在得天獨厚，能夠在活水裡自在如廁，不然就得像其他稍遠些的村落一樣不衛生，在大家取水飲用的溪流中解手，或是到附近的林子裡去排便，讓四處飛舞的蒼蠅從這些糞便飛到食物和料理上，難怪他們往往會因疾病和下痢而早夭。在這海邊的村落裡，你可以讓自己和家人免於這種死亡的威脅，還可以享受激浪沖過全身的快感。對衝浪客來說最重要的是眼前的海浪，就算只是波小湧浪也夠玩的了！當逐漸靠近的波拱起聳立的浪峰，你可以鑽進好玩的波浪部位，一再甩出急旋迴轉的水花，甚至被海浪整個蓋住。大海也不需費多少力氣就能捲出完整的浪管——我是說那種晶瑩剔透、最棒的浪管。你從浪峰切進去，然後在浪點五十碼遠或七十碼遠左右就能夠鑽進管浪了。要是風向正對，你還能在浪管上瘋狂地駕乘個十來秒，橫跨過這整片礁岩。

從這方面看，印尼實在是個美妙的地方。即使你看這湧浪好像沒什麼勁頭，沒什麼浪可衝，但是從這一團混亂的人類境況中，偶爾也會乍然迸出一道完美好浪來呢。

尋常與平凡

柏拉圖認為完美並不是我們這塵世、感官經驗的一部分。我們能在純粹的思想中掌握這種抽象概念——例如圓、正義、善等。可是現實中沒有事物是完美的圓、沒有真正公義的社會，也沒有誰是完全的聖賢善人。完美只屬於永恆的理型（Form）或觀念（Idea），我們感官經驗到的塵世頂多只是天堂裡（或者按新柏拉圖主義者聖奧古斯丁的說法，在上帝心裡）那些永恆存在物的蒼白倒影。

印尼就是人間天堂，完美與不完美都洗滌著衝浪客的各種感官。這裡無處不崇高美麗，含藏在日常經驗之中，也在浪管沖向礁岩的捲襲之中，真是俯拾即是。我小時候因為看了雜誌上關於蘇門答臘尼亞斯島（Nias Island）拉瓦德里灣（Lagundri Bay）的相片，憑著對那怒捲狂濤的巨大浪管和拍擊墨綠樹林的飛濺浪花印象深刻，在課本上畫下了高高捲起的波浪。而你現在眼前所見的，就是我在課本上畫過的那滔天巨浪。不管衝浪客想怎麼玩，那樣的浪都完美極了。（我們還能有更完美的概念嗎？）如果有小孩還不懂什麼叫崇高、美麗，只消讓他看一眼沙漠浪點的波浪，就能透過感官印象來**啟發**他。你只需伸手一指，說：「瞧，**那**就是崇高，**那**就叫美麗；看到了嗎？」

在衝浪客的說法裡，「亂」（gnarly）可是崇高的一種形式。這個詞往往是開啟席間話題的源頭，像是鯊魚吃人啦，最近的鯊魚攻擊事件啦，遭鯊魚攻擊時該怎麼做啦（要戳鯊魚眼睛？還是揮拳猛打？），誰在礁岩上翻了個倒栽蔥啦，哪個不幸的傢伙在明打威群島（Mentawai Islands）空心樹酒店（Hollow Trees）的礁岩摔死了，還有那個誰在大溪地趙波村（Teahupoo）那邊超、超、超狂的水底死亡之牆摔了個「大車輪」，居然還活了下來，又或是哪個衝浪點（尤其在趙波村那邊）起的浪有多大、多寬、多強勁。⑦

不過呢，要是一道波浪或波浪的某個時刻太過危險、太可怕，或者太厚實，倒也毋需稱作美麗。這大概能夠說明為什麼伯克（Edmund Burke）在一七五七年的那篇論文（《對吾人崇高與美的觀念起源之哲學探究》〔*A Philosophical Enquiry into the Origins of Our Ideas of the Sublime and Beautiful*〕）中會對這題目如此執著的緣故吧。伯克區分了崇高與美，但他的劃分太過犀利。他引進了不幸的觀念，然後擯斥崇高與美麗這兩個觀念。他是真的反對崇高的「亂」（gnarly）和美這兩個觀念。亂當然不美，但是崇高的美不僅可能存在，而且確實存在，更是衝浪客在世間生活的主調。

對伯克來說，美就是能引起滿足感受的事物；崇高則是引發人的恐懼的事物，但卻又與人保持一段安全距離，所以讓人也同時有免於痛苦或害怕的「歡欣」感受（通常是對死亡的莫名害怕，而且不限哪一種方式，所以也會怕黑暗、模糊、高山、洶湧的海洋、外太空、無從捉摸的事物、上帝的絕對力量、高聳的建築、公開處死、戰爭、文明毀滅等⑧）。伯克的想法是藉由這兩個觀念所引發的不同「愉悅」感受來加以定義，康德依循著他的觀點，並如此解釋：美就是令人愉悅；但是我們對崇高會既感到吸引又感到排斥，因此「對崇高事物感到的歡愉並不是積極的愉悅，而是欽慕或尊敬」。⑨

當康德說我們對崇高事物的「心領神會」和伴隨發生的「臣服、匍匐……全然無力」時，有些言過其實。衝浪客整個人都浸淫、淋洗在崇高的美之中，卻並非全然無力。海灘男孩合唱團（The Beach Boys）的「海灘上的女孩」（Girls on the Beach）反而才顯出真正洞見：美女橫陳，

---

⑦網路上有二〇一五年一道大浪淹死許多人的紀錄片段（已刪除）：https://www.youtube.com/watch?v=gLg6qxkQ94A。

⑧這是參考路克・懷特（Luke White）的摘要，見：http://www.lukewhite.me.uk/sub_history.htm。

⑨《判斷力批判》，第二十三節。

「曬得金黃」，「近在咫尺」，「若你知所當為」。一般凡人是真的不懂該做些什麼，也不懂怎麼壯起膽子去做**那件事**。所以凡人就只好站在遠處欣賞、敬畏，意志還有些麻木。可是這凡人並非**完全**無力；他心裡清楚可以上前去搭話，只要夠勇敢、能找到搭訕的話頭就好了；而這也就是他稍後會埋怨自己怎麼沒直接走過去大膽挑戰的關鍵。當然了，海灘上的姑娘都美得很，而這正是說美和崇高其實可以巧妙地糅合在一起。美和崇高會糅合在生活中的低俗劇情裡，也會出現在像夏日海灘這樣尋常的地點，還可以出現在眺望起伏不停的海洋時，或是在鯨魚慢得簡直像在搞笑般，從海中緩緩鑽出來的時候，抑或是在像印尼這種煩雜喧鬧，瀰漫著烤椰殼的香氣，海風輕拂著松綠波濤的地方。

如果「驚人」（awesome）的古早意思是形容那種崇高的亂，那麼衝浪客口中的「驚人」新意就是在平凡無奇的日常生活中歡迎出人意料的浪頭。[10]我們不需要有徹底無力的自卑感，不管是面對著激昂壯闊的大海，或是與滔天巨浪對望，甚至連站在萬能的上帝本人面前也一樣。在一般日常情境中迸出小小的崇高浪頭，就只會帶來一時的驚喜、歡呼或大笑。在這之中只能意會無法言傳的，是對於我們所無法控制的一切所感受到的依賴與共鳴。崇高變成了日常平凡中的熟悉事物。這是海灘男孩合唱團歌頌的「美妙共振」（good vibrations），在快意生活中充斥的全心依賴。

即使是在尋常活動中，好比去衝浪之後，這種可靠的連結感受都能一掃生活裡的平凡單調，以及「我為什麼淪落至此」這種無病呻吟，讓人免於惶惶追問究竟這一切瑣碎、乏味、單調的事物是否**真的**能提供什麼理由好讓人繼續活下去的存有問題。康德對這點說得好，儘管我們經常憂心我們的「財富、健康與人生」，但崇高的事物「會喚起我們的力量」，把這些憂慮都看成「微不足道」的小事。⑪照衝浪客常用的講法，就是「海水可以沖去一切」。

所以情況往往是這樣，也許就在某個平凡的日子裡，也許就是今天下午，無論發生什麼事，光是待在水裡，光是衝上這個浪頭，就能讓生活充滿驚奇。感謝老天，我能夠活生生地站在這裡，有這福份可以親眼見證什麼重要、什麼不重要、什麼東西瑣碎，又有什麼東西真的值得讓人一生追求。我重新接受了自己，而且是全心全意，不再去擔憂那些糾纏著我、吸引我注意力、消耗我精力、阻擋一切爽快浪潮的東西。至少，對衝浪客來說，人類境況本身可以是讚嘆欣賞的對象，是混合了美麗與怪誕、充滿意義又荒謬、美好與污穢、正義與不義的崇高之

---

⑩我認為「驚人」的新意也能套用在海浪這種自然現象上，所以我這用法會比前職業直排輪選手兼哲學家尼克・瑞格（Nick Riggle）那種只套用在社會現象的定義更廣。瑞格說：「要顯得『驚人』就是要破開社會架構，要打破尋常所扮演的角色，脫稿演出，語出驚人，這樣才能表現出個人的獨特性，開啟彼此欣賞的大門。『接球』（Being down）是接納這種破壞，『進場』（Being game）則是說對這種破壞積極投入，而拒絕這種破壞就是『遜』（suck）」。瑞格的完整理論可見於《驚人》（*On Being Awesome: A Unified Theory of How Not to Suck.* [New York: Penguin Books, 2017]）。

⑪《判斷力批判》。

物，就像法國詩人雨果（Victor Hugo）所說的一樣：「醜陋緊挨著美麗，殘缺緊鄰著優美，怪誕的反面是崇高，邪惡的反面是善良，黑暗的反面則有光明。」⑫

「算他歹運」

在印尼衝浪可能會超亂，甚至駭人，畢竟遭遇死亡、癱瘓或是其他永久傷害的風險很高，因為當地經常有地震或偶發的海嘯（尤其是印尼北部，最遠可達蘇門答臘地區）；經常撞上又尖又淺的礁岩（有時候還可能導致全身癱瘓，而且救援直升機在綿延數千哩的島鏈對類似傷患的救援行程也因而延誤）；過了峇里島之後還有瘧疾（就算沒死也會終身染病，得看你感染哪一種）；渡船會因年久失修而沉沒，令全船乘客葬身海底（雖然有些衝浪客還抓著自己的衝浪板，可以划到安全地帶）；飛機失事（不過有的當地航空公司已經買了新飛機，讓你不知該選擇相信科技還是信賴駕駛員的經驗）；每天都有摩托車傷亡事故（加上簡陋的診所和醫院）等。還好，當地的鯊魚問題不算嚴重。

但是衝浪客仍然絡繹不絕，四散到這群島的各個遙遠地點去。風險能提供刺激，可以好好矯正在先進國家中的迷思，打破我們以為生活總在牢牢控制中的幻夢，以為我們靠著審慎計畫、努力工作、規劃保險等能力，就能讓事情有所不同，因此既把好運當作自己的功勞，也把發生的壞事怪在自己頭上。

做計畫當然有其必要，為了讓我們達成目標，為了滿足基本需求，為了在波浪正好時能準備好出門衝浪。設定計畫是一個人安排自己未來行動的主要方式，有了計畫，才能實現較長遠的目標。⑬設定計畫並不需要假定我們現在可以「控制」未來的事件，更不是說我們因此就能期待一切都能照著計畫走。如果我們因為過去相同的情況就期待會有完全相同的結果出現，那未來就不該叫未來了，因為那跟過去根本完全一樣。我們是藉著能有所控制的這份幻覺，加上對於達成目標的盼望，才能夠且戰且走，視情況隨時修改計畫。再完美的計畫也往往趕不上變化。因為人又何嘗不會調節自己呢？就像衝浪時那樣，在生活中也一樣。不妨學學發展中國家那許許多多的人民，他們所面臨的風險、災害與難以逆料的未來，都破除了「光靠計畫本身就能擁有控制未來的魔力」這種錯覺。所以，人雖然還是要針對當前所能料想的風險與展望有所計畫，但是也不要像富裕國家的人民那樣奢望不用修改或更動既有的計畫（別像某些人所說的：「我說了就算」）。對於在先進國家中習慣穩定電力、排水管線、準時航班的嬌客們來說，到了印尼簡直就像被剝個精光一樣，要開始像其他人一樣過著在開發中國家的生活，誠實

⑫《克倫威爾》（*Cromwell*）序言，見 http://www.bartleby.com/39/41.html。

⑬麥可・布萊特曼（Michael Bratman）在《意圖、計畫與實踐理性》（*Intention, Plans, and Practical Reason* [Cambridge, Mass.: Harvard University Press, 1987]）討論了為什麼我們在行動中是以意圖而非欲望來整合自己的形象。

接受我們在命運面前能力有限的這件事實。

運氣（Luck）並非命運（Fortune）。要中樂透得靠好運，因為很有可能不會中獎。太陽每天升起不能稱為**好運**；要是太陽早上不會升起，這個世界就會是與現在截然不同的面貌。可是，如果今天一早出了太陽，那我們確實該說是**好命**（fortunate）。我們會覺得自己好有福氣，甚至是老天眷顧，才讓我們遇上好天氣。世界既然照著我們的心意走，何不慶祝一下呢？如果我們所享受的福份只是因為好命，就比較不會把這當成自己的功勞。然而，如果我們交上好運，而且事情結果可能有好有壞，如此我們的作為就看似能改變結果，或者至少增加成功機率。這時我們便會覺得好、覺得對，覺得該稱讚、值得享受這些努力的成果，而比較不會認為是自己有福氣。我們在慶賀自己成功的同時，也可能會假設其他沒成功的人不是只因為運氣差，他們自己也有責任：他們當然也不可能讓情況有所不同，畢竟要是辦得到，他們早就做了。但要是有些可憐人無論怎麼樣都不走運，嗯，好吧，那就算他們歹命了。我們在慶祝自己有福氣的時候，可沒辦法奢望能改善他們的處境。

這大概就是先進國家的想法，也正是為什麼我每年都要到印尼一趟，提醒自己人生的意義究竟是什麼的緣故。我會儘量避開當地無所不在的摩托車。（中產家庭買不起汽車，所以每戶人家通常都有一輛摩托車。）不過我偶爾也會和住在蘇門答臘尼亞斯島的當地人達勉沃（Damien Wao）一同騎著摩托車到處走。他在蘇哈托（Suharto）底下當公務員的父親給他取名「民主」（「達勉」是英文音譯；他哥哥拉斐爾〔Raffiel〕的名字意思是「革命」），達勉自己則在拉瓦達里灣經營民宿（*losman*），我就是住在他那兒。達勉是個格外小心的騎士——「慢不要緊，安全第一」是我們的口頭禪——而且親切、善良又可靠。笑口常開的他在騎車時經常一臉正經地談他的責任，一邊還鑽過交錯嘈雜的繁忙路口，身邊有大膽的青少年放肆狂飆，另一邊則是一家子擠在一輛小腳踏車上，爸爸媽媽中間擠著兩三個小孩，側坐著的母親盛裝打扮，大概是要去教堂或清真寺吧？

當地人並不是不知道危險。達勉知道自己應該戴安全帽，但是不管我再怎麼勸，他就是不肯好好戴上。我們在狹窄的柏油路上愈騎愈快，我問他要是有顆西瓜在這速度摔了下去會怎麼樣，我還用雙手比劃了西瓜的模樣：「哪，你的頭就像這樣。你不會想砸破腦袋，對吧？為你的孩子想想啊！」

「哈哈哈！怎麼那麼好笑！好啦，好啦。」他總是這樣回答，然後才肯把掛在大腿上的安全帽戴起來。可是不到五分鐘，他又把安全帽摘了下來。

「我不喜歡戴著。」他說安全帽讓他吹不到和煦的暖風，而且，他也還沒出過車禍嘛！雖然他自己也知道這種事並非不可能發生。不過他往往還會加上一句：「要是我摔車了，那就算我歹運啦。」

這當然和現代西方人（不論男女）所接受的基本教誨完全相反。我還是繼續對他上課：「可是你現在戴上就可以避免摔破腦袋啊！或者至少可以降低風險嘛！」他回我一句：「哈哈哈，你真愛說笑！要衝囉！」

達勉最後還是出了車禍。他在車速飛快的時候摔了出去，撞到了頭。還好，他那時戴著安全帽，所以只摔斷了腿，得躺在床上好幾個月，幸虧沒摔破腦袋瓜。西方人的智慧看來贏了這回合。

相對於此，一個人要是遇上壞事——不管是孩子夭折、自己生了大病，或是豬隻（當地主要的貨品）在售出前死了——尼亞斯島當地人大多跟達勉一樣，會慈悲而淡定地說：「算他歹運。」在他們的說法裡，歹運就算為這件事做了個了結。發生這種事不是受苦難者的錯，只是他運氣不好。就這樣。

現代西方人在發生小事故時也的確會說：「唉，人有失手，馬有亂蹄。」可是當他們罹患不治之症，或是遭遇喪子之痛時，也會撕心裂肺地哭喊：「為什麼這會發生在我身上？」彷彿人生本就該完美，或者大多數時候都能力挽狂瀾，老天就是沒給自己該得的回報。就算每件事都做到最好也一樣。在先進國家裡，人生事實上絕大部分是在某個人的掌握之中，所以一旦有好事總是可以歸功給誰，壞事發生也總能怪罪某人，沒有什麼事是聽憑機運或天命的，當然，賭城和股市除外。所以我們可以怪罪那些受苦難的人。都是他們做錯了選擇，都是他們自己沒把握機會，都是他們自己工作不努力。

不過，通常說來，要是誰遇上了真正重大的挫折、困難，我們真正該說的其實是「算他歹運」，因為這其實也是實情。我們可以這樣就放過他算了。

這一局，是印尼大勝。

就算有了先進國家的旅遊保險，能到好的醫院就醫，以及其他的保全措施，到印尼的衝浪客還是不免經常遇上歹運。當你在印尼的時候，你的血肉之軀可是面臨著上千種受傷或死亡的風險，不管是時常嚴重撞擊礁岩，或是在大街上被摩托車攔腰撞上，甚至如果你真的走運，還可能被樹上掉下來的椰子當場砸死。衝浪客也會擔心；他們也不能接受早死，因為他們沒辦法體驗到死亡，正如伊比鳩魯說的：「如果你了解到當我們還活著的時候，死亡並未來臨，而當死亡來臨時，我們也已經不在人世了，那麼死亡這種最可怕的惡，對我們來說其實算不了什麼。」說得對，但是當我們還活著、還脆弱的時候，死亡的風險確實仍值得審慎考慮，我們還是會盡可能避免非必要的死亡。就算你不像某些衝浪客那樣死於瘧疾，到最後還是可能像其他衝浪客一樣四肢癱瘓。最近就有個衝浪客半夜從船上掉進海裡，沒人發現。他在海裡漂了二十三個小時，四周烏漆抹黑，看不到陸地，還得一直趕走不停啄他的海鷗。他也曾試著讓自己溺死，但試了三次都失敗。幸好他沒成功，因為最後當搜救船在蘇門答臘海域搜尋時，看見了他正在水裡不停吐著泡沫。我自己就親眼見過有人在爪哇的吉浪（G-Land）撞上礁岩後馬上癱瘓。那個人的朋友當下趕快將他推回岸上，固定在衝浪板上避免晃動，而他也只能整晚等著醫療救援抵達。救援直升機很晚才來，因為附近還有其他類似的傷患，照直升機駕駛所說，這種情況在印尼群島相當常見，這個人算好運的，隔天一早就送醫了。

我在尼亞斯島等待浪頭的時候，偶爾也會陷入白日夢，以為又遇到像二〇〇四年和二〇〇五年那樣的大海嘯（大家在電視上都看過那報導了）。我會想像當時到底發生了什麼事。先是整片海水向深海處吸回，一股大得嚇人的洶湧巨浪隨之從主要衝浪點後方猛撲而來，這股沛然巨力轟得來不及往叢林走避的衝浪客暈頭轉向，個個都只剩下掛在樹上的斷肢殘軀。（另一次在鄰近地區的海嘯發生時，有些衝浪客攀上了棕櫚樹梢，活了下來。）上次海嘯發生的時候，達勉正在家裡，驀地發現海水淹到了胸口，趕緊帶著全家逃生。結果一到安全地帶，他才發現女兒還睡在房間上鋪。他帶著衝浪客的冷靜涉水回家，將女兒一把抓起，揹在背上，趴在衝浪板上拚命划水，最後總算被大浪推到了高處。如果下一次海嘯是半夜來襲，說不定你會驚覺自己在大水中「衝浪」，直奔田裡——事實上，這說不定還挺令人興奮的哪！

這點點滴滴都是印尼的迷人魅力。你要注意關於意外與死亡的各種傳聞，小心別做出任何傻事。但就算再怎麼小心，人偶爾還是會犯傻。我們控制不了事情結果，你一定得牢牢記住這一點，才能夠在遭遇風險時順利調節自己。接下來，就像愛比克泰德所展現出的古老斯多噶智慧那樣，在衝浪的時候，「力所不及聽天命」。如果你運氣好（而且通常是如此，畢竟海嘯並不常發生），那就能在這裡、在這一刻，活生生地完整享受美妙的歡樂時光，不管下一刻會怎麼樣。相對於先進國家中膚淺又焦慮的不安生活，你現在已經脫離了電影《駭客任務》（*The Matrix*）中的母體，赤裸裸地投身在現實世界裡。但和電影不一樣的是，現實生活很美妙，很棒，很完整。只要海浪依舊，什麼事也不會發生。

教現代西方人更吞不下的，大概是我請達勉載我到尼亞斯機場的那段討論吧。這趟路程大約要兩個小時半，但是達勉就只抓兩個小時半前出發，不肯多留一點緩衝時間。我問他：「我們不能提早一點出發嗎？要是像上次那樣路上倒了棵棕櫚樹，整個塞住，害我錯過班機跟後面的行程怎麼辦？要不是我們那次是騎摩托車，可以把整輛車扛過那棵樹，搞不好還得在路上繼續塞幾個小時呢！」達勉又回我一句：「嗯，那就算我們歹運吧。」

印尼人的悠閒能感染到其他人，我們當然也可以悠閒一點。倘若事情發展不如預期，我們可以說聲：「算我歹運」就算了。如果我們的運氣真的**已經**用盡了，這樣說自是無可厚非。但是這種感覺在**事前**衡量要不要冒風險，在還沒做出決定或是還能改變決定的時候，就沒那麼適當了。沙特會說，什麼都不做也是種決定。如果我家失火，我只會想辦法逃出房子求生。但是在發生火災前，我當然可以先買好滅火器和火災保險。為了避免房屋延燒，這個社會也能用稅款設立消防局，將我們的風險社會化分攤，就像每個先進國家中的社會主義面向一樣。就算有人遭椰子砸破頭而死，也可以組織力量降低這種風險：定期派人沿著道路兩旁摘下成熟的椰子，以免造成危害。如果我們可以小心應付可以明智處理的風險，降低遭遇歹運的機會，又何必事事向命運低頭？

這是在說我們**終究**還是能夠控制或掌握壞結果嗎？我不是這意思。先進國家的人會為此感到困惑。我可以活動我的手臂或手掌，這通常是聽憑我身體控制。我們現代人只有間接設立計畫的能力，只能從我們現在手上的選項與證據（而這些也很可能有所變化）來決定壞結果「自然而然」出現的機會有多大。⑭就算不管相對穩定的命運，即使是最好的計畫也可能碰上壞運氣，讓一切全都變卦。那些「為什麼是我」、「我已經盡力了」的抱怨，全都只是讓先進國家的人沒辦法順著潮流流動。這不是真正接受既成事實的方式，也不是真的接受了調節領會的人生觀。

愛比克泰德向我們說過：「力有其能及，亦有所不及。」他還舉了些絕佳例子，告訴我們什麼真的在我們控制之中（「意見、目標、欲望、厭惡，以及我們自己的所有行動」），又有哪些是我們絕對無法控制的（「身體、財富、名譽、權力，還有所有不屬於我們自身行動的那些事物」）。但是這兩者只是程度上的差別而已，風險管理的關鍵在於要將我們自身置於機率光譜何處。只要結果不是百分百確定，那麼麼無論我們的行動再怎麼明智，運氣仍有可能改變事件最終的走向。

古代人沒有我們的現代資源來做風險管理。現代人能**形塑**自己的運氣，利用進步的科技來有效降低風險（例如愈來愈準確的天氣與海象預報）。我們可以降低命運的衝擊（例如買保險），但這也是靠我們夠好命才能想出來的作法，而且我們即使盡其所能，也只能稍稍減弱命運的影響。矽谷的科技烏托邦主義並非全然癡人說夢：社會計畫與各項科技確實是有力的工具，而這也正是為什麼我們會這麼容易以為命運完全操縱在自己手中。如今這些工具的力量**更**

是尤勝以往——至少在它們突然失靈之前，也只有到那時，我們才會認清「一切盡在掌握中」的感受原來只是種錯覺。⑮

想想我們的廁所吧。我們有廁所，還有優秀的排水系統與道路、宏偉的建築、電信網路、金融市場等所有先進國家的人都認為理所當然該有的事物。而我們之所以擁有這些事物，全是靠過去在歷史上（大部分是在近代）的長足進展，包括數學的發展，尤其是機率和統計分析，以及行省的資料搜集（起初是國王為了徵稅而為）、帶來財富的工業化，還有開設保險市場，讓人可以管理與累積風險，好應付火災、罹病和許多重大災害等。⑯除非你接受某種極端的歷史必然論，要不然，這些經濟發展的重大前提與我們現今舒適的生活標準都可能未曾出現。造

---

⑭就一個關於理性的理論來說，托馬斯·貝葉斯（Thomas Bayes）對於根據新證據而「更新」信心程度的公式，其實還滿有衝浪客的風格。見安迪·克拉克（Andy Clark）的《在不確定性中衝浪》（*Surfing Uncertainty: Prediction, Action, and the Embodied Mind* [New York: Oxford University Press, 2016]）。

⑮如果近來變化劇烈的氣候還不夠嚇人的話，就想想二〇一四年震驚富裕國家的馬來西亞航空 MH370 在馬來西亞與印尼上方急轉彎後，於印度洋上失蹤的新聞吧。富裕國家起初覺得訝異，我們怎麼可能沒辦法掌控一切——怎麼會連到底發生了什麼事情都搞不清楚？

⑯要看整個宏觀的歷史，可以參考伊恩·哈金（Ian Hacking）的《機率的興起》（*The Emergence of Probability* [Cambridge, U.K.: Cambridge University Press, 1975]）。

就這一切的前人所付出的努力，還是要靠命運與時機才能開花結果。我們很自然地會依賴熟悉而且不太變動的事物；但是穩定的期待也容易褪色成為理所當然的感覺，我們會自以為有資格獲得一切，而不是認為自己深受老天眷顧。

我們這種能控制一切的錯覺也跨到了政治意見上。在右派的看法中，限制對市場的控制幾乎總是能遏阻社會計畫（這種解藥要比疾病本身傷害更大，還會帶來無數意想不到的後果）。每個人都有決定自己命運與機會的無比能力才對！我們自己就像神明一樣受尊崇，所以也得自食其果。我們的命運其實多少是自己造成的：「輸家」是因為他們懶惰；而「贏家」是因為他們勤奮、努力、勇敢，喔對，他們也很「好命」，但是也絲毫不能說他們沒資格佔據大筆社會資源。⑰畢竟大家的機會是平等的嘛（人家不是說「努力總有出頭天」嗎？）。⑱

在左派的看法裡，個人則是相對無力的，他所有的階級地位與天資稟賦，從早期教養環境開始，再加上努力向上對出身背景所能造成的些微影響，幾乎都是由偶然因素決定。⑲但是大家也都相信集體行動與社會計畫可以解決幾乎所有的社會問題，當然也說不定得操弄一下市場、「推動」一下政策（例如，國家自動幫你加入健保，你可以選擇退出，但是你大概不會這麼做）。⑳每個社會問題都需要做些約束，畢竟「一個和尚挑水喝，三個和尚沒水喝」，所以社會就必須要為發生在任何人身上幾乎所有的大小事項負責。㉑

但是在先進國家中的這兩種聲音都接受一個共同的關鍵預設，也就是無論個人或群體，我們可以控制絕大部分的事。假使有什麼事情出錯走偏，那總有人（看情況是誰）得受到譴責處罰。「控制」的概念凌駕在命運與機緣之上，我們都只是在一套道德故事裡生活、爭論，以為所有的責任問題都能夠得到解決，只要找出誰是控制的源頭就好了。

但是「控制」這概念承擔得了譴責的重量嗎？過去的老觀念又能夠應付得了現代風險管理

---

⑰有個老笑話這樣說：富人是用自己的雙手搭起自己出生的木屋；而窮人要是沒有任何一技之長，嗯，那就該怪他們投胎時沒選好父母。

⑱原則上，機會平等這觀念會允許結果不平等。但是我這裡所質疑的假設會讓所有的不平等看起來幾乎都只是反映出個人努不努力的差別而已。在這情況中唯一的解決辦法就是更加努力工作——但這只是讓「機會平等」這個理想只剩下空洞的口號罷了。

⑲有人會這樣解讀羅爾斯（John Rawls）的《正義論》（*A Theory of Justice*），不過我倒不認為羅爾斯是個「機運平等論者」（luck egalitarian）。正義要處理的是因社會所造成的不平等，而「天生」的不平等則是在關於命運的大脈絡中的另一個問題了。

⑳見凱斯．桑思坦（Cass Sunstein）與理查．塞勒（Richard Thaler）合著的《推出你的影響力》（*Nudge* [New Haven, Conn.: Yale University Press, 2008]，台北：時報，二〇一四）。

㉑即使是羅爾斯這樣的自由主義哲學家，也會像共和黨人一樣大談公民與社會的「分工」。左翼觀點可能比較不重視個人責任，因為他們認為右翼觀點太過重視個人責任，但是其實個人責任到底扮演了什麼角色，卻沒有人說得清。

的複雜程度嗎？

事實上，到底有什麼東西是「在控制之中」根本就沒有好好定義過，而且說不定這本來就**無法定義**，更甭提能夠依此來大略區分誰應該是「贏家」，誰又應該是「輸家」了。我們真的是命運與機緣的主宰嗎？單單只是個人的話那肯定不是；只有在父母、親友等一層層向外擴展的眾人配合之下，我們才能為自己負起責任。但是如果我們有必要彼此合作，社會又該為這一切問題負責嗎？難道集體行動就不會有失手的時候嗎？

衝浪客對此的回答是：我們能控制的比我們通常以為的更少，所以就別太在意要責怪誰了，不如多悠閒點，試著「酷」一點。沒錯，我要舉手或開車是在我的「控制」之中，但是這些只是特殊個例而已，完全不能拿來當作判斷誰該負責、確定生活中各種風險關鍵的指引模型。我是動一下手臂，轉動了車輪方向，但是我該負什麼責任的問題關鍵是在於能否合理預期我會讓路上行人遭遇危險，又有多大機率（機率高嗎？）會造成嚴重結果（有多嚴重？）。這些問題的答案往往曖昧難明——我們在判斷時很容易出錯。

沒有誰會在覺得生活與周遭情境「失控」，感覺什麼都辦不成的情況下還能表現良好。正如康德所說，我們**能**做到我們該做的，如果那真的是我們該做之事。但理智上知道是一回事，懂得怎麼做又是另一回事；要真的懂，就得好好栽培訓練。一個人一天裡，甚至在一星期裡，除了靠自己做出幾個好選擇之外，只有靠著用某種方式鼓勵、支持自己完成自己設定的目標一天天地過，但這些鼓勵、支持卻一點也掩蓋不了這個人自身明顯的缺點。溫和的批評或友善的提醒確實可以讓人在模糊、疏忽的時刻警醒過來；但是說真的，沒有哪個人在聽到別人打著「責任」或「職份」這種名堂尖銳質疑、嚴詞譴責自己時，還會覺得很爽。（對政府官員就另當別論了；用最激烈的抗議和最尖銳的質詢拚命要他們負責，可是共和民主最出色的樂聲哩。）人哪，以後一定還是不完美，還是會偶爾犯錯：就是因為這所有的錯誤、誤判、疏忽、困惑，福份才顯得稀罕；要不然，就沒有什麼好「酷」的了。

如果我們能讓每個人在人生中可能遭遇風險的時候都戒慎恐懼，讓大家繼續相信人類還是能控制大部分事物，只是仍要配合命運機緣帶來的一切來調節自己，那我們就真的提升到比較不苛求的境界了。我們可以比較不擔憂誰又用了什麼手段在「控制」什麼，可以更容易與人相處。我們能更體諒他人，就像體諒自己的模樣一樣——或至少是更了解自己應該成為什麼模樣。㉒

㉒在先進國家中，一個跳傘玩家明明可以自己在家下棋就好，不會浪費公帑，但就算他偏偏出門冒險還犯傻，忘了再檢查一次降落傘是否正常，國家還是會為這名跳傘玩家支付救護費用。所以也許站在說要多悠閒點的立場來看，我們甚至應該更願意分擔彼此的不同命運，才更能免於歹命。而這正與「機緣平等論」的主張相反，因為機緣平等論者會說笨蛋活該接受自己的歹命，要求他們承受自己選擇的風險結果。

心理學家奇克森特米海伊（Mihaly Csikszentmihalyi）在談到「心流」（flow）的時候，暗損了一下他所謂「被動的忘卻自我，也就是南加州風格的那種『順應潮流』」。㉓對他來說，要進入心流狀態顯然就得控制自己的心理活動：「人除非懂得怎麼給自己的思想下命令，不然注意力就會專注在當下最麻煩的事物上……意識的正常狀態就是一片混亂——這狀態既沒有用，也不舒服。」

這種看法未免貶低了放空心思、做白日夢、慵懶放鬆、發呆出神等殺時間的好辦法。當然嘍，有些人得要鎮日努力才能勉強做一點事，這種拖延實在太過嚴重。這裡頭有些人真的能養成心靈紀律，靠一套夠好的「架構」來培養好習慣，就像在中小學、大學、教會、清真寺、猶太會堂、戒癮所或軍隊裡一樣。但是對於其他大多數人來說，南加州風格絕對是邁向心流的唯一道路。

放空的目標是為了讓人進入並維持在「上道」（dialed in）狀態中，也就是說，透過堅定的專注與持續練習，讓你的行動更能適應自己的周遭環境。少掉額外的控制而達成目標，你就能做人成功——也就是古希臘人所說的「幸福」（eudaimonia），這個詞的意思大概是「人生完滿」。這並不是要你完全不受「控制」，完全失去冷靜，而是要不執著於控制。一個人之所以會被其他人稱為「控制得宜」，有一部分正是因為他適應周遭而不執著於控制。

要達到衝浪客這種狀態有成功訣竅嗎？底下這七步驟也許有幫助。

首先呢，先放輕鬆。享受一下好天氣，看一看海浪。如果波浪不適合衝浪，就抓著衝浪板划划水。放鬆心情。至於不習慣水上活動的人，就好好享受休閒時光吧，別再忙東忙西的了。留點時間，讓自己沉浸在書本、音樂、花園裡，甚至是在你身旁跳上跳下的鳥兒吧。

第二，接納一切。接納你現在的處境，因為最會打斷此時領會調節的就是抗拒自己處在此時現況的這件事實。尋求和解吧，別老是被他人的標籤綁住，多培養感恩與優雅的心情。

第三，堅持下去。你得採取一個適合的節奏。每天去看看海，下了班就去衝個浪。好浪也衝，壞浪也衝。吃飯、睡覺，陪陪朋友或孩子放鬆心情。周而復始。至於不玩水的人，就持續學習或做些創作活動吧。

第四，保持專注。做最值得做的事，放開不值得做的。跳過其他有趣的活動，你才能專心投注在海洋與衝浪上。㉔

㉓《生命的心流》（*Flow: The Psychology of Optimal Experience* [New York: Harper & Row, 1990]，台北：天下文化，一九九八）。

㉔奇克森特米海伊在說到「將注意力逐漸專注於個人於環境中行動的機會」（同前註）時，就很接近南加州的衝浪風格了。但這個說法其實不必要求在態度上也得一板一眼。你可以只因為你超喜歡衝浪就每天都去看看海浪。只要提醒自己不會忘了做這件事就夠了。

第五，留點時間。別將大把時間全拿去做無腦娛樂了，而且，就算你有時間，也別將自己綁在費時費力的居家打掃上。行事曆排鬆一點，你才能夠在浪頭正好的時候趕上時機。如果海面風平浪靜，或是你正毫無靈感，就拿這時間有效率地做些瑣事吧，這樣你就能有更多時間去做更值得做的事了。最重要的是，在這充滿了漫長工時、無時無刻的電子郵件、「塞爆」的行事曆、種種冠上「豐富人生」之名的空虛活動的世界裡，你唯一要控制的就只有時間而已。盡一切努力，想辦法別拱手將時間讓給早已失控，只會拚命賺錢的工作文化，那種文化才不關心你衝了多少浪，也不在乎你的生活品質，只會把你的時間一口吞掉。

第六，我誠心祝福各位朋友，希望你們的座右銘會是「那是別人，又怎麼樣？」不要拿自己跟別人比較，要是發現自己開始起了比較心，趕緊轉移注意力。如果他們傻到會把時間和資源浪費在更大的房子、更貴的車子、更忙碌的工作，不用羨慕，反而該同情他們。他們太可憐、太歹命了，沒辦法當個衝浪客。如果他們**真的會去**衝浪，那他們一定是昏頭了。要是有個陌生的衝浪客什麼都有——可以經常環遊世界去衝頂尖好浪，還會在臉書上貼出讓人看了心癢不已的照片——呼，老天啊，我懂，要不跟他們比較真的很難。但是，或許你只要專注在自家附近的浪頭和你現在的美好生活就夠了（還有，別太常上社群網站）。

第七，什麼都試。隨著季節變化，變更衝浪點和裝備吧。在加州的話，從仲春到仲秋會有來自南太平洋的湧浪，你大概要到南向的衝浪點；而冬天你就得到北向的衝浪點，享受沁涼的氣溫和水溫。多要求自己一點，就能讓事情更有趣。還有，為了不要停滯不前，毫無進步，說不定你也可以換個不同造型的衝浪板。每種板子都會讓你對波浪有些稍微不同的了解，進而找到全新的方式，發展出專屬於你的衝浪風格。去玩玩不同的樂器、試試新的藝術創作、讀讀新類型的書吧！

總結一下，衝浪客做人成功的祕訣就是：要放輕鬆、接納一切、堅持下去、保持專注、留點時間、別去比較，以及什麼都試。

所以，所謂的衝浪客風格，其實就是做個自由、精采的運動玩家，根據真正有價值的目標來規劃自己的生活。知道如何順應潮流，也知道自己知道這件事，就能覺得自己活得精采。你會需要一些計畫，才能穩定地讓身體在划向波浪時，四肢還能朝著海灘方向擺動。這用不著太專注在自己身上的「自制」，不像某些心靈訓練所要求的一樣——除非當天早上天氣太冷，海象又差，但你仍要「逼迫自己」去衝浪。（我會跟我自己說，只要衝上三次，就可以回家了——不過通常衝了三次我就不想停下來了。）衝浪客也不是非得努力到健身房控制身材不可；只要你堅持下去，很容易就會有好身材。當你花了好幾個鐘頭追波逐浪，產生的副作用就是讓你擁有好身材。大部分的衝浪客都用不著旁人勸他不要久坐；他們早就坐不住了，甚至巴不得早點走人。衝浪太懾人神魂了，一旦試過就難以忘懷，所以根本不需要下重手「命令」心裡的思緒對抗奇克森特米海伊所謂的「混亂」傾向。衝浪客自然而然就會這麼做，也懂得該怎麼追求自己的目標。如果要衝浪客放空思緒，隨便亂想，他的心神很容易就會飄到波浪和衝浪上頭，這對於要追求進一步領會調節來說再好不過了。

當然，欣快舒爽的感覺也會有起有落。維持堅定的練習意味著接納自己的努力與興趣會有各種起伏，也意味著等待，就像在波瀾不興的百無聊賴中等待著，相信下一波浪頭遲早會來臨。堅定的練習、專注在值得做的事情上，就是衝浪客的風險管理法，也是他們「避開」風頭、天氣變化、茫然無措的方法，就像所有精明的投資客一樣。只要留下充足的時間朝向你所定義的「成功」前去，然後……等待結果就好了。堅持下去。也許你只是一時歹運；你在錯誤的時節到了印尼，結果整季都卡在那邊。呃，好啦，這真的很嘔，但是你知道的，下次再來就好了。持續地做、堅持下去。人生總有好運歹運，而不管怎樣，你要做的就只是接納這一切發生的事，**融入**每個時刻的潮流，該做什麼就做什麼。

這就是「開運」的方法——沒有什麼魔法，沒有什麼能控制未來的神祕「意圖」。只要堅持領會調節就好。專注在真正有價值的事物上，按照大致上的計畫去實踐，但也要能隨時逐步調整，或是更進一步重新構思。相信你自己的注意力。只要你有計畫或有心要做，你就會注意到進步發展的契機，其他的事根本就引不起你興趣，如果你不是真心堅定追求這個目標，你就不會急著去做。計畫或意圖本身就會導引人的注意力，協調各種行為和運用精力，既不用額外的「努力」，也不用做什麼「嘗試」。所以除非你改變了意圖——最好是為了什麼更好的理由——不然你總是會自動尋找各種機會，調整手段和步驟，設法達成目標。㉕你只要按照時機跨出腳步，即使是未成形的計畫都會逐漸拼湊在一起，透過你的行動完成目標。事情會因為在每個機緣巧合中順應潮流的調節而逐步成形，而這些機緣大部分都不是你所能掌控的。別人可能稱你是「自己命運的主宰」，但是從你的觀點來看，成功其實來自於放棄控制，來自於順勢適應，甚至還需要等待。

沙特提醒我們別限於「自欺」這種自我限制的信念，而他說的也沒錯。如果我覺得自己衝浪的能力已經到了極限，這就是說我**決定**不再繼續進步，而不只是**觀察**到這現象或發展而已。「即使是『我很醜』、『我很笨』這樣的宣稱，本質上都是一種期許（或意圖）。」沙特如是說，「這說法不是只在表明我自己有多醜，而是了解到女人或整個社會對我外表的厭惡程度。」㉖無論社會所傳遞出的訊息是什麼，也不管其他像我一樣的中年衝浪客怎麼樣，我對自己的未來就只有一種看法：「咱們等著瞧！」我可以在今天，在這個時刻就下定決心不斷練習，希望更進一步，完全不管我到最後會變成技術多好或多差勁的衝浪玩家。如果我能接受自己無法控制未來，卻仍能保持信心，我就能接受命運會帶給我的驚喜和意外。

這不是說我們應該**野心勃勃**，就算我們整個文化都在鼓吹「殺很大」、領先群倫，把其他人狠狠甩開也一樣。成功不需要這樣。讓自己多成長一點是好事，這樣能讓事情有趣一點、能多嘗試一點不同事物。要有所成長，做些改變與持續學習就足夠了，不需要做出驚人之舉。

㉕這就是有「口袋名單」的好處：比方說，你把搭遊輪去阿拉斯加列上去，這就不再只是個你會因金錢支出和手續繁雜而放棄的好點子而已。既然列在單子上，佔了重要地位，你就會接受這些開銷和繁雜的手續，找尋能夠成行的任何機會。

㉖《存有與虛無》。

笛卡兒盛讚懷抱雄心壯志，沙特也深表贊同（還引用了笛卡兒的話）：「意志是無限的，」而且「我們必須試著征服自己，而非試圖征服命運。」㉗但是我們與命運的關係真的必須如此敵對嗎？難道我還不夠好命嗎？我不就已經成為我自己了嗎？當然我將來也還會是我，或多或少，直到我兩眼一閉，雙腿一蹬為止。除了去做我認為值得花時間精力做的事（比方說持續練習衝浪）之外，還有什麼該去「征服」的我呢？

所以說，我們其實並非「注定」得做出選擇，不是像沙特所說的那樣辛苦，得無時無刻決定自我「到最細微的程度」。我們可以隨著經驗流動，帶我們到這邊或那邊，追逐有價值的目標，而不用**強迫**、**掌握**和**推動**世界非朝什麼方向走不可。我們可以不靠努力否定自己的現況，也能夠成功，只要更加用心在持續的行動中就好了。

輕鬆之道

佛教徒也推崇認真專注和持續不懈的練習，這樣才能與周遭環境取得和諧。對許多佛教徒來說，尤其是對堅守禁慾傳統的佛教徒而言，要有超凡大願才能臻致這境界：要斷除一切欲望，棄絕個別的自我。不過我們倒可以說儘管大部分衝浪客對於海浪都抱著幾近色慾的專注渴求，但是要走上佛陀解脫之路卻並不難。

衝浪客既不像禪學大師，也不像斯多噶派聖人。對斯多噶學派來說，幸福的人要調整自己的欲望，去配合周遭的環境。愛比克泰德就說：「莫要奢求事事盡如人意，而應任其自然，如此生活就順遂。」㉘或者，就像悉達多．喬達摩——也就是佛陀——融合了東西方智慧結晶的話中說的一樣，不要追求無法達到的欲望。㉙

這並不容易，佛陀大概和斯多噶學派不一樣，他會承認不起妄念有多麼困難。因為既然要止念，就得先有止念的欲望。但是這個高階欲望——也就是欲求不起妄念的欲望——難道不會難以滿足，反而致生挫折？戒斷中的成癮者會產生寧可不要有的渴求；嚴重殘障的衝浪客也會常做悠游水中的白日夢，原本平靜的狀態往往以失望收場。欲望總是不請自來，又難以撼動。對斯多噶學派而言，改變欲望就像改變注意力一樣容易，修正了個人自己對什麼才是適當欲望的判斷，相應的欲望就能隨之而來。佛陀提供了一套更加方便的法門。一旦所求不得的欲望持續出現，該行的就是「中道」——亦即接受這樣的不快：願意接納自己所處的不快樂，就能成就你所能成就的快樂。㉚

㉗同前註。

㉘《愛比克泰德手冊》（*The Handbook of Epictetus* [Indianapolis: Hackett, 1983]）。

㉙這是佛陀教誨的基礎綜合原理，見A．J．班姆（A. J. Bahm）的《佛陀哲學》（*Philosophy of Buddha* [New York: Harper, 1958]）。

㉚同前註。

對於禁慾者來說，這不過是暫時的解方。我們終究還是要設法摒除所有的欲望，尤其是任何一絲性慾。問題就在於欲望本身的根源：就是「你」，就是想要這個、那個，卻又對於所求不得耿耿於懷的持存「自我」。對佛教徒而言，「自我」事實上是份虛妄，而無論是透過四聖諦、八正道或無數多種法門來破除我執，要通往涅槃都十分艱難。無「我」，就無所謂「我要」；無「我」，就無所謂「我受冒犯」，也沒有「該我的份」，所以就不會有扼殺慈悲心的無明瞋恚，也不會令人無從得見自然之美。這樣一來，就無從在受挫不快之中試圖追求快樂，也就不再需要佛陀的「中道」了。究竟涅槃的極樂境界只有一種，就是極致的自我超脫。自我這層錯覺的確膠著難除；只不過，正如佛陀所言，我也能夠感激、接納當下不幸的現狀，直至解脫。而一切諸法盡皆無常。飄風會變向，潮汐有起落。我只要耐心等待就行了。但是對徹底的佛教徒而言，我是在持續的禪定中等待極致的自我超脫。我在等待大徹大悟，原來，根本就沒有「我」。[31]

衝浪客倒是保持原樣比較快樂。衝浪客所處的情況並沒有苦到非得全然超脫不可。不過，能夠超脫尋常的我執當然很好。求得這種解脫的輕鬆之道，要從衝浪客對海浪與衝浪的熱愛開始，因為這份愛會使衝浪客領會到某種超越自己的偉大之物。要拋棄的不是衝浪客這個自我，而是對於接納自我的種種勉強；這份接納來自於規劃人生時那份對海浪的熱愛。我們可以開心地保持自我，所以即使究竟涅槃的艱難路途其實不難走，我們也不必試著棄絕自我。[32]

如果有些積極的衝浪客對於勤修禪定感興趣，想要維持充盈的自我覺知狀態，或是極度專注在某個焦點上，噢，那也好啊。就去試吧，老哥——不過你得衡量一下得失。這樣做你難免比較沒有時間在浪濤中翻滾，也可能沒那麼爽。努力不懈反而可能讓人比較不會對現狀心存感激。而且，難道太執著於追求德性完美不也是種自我陷溺嗎？如果其他人終究也能間接獲益，而他們才真正重要，為何不一開始就更多關注他們一些呢？無論是出於**公平待人**或是**尊敬他人**的考量，我都應該與他人共享波浪。那麼這是為了**我自己**的德行，為了**我自己**的快樂，還是為了**他們**？衝上浪頭的另一個人是否不應該**為了他自己**而衝浪？在往往醜陋而不義的人類境況中，韶光易逝，總有比成就自己完美品格更好的其他事情值得人投注精力。你可以從事慈善事業，但不是為了當個好人，而是就只為了其他人而去**幫忙**、去**回饋**。事實上，放棄成就自我所需要的那份控制反而可能造福其他人。一旦我們比較不苛求自己，就比較容易寬以待人，比較容易接受人類所遭逢的種種苦難，以人家原本的模樣來對待，而且多少能放開要他們做到像是

㉛米莉．阿爾巴哈莉（Miri Albahari）在〈對佛教中無我洞悟的知識分析〉（“Insight Knowledge of No Self in Buddhism: An Epistemic Analysis”, *Philosopher’s Imprint* 14, No. 21, [July, 2014]）一文中解釋了要如何達到這等境界。見https://quod.lib.umich.edu/cgi/p/pod/dod-idx/insight-knowledge-of-no-self-in-buddhism-an-epistemic.pdf?c=phimp;idno=3521354.0014.021.

㉜換個宗教來想，衝浪客能夠接受從地球上快速輕鬆地被提（rapture），而沒有真正的海水與波浪嗎？能夠接受有享用不盡的美食，永遠飽食無虞，但是沒有身體可以在真正的海上衝浪、調節領會嗎？

在佛教中的開悟，或是在基督宗教中的封聖那樣超乎水準的完美期許或寄望。即使天恩可能不請自來，但要「完善你自己」就像耶穌說的一樣，可要做出不少努力。

所以在衝浪客的倫理學中，你不用努力追求人格或精神上的完美，只要「悠閒」就好，就像大家說的：「悠閒一點，老兄。別當個渾球。好好享受。但是記得要分享浪頭啊！」

愛的風險

在放棄控制的時候，甚至是要衝浪客放棄控制自己最熱愛的海浪，這時儘管冒著風險，可能嘗到真正重大的挫折，衝浪客也得接受命運機緣的擺佈。如果跟你談話的衝浪客看起來不太專心，或是話題一直跑掉，那他可能突然掉進了衝浪的白日夢裡，而這種白日夢可不分時段，總是來得又兇又猛。一旦風向突然變得適合衝浪，海中又正在捲起湧浪，而此時潮水還能玩上好幾個小時，衝浪客就突然變回了十六歲，霎時忘了這個世界——當然，**海浪**與**衝浪**除外——完全心神恍惚，一副難以滿足的模樣。儘管手頭有工作要做，還有例行公事，再加上今天還有其他事要忙，但是衝浪客這時候就像個初嚐戀愛滋味的青少年，根本心不在焉。搞不好接下來幾個星期海面都不會有適合的浪頭了。也可能**現在**這時刻的潮水和微風帶來了絕妙好浪，而你卻錯過了。（在布魯斯．布朗的《無盡的夏日》裡，環遊世界的衝浪客不管走到哪裡，人家都會告訴他們：「對啊，要是你們昨天來就能遇上了。」）浪頭可能會在最糟糕的時刻來臨，就算你能試著靈活些，挑一份有彈性、薪水又高的工作，難免還是會活在焦慮中，祈求掌管清風、海浪與潮水的神明在你有空的時候會帶給你漂亮的好浪。要是你沒遇上，那肯定會聽到人家說你這次錯過了多麼千載難逢的浪潮，而你卻在跟蠻不講理的老闆開會，或是坐在牙醫診療椅上枯等牙醫鑽洞。隨著我們近來親眼見證到全球氣候的詭異變化，大自然是愈來愈難預測了，所以你就知道為什麼衝浪客總是有點兒按捺不住，也了解為什麼衝浪客比較少談修練品格而是勤練瑜伽，或是更常見的痛飲啤酒。

衝浪客早就把自己的命運交給變化無常的大自然了，所以挫折對他們來說也是家常便飯。斯多噶學派這時會說：那你就應該把幸福交給大自然嗎？除了衝浪時經歷到的那陣陣狂喜之外，把自己全都交給善變的大海，會遭遇到的挫折大概不下於能獲得的滿足。那麼衝浪難道不就是有智慧的人該想辦法戒除的「癮頭」嗎？

毒癮犯通常會有這番體認，但是幾乎沒有哪個衝浪客會這樣想。一個人若有衝浪的好命，為什麼還會想要戒除自己所愛？幹麼那麼畏首畏尾？就算運氣到頭來可能翻盤，但為什麼不敢賭自己夠好命，加倍下注？

早在斯多噶學派出現前，柏拉圖與亞里斯多德就擔心完滿的人生會受到命運擺佈。道德品格這個構成幸福的重要元素，在我們無法控制的事項上完全受運氣決定。悲慘可憐的伊底帕斯，就算品格再好，卻也在每個重大轉折上跌跤。就算他弒父娶母是無意間的結果，仍然算他做得不好。如果神明對他好一點，不讓這樣糟糕的事發生，就算他毫不知情，他的生活、他的德行難道不會更好一點嗎？如果會的話，那就是說幸福是種**客觀**狀態，但是既沒有人知道那是什麼，也沒有誰能夠加以掌控。

斯多噶學派是第一個跳出來反對這想法的：人當然能夠不受命運擺佈。我只要有意去做，就能把注意力從這個事物轉到那個事物上，而這就會改變我對真假的判斷，或是什麼值得做、有何感覺或想不想要的判斷。但是衝浪客能夠喜愛衝浪實在是非常好命。煙毒犯受制於不值得花時間去追逐的欲望，所以算他們歹命；可是衝浪客是真的幸福，因為他們所追求的是真正重要的美妙事物。如果說這叫作無法平心靜氣地對待任何可能發生的事，那也可算是獻身真愛的負擔吧。愛當然是人生中美好的一個部分，衷心愛慕超越自己的事物也確實風險十足。但是真要擺脫其實也所耗不菲，因為當我們要少愛一點的時候，也放棄了重要的東西。

柏拉圖和亞里斯多德同意，人際關係會對幸福帶來風險；他們師徒倆的不同只在於這其中牽涉什麼風險。㉝競選公職可能會讓人身敗名裂；朋友之間也偶爾有人背叛出賣。對柏拉圖來說，這風險太大了；我們應該小心為上，縮回獨自深思的生活。有些衝浪客確實會逃避社會，寧可奔往熱帶地區追尋穩定的浪潮。但是大部分衝浪客都比較接受亞里斯多德的看法，認為在友誼中甚至是在政治上的風險都值得一試，而且即使偶爾會有差錯，我們也能妥善處理。亞里斯多德不懂「先進」社會中的匆忙混亂，人人都彷彿要變得聰明絕頂一樣。當現代衝浪客**試著**要放輕鬆，但社會卻更加匆忙混亂，甚至更瘋狂的時候，我們當然可以問自己是不是該明哲保身，就像柏拉圖所建議的一樣。可是衝浪客就沒**那麼**擔心。亞里斯多德認為，為了友誼中的喜悅，值得冒上遭受背叛的風險。同樣地，衝浪這麼美妙無比的活動也值得甘冒風險，義無反顧地為之傾心——即使沒有不受傷害的回頭路也甘之如飴。

然而，如果衝浪客注定要在這份愛慕中受苦，那麼對於堅持追逐浪頭的衝浪客來說，人類境況就沒有那麼恐怖了。一整年下來，海邊總有不少漂亮好浪。這通常就足以紓緩日常中的不完滿了，而衝浪客也能在天氣適合的日子裡，或是在抓到了好浪頭時能夠穩定領會，能夠抓住潮流脈動，停留在那樣的時刻裡，充分延長這份愉悅。如果地球末日不會常常來臨，這種關於海浪與衝浪的夢幻回憶就能持續恆存。

要說駕乘浪頭這個單純的動作、這短暫的一刻，就能包含人類存在的所有意義，也實在太過誇大了。不過，人類存在的一切意義確實彷彿就包含在這短暫的一刻，就在這單純的動作之中。

在衝浪最棒的時刻裡，我們真的能感受到事物是那麼深刻、那麼飽滿、那麼美妙、那麼完整。要是能維持住這些時刻，那這些時刻說不定就是人生的完整意義；但是人類境況中最大的麻煩就是這些時刻留不住。儘管這份喜悅了無遺憾，卻也經常一閃而逝。衝浪客要得到自我超

㉝關於這一主題的論述，可參見納思邦（Martha Nussbaum）的《善的脆弱》（*The Fragility of Goodness: Luck and Ethics in Greek Tragedy and Philosophy* [Cambridge, U.K.: Cambridge University Press, 1986]）。

第 II 部

形上學

Metaphysics

4 心流與流動

自我從世界中分離出來的感覺有時候會伴隨著一種與環境冥合的感受。

——奇克森特米海伊《生命的心流》

衝浪客追隨著流動，能與波浪擁有崇高的美好關係。所以像「順應潮流」這樣的話可不是什麼老調的譬喻而已。衝浪客是真的順應著潮流，而且許多人還日復一日、年復一年，從年輕到退休都常往海邊跑。對那些好命的衝浪客來說，衝浪就是他們有生之年最主要的活動了。

聽人家說，不管是誰，順應潮流都是好事。我們就可以輕鬆處世，對微不足道的挫折一笑置之，不再汲汲營營，專注在最值得做的事情上。在最好的情況下，我們會覺得自己就像在浪頭上駕乘的衝浪客一樣——沉浸在眼前的活動裡，發而中節，游刃有餘，輕鬆優雅地成功。在理想上，我們可以經常自然而然地進入這美妙的狀態，到達古希臘人所說的**幸福**（eudaimonia）

狀態，也就是完滿、快樂的人生境界。

所以，「順應潮流」似乎和美好人生有些關聯。但是人生要怎樣才算美好？而「順應潮流」又是怎樣讓人生從不美好變得美好？

心理學家常只是將「心流」當作一種愉悅感。心流能讓我們感到快樂，保持在一種特別良好的經驗狀態裡，是讓我們內在生命井然有序的方式。動見觀瞻的心理學家奇克森特米海伊稱之為「高峰經驗」，意味著在這種情形中「我們……覺得控制著自己的行動，主宰著自己的命運……有一種興奮的感覺，感到持久而深刻的愉悅，在腦海中留下了人生應該如何的深刻印記。」①

心理學家在這麼說的同時，似乎忘了柏拉圖與亞里斯多德所留下的古老智慧。幸福也好，做人成功也好，都可能是超乎我們感官經驗的事。衝浪當然會令人感到愉悅，但對衝浪客來說，「順應潮流」是一種超脫自我的方式，要靠一套與超越自我之外的事物連結的卓越技藝才能達致。

---

①《生命的心流》，p.3。

該怎麼過生活呢？這是個關於懂不懂怎麼做的問題。所以我們也許可以從登峰造極的專家身上得到答案——頂尖的衝浪手、世界一流的心臟外科醫師、職業運動員，或是西洋棋大師。如果當天狀況好，西洋棋大師在下「快棋」時會直接**看到**下一步該走哪裡，馬上落子，直截了當；他不需要任何下棋規則或新手策略中的那份自省自制。而且若非這一手是要挽救先前的失誤，否則他要是對落這子到底是好是壞想得太多，反而就下不好了。他全神貫注在**當下**，直覺到可能的每一步，只在電光石火間就迅速下了判斷，動了城堡或主教，而他可能連算都算不到自己會這麼下。他這時是**全心**在領會棋局的變化。②

如果我們能在下棋、運動或任何特殊項目中成為專家，那麼有沒有人能成為生活專家？顯然看似可以。看看那些追求自己目的而活的幸運兒，他們幾乎總是**一直**沉迷其中，而且精力旺盛，彷彿源源不絕，狂熱著迷於各種事物。（看看艾隆．馬斯克〔Elon Musk〕這位喜愛天文、能源與自動駕駛車的企業家就知道了。）

當然，這世上也有我們這樣的凡夫俗子，也就是大部分時間都只會混吃等死的大多數人。這不是因為生活沒有訣竅可循。如果你至今還不曾體諒過老闆的想法，然後花上幾千個小時來做你擅長的事，偶爾穿插一下禱告、冥想或深呼吸，那你大概可以確定自己吃的大多是蔬果，總是適時補充水分（註：這是指劇烈運動前後補充水分，因為飲水實在太重要了），而且你總是在自己的座位附近晃來晃去，不會乖乖坐在位子上，因為那樣燃燒的熱量比較多（這是另一個讓你苗條的理由）。

我們都聽過不少好建議，尤其是要我們保持「正念」（mindfulness）的鼓勵。要是你發現自己羨慕鄰居新買的好車、擁有無敵海景的豪宅，還可以每年兩次的休假旅行，那你只要專注察覺自己現在的感覺，不要因為**又拿自己和別人比較**而評判自己不是，而是要想著自己**怎麼這麼容易分心**，怎麼**又開始批評自己了**。只要察覺你自己現在的經驗狀態，像媽媽都會做的那樣慈愛地肯定自己就好了。要訓練一個人的注意力還有其他好方法：停駐在當下這時刻，停駐在美麗的事物中，做些藝術活動，或是聚焦在某個值得的對象上。但是這些思想訓練都很花工夫，而且若真要什麼都做，你就沒那麼多時間能夠順應潮流了。況且這樣會讓你開始覺得辛苦重重——而這卻是你一開始就想要避免的麻煩。

大家都說，只要進入了心流狀態，就能夠事事順遂。如果這麼容易得到的快樂能持久，就能證明能夠達到這種喜樂狀態的努力值得了。但是儘管你可能早晚能夠達到那境界，只要你努

---

②見德雷弗斯（Hubert L. Dreyfus）的〈克服天才迷思〉（"Overcoming the Myth of the Mental: How Philosophers Can Profit from the Phenomenology of Everyday Expertise," *Proceedings and Addresses of the American Philosophical Association* 79, [2005], pp. 47-63）與〈重返天才迷思〉（"The Return of the Myth of the Mental," *Inquiry* 50, no. 4 [2007], pp. 352-65）。

力訓練夠多、夠久，你就愈可能**愈晚**成功，並且到那時才發現那份快樂只不過是暫時的。人生最殘酷的實情就是我們很難達到心流狀態，而且一旦達致那境界，往往也是轉瞬即逝。

這現象既令人挫折，也頗富哲學趣味。「流動」究竟是什麼，怎麼會讓某種東西稍縱即逝，而不是像磅礴洪流那樣穩定呢？我們又要怎麼一次次地掌握這其中的起起伏伏，尋得流動呢？

控制意識

上一章中說過，奇克森特米海伊認為心靈總是趨於「混亂」。但是對他來說，只要對心靈有足夠的自我要求，要達到井然有序的心流狀態並非不可能。③他說，我們現代的不滿是因為我們不斷在無腦無聊和焦慮異化之間來回擺盪——這一頭被動地看電視得到娛樂，另一邊則是對於隔天在辦公室又要延續令人無力的折磨而感到焦慮、束縛和壓榨。一旦我們能在這兩個極端中找到一個穩定的中點，就會覺得生活有意義。此話讓我們摸不著頭緒，奇克森特米海伊說，這完全是因為我們無法「控制意識」。如果我們在自主的活動中確實控制了自己的思想，就能找到「高峰體驗」的心流狀態，並留駐其中。不管是下棋、滑雪、繪畫、攻讀學位、開創事業，我們都能夠只為了自己的目的，全神專注在有趣的挑戰上，沒有外在的壓力或擾亂，而且感受到一份深刻的喜悅，不覺時光飛逝如梭。

正如上一章中所言，斯多噶學派掙脫了柏拉圖與亞里斯多德的教導，破天荒地將我們的幸福置於個人的控制之下。④但是他們並不認為心靈德行必然會帶來愉悅，也不認為誰都能夠達到**幸福**；很多人生來就沒辦法擁有智慧德行，也可能未曾受到良好教養。在奇克森特米海伊的新斯多噶學派觀點裡，人人都能得到幸福，因為幸福的「心流」就只是一種高強度的**經驗**狀態，完全依靠內在觸發。⑤幸福的人不只是因為好命而有了那樣的心靈結構，有了那樣的好基因；他們所展現的是幾乎每個人在選擇約束自己注意力時所能達到的成就。所以，要是你還不夠幸福——因為你不知是懶還是憂鬱，就是沒辦法進入心流狀態——嗯，那就是你自己的錯

---

③《生命的心流》，可參見其中「控制」自己「意識」的各章節。

④康德甩開古人的做法則是破除道德與幸福的連結。他依循斯多噶學派的作法，將「道德價值」安放在我們的控制之下，要依我們的行動動機來判斷，而非靠行動結果決定，因為行動的結果有可能不受我們控制。對康德來說，這就是我們自由的一部分。從這點看來，沙特是個康德主義者。

⑤奇克森特米海伊說心流是「一種與周遭環境冥合的感受」，但還是把這當作一種**感受**，而非實際關係（見《生命的心流》）。他還說，心流經驗很好，但並非「絕對意義下」的好，而是因為這種經驗會讓「生命更豐富、充實、有意義」，能增加「自我的力量與層次」，雖說這還需要一套「更具包容性的社會判準」（見《生命的心流》）。這也許不是嚴格的「經驗主義」，但是他也沒明說我們有多麼需要在自我與現實之間那份真實領會的連結。

了，至少那就是你的責任。除了怪你自己，也怪不了任何人。要是你剛好在品德上有所欠缺，那就好好修練吧。

奇克森特米海伊還更進一步說道：「控制心靈就意味著不管發生了任何事，都可以成為喜悅的泉源。」他當然不是說**真的包括任何事**。難道數臥室裡的地毯有多少根線頭也算嗎？還是說，**一次又一次地**將薛西佛斯那顆沉重的大石頭推上山頂，不是種意志堅決的反抗，反而是充滿喜悅的狀態？我猜要是有人嗑了迷幻藥，大概就會覺得削鉛筆器很迷人吧？心流狀態會讓人感覺舒服，但是「心流成癮者」只要往大腦注射更多令人感覺良好的神經化合物質就可以得到更舒服的感覺了。如果「心流」只是種靠內在觸發的經驗狀態，則問題就在於這跟單純的迷幻藥效果有什麼兩樣？心流經驗與嗑藥或刺激性感帶有什麼差別？心流經驗就只是個神經物質傳導系統的問題嗎？

「心流」確實是**發自內心**，是藉由控制思緒而來，不是靠外在物質干預。奇克森特米海伊又說，心流來自於「面對挑戰與發展技巧」，因而能夠刺激成長，並帶給自我更多「層次」。⑥但問題還是在：這要怎麼影響經驗狀態如何生成呢？說不定發自內心的心流會比古柯鹼、咖啡因或安非他命更健康、更持久，甚至也更能增加你的生產力。微量的迷幻藥確實對矽谷的工程師有創造奇蹟的功效。⑦那麼我們是否可以說，在工作時**明智地**用藥也同樣能帶來成功與幸福呢？

奇克森特米海伊試著澄清，藉由工作與德行得來的內在層次是一種「**向前進**的脫離現實，而毒品等刺激物質則是從現實中向後逃避。」可是為什麼我們需要逃脫現實呢？健康的心靈秩序當然有部分仰賴細分多層次的活動、規劃未來，諸如此類的能力。但是停留在心流狀態中，顯然是要人脫離當下。為什麼我們就不能心滿意足地**活在當下**呢？難道處在心流狀態中不也是**活在此刻**的一部分，不也是在與某個比自己偉大的事物共存於此刻嗎？

領會幸福

在奇克森特米海伊看來，進入心流狀態就是透過提升自己所感受到的意識，讓自己的人生變得更美好。這就帶出了一個關於幸福的老問題：一般說來，人生會在什麼時候變得更好而不是更差？究竟構成美好人生的是什麼？

---

⑥見《美好事業》（*Good Business: Leadership, Flow, and the Making of Meaning* [New York: Penguin Press, 2004]）第三章。

⑦據某位專家說，「若要最佳藥效，每隔四天早上服用微量的藥物，然後回去你正常工作作息就可以了。」見安德魯．雷歐納德（Andrew Leonard）的〈微量迷幻藥如何成為職場新寵兒？〉（"How LSD Microdosing Became the Hot New Business Trip," *Rolling Stone*, Nov. 20, 2015. http://www.rollingstone.com/culture/features/how-lsd-microdosing-became-the-hot-new-business-trip-20151120#ixzz3un LY6Koq）。

根據這種「經驗主義」的說法，人生的品質就**只**依據這個人的經驗品質而定。一個人的經驗品質——即使是錯覺經驗——就**完全決定**了他的人生好壞程度。這就是他們的理論。所以要是有部能完全仿真的虛擬現實幸福機，如果只看能否提供你幸福的話，你其實不該在意在那裡頭得到的經驗究竟是真的還是機器製造出來的。

衝浪客倒是對「流動」略知一二，而且還不光是知道怎麼駕乘潮流，好讓自己感到愉悅。衝浪客對於真衝浪和虛擬衝浪的差別絕不會無動於衷。因為如果你只是在一部超級仿真的經驗機器中體驗駕乘波浪、隨波逐流，宛如體驗到真正的衝浪，但事實上你只是全身乾爽地坐在一張懶人椅上，用電極膠布貼在頭上，讓懂衝浪的科學家控制大腦，製造出最逼真的波浪和各種極限動作經驗，那就不能體會衝浪這活動真正的價值，也不是真的在體驗這活動的意義了。你是分辨不出來這兩種經驗的差別，但你的人生會怎麼過卻**會**因此有明顯不同。同樣地，一部超擬真高潮機也肯定不如真正的性愛來得好，就算兩者的經驗效果不相上下也一樣。和真正性愛比起來，**只**體驗過超擬真虛擬性愛的人肯定錯過些什麼，因為虛擬性愛一定會造成**某種**落差，而且這落差往往相當深刻，畢竟，人在真正的性愛中會表示與強化彼此的關係，而機器終究無法滿足這部分。⑧

衝浪這活動帶有超棒的心流經驗性質。如果你想得愈少、讓衝浪自然而然，說不定再告訴自己：「好，別去管那些技巧了；就順著潮流走吧！」你通常會衝得更好。如果這天甚至這整週真的萬事俱備，衝浪狀況良好，心流經驗就真是沛然難當。你隨手就能衝出最棒的招式，流暢、狂野地迴轉，開始覺得什麼都自動化了，好像你只是在看著這一切發生一樣。時間彷彿凝住了。你覺得整個人都放開了，與天地萬物心靈相通，卻也十足實在地駕乘著波瀾壯闊的海浪。這種領會高峰的時光也同樣一閃即逝。但是平常的日子裡那些平常的浪頭，還有那些平淡而和諧的感受、衝浪的純粹歡樂與美麗、浸淫在海風中的愉快，還有那清澈如玻璃般，和緩起伏、熠熠發光的海洋，卻一點也不遜色。衝浪客有句話說：「光是弄濕全身就快活了。」你需要衝個浪，就算不是天天去，也要常常去，才能覺得清醒，才能活得痛快。

這種快樂並不是像悶痛或憂鬱那種單純的直接感覺，但是你能直接感覺到一份美好的經驗。這種快樂**關係到的是**衝浪客心靈狀態之外的某個真實事物。衝浪客不是**只**為了衝浪好玩而衝浪，不是只為了快樂的狀態而衝浪；衝浪客是以衝浪本身為目的而衝浪，是「為了衝浪本身」，也就是說，是為了這活動內在的美好而這麼做，是為了這一切快樂最終指向的事物而這麼做。衝浪真正美好的地方，除了那份欣喜、那份筋疲力竭後的放鬆，還有那份活著的美好感覺之外，其實是在於人真的**處在一份調節領會的關係之中**，這是一種在變化中保持和諧的關係，而整個人的意識都把這當成關注的對象。簡而言之，這份快樂之所以好，是因為它是**真的**。真正重要的是你真的在浪花四濺的水裡衝浪，而不是靠做夢或想像著衝浪來享受那份濕透

---

⑧而且這樣的人不就還保有童貞嗎？光玩虛擬衝浪的人不會是真的衝浪客。衝浪跟性愛一樣，是一種技藝實踐，需要接觸到外在現實。詳見下文。

全身的快樂。你在這份關係中領會到的，是一個在你之外、超越你所能控制的客觀物理現實。

不過，這不是說虛擬的東西就不重要。如果虛擬衝浪真的很棒，我當然也會想試試看。虛擬經驗有其價值，而說不定它們是虛擬的這事實也有其價值。⑨如果我被迫要在終我悲慘的一生都只能衝真實的爛浪和花時間在機器裡享受超頂尖的體驗，我想會有許多衝浪客對這種現實與品質間的交換採取不同意見。比較純粹派的會選擇衝真正的浪，而偏享樂派的則會選擇虛擬衝浪。或者想像一下，你發現自己這輩子都活在一部體驗機裡頭，而且你也不敢保證你能忍受離開這部機器之後的生活。（在討論現實與品質之間交換問題的電影《駭客任務》裡，主角尼歐選擇了虛擬世界，而且進到了主程式庫，控制了整個虛擬現實，相對之下，非虛擬的現實生活實在是爛得可以。）那你可能很明智地做出保守的選擇：就算在真正的水上衝浪可能也很棒，但是最好不要破壞你已經得到的這份好生活，繼續虛擬衝浪吧！

說起來這並不完全是個假設性問題，而且自從哲學家諾齊克（Robert Nozick）在一九七〇年代提出人是否會理性選擇進入「體驗機器」這問題以來，這問題就更形重要了。⑩如今網路上的誘惑更多，我們花掉更多時間在「其他地方發生了什麼事」上頭，關心遠處更是遠遠甚於留意自己的身體、身邊環境，心思根本不在這個房間、這間小咖啡廳、自己這個人身上。怪不得我們都覺得不管在自己的生活中，還是在政治上，會有點難以適應這個非虛擬的現實世界。

談到真正在水上衝浪的價值，只是意味著這些也是真正的價值衝突。在品質與現實之間確實需要取得平衡，而我們也有個很棒的理由放下智慧型手機去衝浪：就是為了在水裡**真的弄濕**

自己。

但是如果虛擬現實也確實是種現實，那還不夠真嗎？這種真跟真正的非虛擬現實有什麼差異，又是什麼造成了這種差異？這答案有一部分是因為在機器中的虛擬衝浪就的確不是**衝浪**，不是那個需要技巧的活動，不是身體真正需要跟水接觸的活動。

假設你現在躺在一部心流機裡，而所有的心流經驗都是早就設定好的。這時你也不是真的**進入**心流狀態；你只是個被動的旁觀者，只不過是在看一齣精采絕倫的電影罷了。可是假如現在這部機器可以讓你主動參與，與你經歷到的種種體驗進行互動，就像拿個搖桿操縱一樣，那你可能就會需要運用某些技巧，像在打電動遊戲一樣，而且你還可能順利遊歷整趟過程，並且逐漸升級。只是這種技術活動仍然不是衝浪。在那套虛擬遊戲中的遊玩可能是真的，但那不是衝浪——不是那個本質上需要身體跟非虛擬世界的水互動的技術活動。

任何技術活動要做得好——無論是流利地說某種語言，或是口若懸河、在洶湧人潮中穿梭

---

⑨頂尖的哲學家大衛・查莫斯（David Chalmers）很會玩「精靈寶可夢」，他說：「虛擬現實是一種真實的現實，在虛擬現實中發生的事也是真真實實發生過的事。」見〈虛擬與現實〉（"The Virtual and the Real", MS, 或見http://www.abc.net.au/radionational/programs/philosopherszone/the-value-of-virtual-worlds-david-chalmers/7677304）。

⑩見《無政府、國家與烏托邦》（*Anarchy, State, and Utopia* [New York: Basic Books, 1974]），pp.42-45。

前進、衝浪時切出乾淨漂亮的浪線——**本質上**就是要能連結到在自己心靈以外的那個世界。

為什麼呢？因為如果你只是在某種夢幻機器中衝浪、舉重、騎單車，那你都不會說自己「做得很好」。衝浪的技巧需要**展現**出來，才能夠**展現得好**。可是如果你衣服都沒弄濕，身體也不配合觀察周遭不斷變化的波浪狀況來移動，那就根本沒有展現技巧，更遑論好不好了。所以，要是心流只是一種將技術活動做得很好的方式，進入心流狀態一定就是一種與在自己身外的事物相連的一種關係。也就是說，關於心流的經驗論說法肯定說錯了：心流絕不只存在於心裡。

我猜，心理學家會專注在心流的經驗性質上，主要是因為十八世紀晚期以來的效益主義遺緒。當時身兼英國法學家、哲學家與社會改革家的邊沁（Jeremy Bentham）首倡此議，主張幸福就只是享有快樂、避免痛苦，除此無他。而且不管什麼快樂都算數。「低等」快樂（包括保暖、玩樂、飲食、性交等）就和其他快樂一樣重要。邊沁說過一句名言：「如果造成快樂的量相同，那彈圖釘（一種飛鏢遊戲）就跟詩歌一樣好。」這句話可說到不愛讀書的衝浪客心底了。但是劃分高低等的作法本來就不適用在衝浪的快樂上頭。衝浪的快樂不是那種閱讀小說、詩歌或哲學論文的「高等」智性快樂；但也絕非大吃起司漢堡的那種「低等」快樂。衝浪的快樂是在這兩端之間，有點像是即興爵士演奏或做出一道精緻料理的快樂。

彌爾（John Stuart Mill）在邊沁的嚴格指導下，希望澄清誤會，證明享樂式的效益主義並未將人類尊嚴貶抑為「和豬一樣」。對彌爾來說，邊沁的錯誤在於忽略了「高等」快樂：「沒有任何伊比鳩魯學派的生命理論不會主張涵蓋智性的快樂，以及各種感覺與想像的快樂，還有道德情操的快樂，而最後這種快樂所具有的高超價值，更是遠遠超乎純粹感官上的快樂。」⑪所以彌爾把詩歌與智性沉思的這類快樂抬到了比保暖、遊玩、飲食、性交等「低等」快樂更高的地位。照他的說法，做個不滿足的人要強過當頭滿足的豬；寧做不滿足的蘇格拉底，也勝過當個滿足的傻子；而且我猜他也會說，寧可做個焦慮的存在主義者，也好過毫不反省、心滿意足的衝浪客。

這是否只是一種菁英主義呢？彌爾認為不是。他說「任何能判斷的人」都「絕對偏好」高等快樂勝過低等快樂。要是有人「沉迷於較低等的快樂」，比方說衝浪的快樂好了，那他們肯定只是不知道自己錯過了些什麼。他們不能「體會兩種層次的快樂」，所以，你知道的，他們也不是「心甘情願地」喜歡低等快樂。簡單來講，就是衝浪客不懂得讀書的樂趣，也就是說，是下等人不曾接觸過精緻事物的緣故。

衝浪客聽到這句話會說：欸，其實不是耶；這肯定搞錯了。我自己就是個反例，衝浪跟哲學都令我深深著迷，如果要我非在兩者之中擇一不可，我還不一定會放棄衝浪呢！我就是喜歡有一套彈性的安排，將這兩者攪和在一起。與其說為了其中一個而放棄另一個是表現出幸福的「慎思偏好」，倒不如說是一種存在主義式的危機。我如果受傷了、老了、沒辦法衝浪了，我

---

⑪《效益主義》（台北：暖暖書屋，二〇一七）。

會很高興有哲學作伴；而要是我撞傷了頭，沒辦法做哲學，我還是會憧憬著衝浪。但是我可沒想過兩件事都沒辦法做要怎麼辦。（希望老天別讓我落入這種可怕境地。）

彌爾會為享樂主義辯護實在很奇怪。如果「絕對偏好」在這問題上具有絕對權威，為什麼不乾脆說幸福就是得到個人所偏好的事物就好了呢？這說法後來成了經濟學的標準觀點（顯然深深受到彌爾影響）。幸福，現在稱為「效益」，就只是得到你想要的事物，滿足你的偏好而已。即使到了現在，這種觀點也常與享樂主義混淆（在社會科學中尤其常見），但兩者其實根本迥異。⑫雖然滿足欲望可能是幸福的原因，但這種觀點蘊含了幸福並不都是美好經驗而已。假設你和某個陌生人在火車上有段很愉快的對談，當她下車後，你發現自己會希望對方的生活過得好，就算你後來再也沒聽說過她的消息，但若是她真的過得很棒，你也就真的滿足了你的心願。你的偏好在邏輯上是「已經滿足了」（你偏好的事態確實實現了），但是你在經驗中根本不知道有這份「滿足」。

而這就意味著單純的「偏好」可以是偏好**任何事物**，而這些偏好的對象與真正追求幸福的人本身可能根本沒什麼關係。比方說，我偏好整個銀河中的星星數目是偶數，但是**我的**生活並不會因為滿足了這個偏好而變得更好。或是假設你在火車上遇到的那個人在下車後碰上一場嚴重的意外，你希望她人生美滿的心願永遠無法實現，但是如果你完全不知道這消息，**你的**生活也不會因此變得更糟。

而且就算是某個偏好關係著這個人的人生，看起來可能還是毫不相干。假如有個曾經勤於衝浪的衝浪客只想待在家裡，仔細清數臥室地毯上有幾根線頭，滿足了**這個**欲望也不一定真的就能說對他是好事。要是他拒絕離開家裡，他的衝浪夥伴可能會懷疑他是不是突然精神失常，比較不會認為他正在滿足讓人生幸福美滿的心願。更何況，這名衝浪客自己應該會比所有人都更清楚自己到底錯過了什麼。

話說至此，我們就可以了解為什麼柏拉圖與亞里斯多德會認為幸福是種客觀狀態。美好人生是由**各種善**組成，包括一個人的品格、健康、壽命、事業成功、人際關係美滿，以及擁有美好的經驗品質。這些元素對擁有者而言都是完全無關乎個人自己的信念或欲望，具有客觀價值的事物。即使是快樂的感覺，也並非毫無條件的價值。如果我在聽到某個討厭的同事突然罹患重病的時候暗自竊喜，這種幸災樂禍的「不當」快樂並不會讓我的生活過得更好（就算我這時可能「高興過頭」也一樣）。

古人不曾探問為什麼人本來就該努力追求幸福；但這是個值得問的問題：為什麼不忘了你自己、忘了你的「幸福」？追求能帶來幸福的各種善，做最值得做的事，幸福自然就會隨之而來了。亞里斯多德說過，人生完滿「隨附」（supervene）在追求其他事物上，或也可說是「憑

⑫我底下的說法衍生自帕菲特（Derek Parfit）在《理由與人》（*Reasons and Persons* [Oxford: Oxford University Press, 1984]）中的知名附篇〈是什麼讓生命最美好？〉（"What Makes Someone's Life Go Best"）。

靠」在這份追求上。身兼主教與神學家的十八世紀哲學家巴特勒（Joseph Butler）繼續衍生了這個觀點，如果我哪天開始**試著追求抽象的幸福本身**，那我就不知道該從哪裡開始著手了。我必須從某個個別的事物開始，好比去確認今天海象如何，或是試試新買的衝浪板等。但是這些個別活動跟我自己可能沒什麼關係，而是關聯到我與其他人的關係，或甚至是我與超越這世界之物的關係。所以衝浪客會說他們不是為了好玩而衝浪，也不是為了他們自己，而是為了**衝浪本身**。他們不靠尋求就找到了幸福所在，相信這種獨立的美妙活動是值得做上一輩子的事。他們若真的知道或在乎曖昧難明的「幸福」究竟是什麼，那就是衝浪了。

從做人成功就是展現良好技巧（也就是「德行」這件事）這個觀念，很自然就能得出上面這番結論。技術活動是一種讓人能夠與超越自己主觀經驗的事物發生關聯的方式。而這麼一來，做人成功（亦即**幸福**）也就是超乎個人心靈之外，而與世界相關的事了。這就是為什麼在擬真體驗機中「衝浪」雖然讓人一時覺得好玩，卻沒辦法讓人生命豐滿，而在水裡真的衝浪、弄濕身體卻可以讓人幸福的道理。衝浪比其他事情更清楚、更純粹地表達出人在與超越自己的事物和諧領會時，客觀連結到的那份價值。

隨波逐流

心流既然不能靠意志或嗑藥導致，因而是屬於讓人等待它出現或可以追而逐之的對象。對於追逐心流的人來說，有一種辦法可以強迫心流狀態經常出現。史蒂芬·克特勒（Steven Kotler）最近在一本鼓吹追逐心流的新書中就稱讚了玩大浪的衝浪客能夠「主宰」心流，因為他們讓生活中處處都能開啟高峰經驗。⑬有某些外在條件或所謂的「心流開關」——例如風險、創意、利他等——能夠引發心流狀態，只是遲早而已。如果我們能為心流做好準備，我們難道不該盡量利用這種方式，讓心流狀態愈多愈好嗎？

各位腎上腺素過剩的大浪衝浪客弟兄啊，我得說這反而有可能毀了衝浪的意義，反而在你心中種下了不滿足的種子。達到高峰表現的「心流狀態」即使是在一般衝浪時也不容易，而且往往轉瞬即逝，在那些玩大浪的玩家身上**尤其如此**。每年每月，在世上各個不同地區的不同浪點總會出現超巨大卻仍有機可乘的大浪。儘管現在有了先進的衝浪預測和全球運輸，要能夠達到高峰狀態仍需要詳細計畫、即時出發，以及一般人難以支應的高額花費。我們很容易就會錯過最好的日子，只差那麼一天，海水就流往地球的另一端去了。即使有人能經常碰上最好的浪頭，那也只是替他帶來了高潮與休息的循環，而且還可能讓他再也無法重新回到平凡的日子。曾經跑遍全世界衝浪的克里斯·馬洛伊（Chris Malloy）現在是電影監製和牧場主人，他在描述自己回歸平凡生活的時候說：「不是每個衝浪客都能夠在做這些鳥事幾十年之後都還能有幸福快

---

⑬《超人崛起》（*The Rise of Superman: Decoding the Science of Ultimate Human Performance* [New York: Houghton Mifflin Harcout, 2014]）。

樂的感覺。我想這大概有點像創傷後症候群吧……我很難再感到興奮不已。再也不會有那種快感了。這種感覺真是糟透了。」⑭

在柏拉圖的《高吉亞斯》（*Gorgias*）裡，蘇格拉底比較了兩個甕，一個完整無缺，另一個則有道裂口。擁有完好的甕的那人能放心自己昂貴的牛奶、蜂蜜和糖都安全無虞，所以自己不用努力保住這些東西；「他能輕鬆以對」。而有裂縫的甕象徵的就是追尋快樂的享樂主義者，必須不斷重新填滿內容，這就讓甕的主人感到焦躁，總是害怕滲漏虧空，一刻也無法感到幸福美滿；「他被迫要不斷填滿〔那個甕〕，夜以繼日，不然就得遭受極大的痛苦。」

與蘇格拉底對話的，是機智的卡利克雷斯（Callicles），他反過來論證說那個有裂縫的甕才是真正的幸福之道，因為快樂其實是來自於「儘量注入愈多愈好」。令人欽慕的人會「讓自己的胃口愈大愈好，而不會加以限制。一旦他的胃口愈大，就應該愈能努力運用自己的勇敢與才智，盡力獲取他當時想獲得的東西。」⑮幸福就來自於拚命追逐。

幸運的衝浪客比較像擁有完整的甕的那個人。衝浪客因為能夠定期去衝浪而超脫俗世，因而也能安守平凡，在日常生活中找到無窮樂趣。當來了個超完美的浪頭，讓人在超脫自己的狂喜中完全忘卻自我時，那真是感覺超棒。不過，大部分日子裡，生活總是排滿了尋常事項，能在平凡的波浪中和諧地連結超越界已經很不錯了，而我們也還可以再繼續等待下一波浪頭、下一波湧浪，在蒼茫天色下，由一道微弱的洋流，映照著漆黑深海周圍的銀亮色澤緩緩而來。在領會流動的時候，還有另一種彼此連結的溫和喜悅，能讓人從俗世凡務流向無憂無慮，即使再乏味的瑣事，也能從容應付，游刃有餘。

狂喜的幸福感——不管是因為駕乘大浪、悟道涅槃，或是在教堂裡充滿聖靈——大抵上是值得追求的，如果你能夠暫時遠離工作的話就行。但即使是對那些試圖看到那片美麗景象的人來說，高峰也仍只有偶爾才出現，而且往往一閃即逝。追逐這件事本身也很刺激，可是卻不能當成平靜度日的穩定基礎。如果我們的幸福**只能是**高峰狀態，或是每天都得穩定增加——因為日常生活中的尋常波浪都只是平凡、呆板、無趣的，一點也不夠刺激——嗯，那麼我們就算見過再多的大山大浪，也仍會時常覺得不夠滿意。坦白說，這種態度就是對於自己能當個衝浪客的莫大好命毫無感恩之心。心流就跟愛情一模一樣：你就只需要等待就好。你要堅貞地守候，

---

⑭同前註，p.161。心流基因組計畫（Flow Genome Project）的執行導演傑米．惠爾（Jamie Wheal）就說，這種「心流的黑夜」對那些以為心流狀態裡的神奇放鬆就是人生目標的「幸福毒蟲」是種可怕的危害，所以這些人可能會開始吸毒。但是如果「幸福毒蟲」和尋求心流的正常人之間真的有所不同，那或許該問問究竟這之間的差別如何解釋（同前註，p.160-61）。克特勒自己就說心流是一種「道德中立」的技術，可以為善或為惡，所以也確實可能遭到濫用。他建議在「心流之路」上尋尋覓覓的人不要只聽從「享樂本能」的驅使，也得接受「自主」、「精進」和「正確目標」等目的的指引（p.164-65）。

⑮見柏拉圖《高吉亞斯》。

無論好壞，不管病痛或健康，都得要接受平凡生活的起起伏伏。

心流「開關」是比較可能引發心流經驗，但也**只是**比較可能而已。這種「開關」只對堅持不斷練習的人才有實質作用。世上沒有什麼真正能開啟心流的「祕訣」，我們沒辦法藉由嗑藥、改變飲食習慣和多曬太陽，讓大腦裡多一點化學物質就進入心流狀態。想進入那狀態，即使在休息、暫停時，在正常人生都會有的下坡與低谷時，都還必須有心持續下去才行。我們是可以靠情緒管理推自己一把。而建造建築的設計師也好，打造社會的工程師也好，只要時間夠長，他們都能夠幫我們多做一點進入心流經驗的準備，他們能穩定地減少些生活的低谷，也能逐步地提升我們的經驗品質水準——不管是在工作中、在博物館裡，還是在街道上。我們可以少做點工作，多一點閒暇時間和彈性，去做更能經常帶給我們心流經驗的藝術創作。有少數人能聘雇優秀建築師打造夢幻住家，所以**他們**說不定很容易就能進入心流狀態。但即使如此，就像柏拉圖和亞里斯多德會說的，人真正的住家是自己的「靈魂」，是整個人的人格、品行，和自己在世界中所處地位的整體安排，而這完完全全受到命運所擺佈。個人的幸福只能夠不斷地逐步實現。正如**亞里斯多德**所說：「**光是看到一隻燕子或是光有一天好天氣還不能說春天已經來臨了，所以一個人的幸福也不是光靠一天或短期的好運所致。**」

藝術家和衝浪客都懂得等待的重要。成功的藝術創作不一定來自於努力，也不必然專屬於那些天賦異稟、空間概念特別好、具有絕對音感，或是特別機智幽默的人。**成功會降臨在那些熬過創作過程中的低潮、憤怒、焦躁與不安的人身上，**會降臨在那些懂得保持開放心態，能領會調節得夠久，讓想像中的大致景象逐漸成形，落實成為掛在大家面前的藝術品、電影、小說或芭蕾舞的人身上。藝術創作的堅貞信徒學會等待靈光一閃，等靈感來臨、水到渠成的那個時刻。用不著太久，創意的流動就會在某個時刻回流到他們身上，他們抱持希望和信任等待，這樣能夠在心流狀態出現時準備妥當。有一次，人家問爵士樂手桑尼・羅林斯（Sonny Rollings）為什麼已經這麼成功了，還成天在練薩克斯風？他說他希望靈感來的時候自己剛好在場。⑯什麼儀式或流程其實都沒用。任何成功的辦法都是可一而不可再；所有熱血的社會運動也總會走向墨守成規，甚至成了種邪教；新酒可不能裝在舊瓶裡啊！我們是可以提高進入心流狀態的機率，多試試各種不同可能有效的方式，相信命運總會安排心流再次出現，但是我們也只能賭在不斷練習上頭。想要控制心流、認為心流只不過是主宰了自己或周遭環境的這份**期待**，只會變出無聊的老把戲，更甭提隨之而來的挫折和不滿了。

無論現代或古代，斯多噶學派對自我主宰的說法都太小看命運的影響，太輕忽我們無法掌握和控制的外在事物，忽視我們甚至也掌控不了我們自己。如果只靠我們好好訓練自己心態的話，那麼幸福並不操之在我們手中。想要擁有滿意的人生，那美妙的「心流狀態」就顯得太過偶然而短暫了。真正的喜悅和幸福都是隨著我們無法控制的各種美好因緣而出現，我們只能藉

---

⑯主持這段訪問的是傑克・麥克瑞（Jack McCray），訪問見：http://jazzartistsofcharleston.org/sonny-the-times-and-pbs/。

著不斷練習，才能夠遨遊其上。

平凡的重要

亞里斯多德說過，我們就是自己的重複行動。我們的某種技巧之所以傑出，不是單看一個行動，而是來自一種行動的習慣。後來建立了現代心理學的哲學家威廉·詹姆斯（William James）也說明了我們如何從習慣中成就卓越：

> 將我們日常生活中的愈多細節交給不費力的自動化過程，我們心靈的高等能力就愈能自由發揮適合的功能。沒有誰比只會猶豫不決的人更悲慘，我們每次抽菸、每次喝酒、每天起床、每晚睡覺、決定每份工作怎麼開頭，全都是有意思考之後的表現。⑰

勤練能夠省下注意力。注意力是種有限的資源，練習能讓我們省下對這件事的注意力，轉到其他方面去。我早年衝浪的時候必須努力想辦法在做長切浪時壓上全身的重量。但是在切過上千次浪之後，就養成了習慣；我現在自然而然就能做出長切浪來。這讓我的心靈空了下來，可以去想怎麼做出更小的迴轉，或是可以注意下個波浪的時刻，做好加速準備。我因為經常練習，「交給不費力的自動化過程」養成了各種習慣，因而讓我的思緒能夠進一步提升到下一個境界。我現在就可以更專注在那些精采絕倫的事物上。我練習得愈多，就愈能自由享受波浪的每個新面向，也愈能夠對波浪有所領會。

這就是自我超脫的平凡基礎。在自我意識中丟棄自我只是個丟棄多少的程度問題。⑱我訓練出來的反射反應是可以調節的動作模式，是整套配合當下行動調節的技巧。該用到這些技巧的時候，我知道在什麼時刻、什麼行進方向怎麼運用這套技巧，完全不需多想。我練習了這麼久，已經養成了自動習慣，這能讓我的思緒涵蓋變化多端的各種情境，決定是要注意自己或動作，還是什麼都不管，端看我當時究竟要做什麼。偶爾我也會**全然**浸淫在身處波浪中的時刻，只看得見我正在上頭奔騰的浪壁。我已經練習到能讓自我完全消退到意識的背景後方，我這時可能完全不知道自己的身體在做什麼，或者也可能突然有時間可以看看自己的腳在哪裡。不過，其他時候我還是清楚地知道這些事，因為我在這時是全心全意地注意身體重心如何擺放，還有我現在該朝向波浪的哪個部位前進，只在偶然的剎那間才會完全自我消融。

注意力的流暢轉換雖然在運動項目上格外重要，但是也能幫助處理日常事務。我們幾乎多

---

⑰《心理學原理》（*The Principle of Psychology* [1890; New York: Cosimo, 2007]）。

⑱這種注意力轉移的狀況會出現在頂尖運動員身上，見約翰・薩頓（John Sutton）等人合著的〈反射反應中的智能〉（"Applying Intelligence to the Reflexes: Embodied Skills and Habits Between Dreyfus and Descartes," *Journal of the British Society of Phenomenology* 42, no. 1 [2011], pp. 78-103）。

少都會埋首於某件事物之中。我知道怎麼穿過走廊，打開門，去看看是誰坐在房裡；我轉動門把，而且這時候就像海德格所說的一樣，我通常不會去想我的手正放在門把上。轉動門把當然還是**我**主動去做的動作，就算不經大腦，但是我早已經對這條走廊和周遭世界熟門熟路，做過太多次了。而我這個動作在我進房間時，會自動退到意識後方，讓我只注意著答應我要來參加宴會的那位朋友究竟來了沒。

所以說，衝浪也能在日常生活中帶來自我超脫。我確實在發揮技巧的實踐流動中連結到超越我以外的事物，在這道意識的波浪上滑行。我可能在這瞬間完全丟棄掉自我，但是這未必會是什麼宗教上或自然中的狂喜或神祕經驗，更不會是在形上學中的那種消融自我，與萬化合一。衝浪客的自我超脫基礎其實很平凡，就在日復一日的衝浪裡，就在每天不斷的練習裡。超凡也得先藉助於平凡，如果你喜歡狂喜的感覺，那你也得重視這份穩固的根基。

宇宙洪流

寫出《戰爭與和平》的偉大作家托爾斯泰在焦慮地思考人生的可能意義時，拒絕了空洞的伊比鳩魯主義，因為他們尋求的那種幸福只是當下的快樂。衝浪客也贊同托爾斯泰的看法：如果衝浪只是關於當下的快樂，就不足以提供什麼意義了。衝浪客並不特別追求快樂、休閒時光或短暫的幸福。要是人生真的沒有更重大的意義，那我猜大家也許就會只追求大吃大喝、衝浪、無憂無慮的快樂了，反正人總有一死嘛！但是衝浪並不是只能當作人生終幕；衝浪也值得當成我們整個人生的故事發展。說到底，衝浪本身的單純愉悅是關於某個超越我們存在狀態的事物，而衝浪的意義也會是讓整個人生歷程平和滿足的堅實基礎。

人生要能平和並不是意味著沒有掙扎或壓力，而是在完全察覺這個世界一團混亂的情況下，還能接受這世界的模樣，確保自己存在於這世界之中的意義。

這麼說可能會惹惱自然主義者、宗教人士，還有四處跑趴的那些派對動物，因為他們遲早都得面對在自然、宗教或社會中的狂喜**消退後**的那一天。一旦停止了對那份沉迷的追逐，塵囂散去——當你還懸在半空，徬徨無依，需要更進一步，想更了解這一切高峰經驗究竟有什麼意義，那這陣喧鬧之後究竟還留下什麼呢？

這問題如今在人類歷史上最血腥的世紀之初更是迴盪不已。奇克森特米海伊在詢問歷經猶太大屠殺的倖存者如何找到人生意義之後，才得出了「心流」這結論。但是如果心流真的如他所說，只是種「高峰經驗」，那就很難了解怎麼在刺激追逐心流之外還能提供平和滿足的基礎。這是不是拿工作或快樂來當作幌子，就此**避而不談**意義問題了呢？也許經驗到流動是比一時的快樂更好，因為心流持續較久、向前瞻望，或是能增加自我層次，所以**讓人覺得**充滿意義。說不定在一個執迷於生產力的社會裡，我們也會把工作無止盡的短暫經驗當作很有意義，因為在「逼迫自己」做些相對無意義的事來換取金錢或地位的時候，我們也會經驗到某種流動。這當然可能完全是種癡人說夢。大部分人都靠著意志力和自我決定，帶著一股怒氣迎向隔天的工作，因為就像沙特所說的，這是該負的責任（生孩子、付帳單，諸如此類的）。十九世紀的法國詩人波特萊爾（Charles Baudelaire）說過：「人一定會去工作，就算不是出於興趣，至少也是出於絕望。因為若把所有的事情簡化成一條真理，那就是工作至少不像享受那麼無聊。」⑲好吧，他擺明了不是個衝浪客（除非他會把衝浪這種技巧當成「工作」，然後說這比獨自發呆或自慰等取悅自己的活動有趣得多）。但是為了金錢或「生產力」而工作的「趣味」難道不是在複製一種毫無意義的存在，難道真的不是種幌子？

「順應潮流」這譬喻要說的是種更宏大的對象，是更能安撫我們不安靈魂的東西。你知道的，這世上有一種超越我們主觀意識流的**流動**。它也許讓我們像是沐浴在溫暖的水流中，也可能像是浸在水流和緩的大河裡，它徐徐地流動，恣意漫延，但終究會流到始終很棒的地方。或者別管這種想像，重點是你即使在平日生活裡也可以跳脫平凡無奇，在每日常軌中可以優雅面對，能全心全意地處理枯燥瑣碎的煩人雜務，卻還保持平心靜氣。

在斯多噶學派對這景象的想像中，整個宇宙都按照著理性秩序安排妥當。我們可以相信不在我們控制之內的事物終究會依照整個宇宙的法則與目的而有結果。就像大家現在常說的：「凡事必有因。」也許這是上帝神明的藍圖，也許是宇宙業力的安排。對斯多噶學派來說，一件事情若要有所不同，幾乎不可能不去改變世上其他所有事情，連同在形上學裡遙遠的那些可能世界也一樣。執著於僅僅可能會怎樣，但終究不會實現的事根本毫無意義，所以，就算早就注定會發生的事看似我們歹命才會遇到，我們也應該認命接受，就像一條綁在馬車旁的狗開心地追著馬車狂奔一樣。要是嫌這說法太古板，那麼十八世紀的德國哲學家兼數學家萊布尼茲（G. W. Leibniz）還有更了不起的說法：我們這世界不只理性而且值得相信，更是在所有可能世界中**最好的**一個。我們不需要控制任何事，因為沒有人能夠活得比命中注定的還要更好或更糟。對萊布尼茲和斯多噶學派而言，我們的不安來自於無法接受世界現在就是這模樣，也不能接受世界未來的模樣。如果我們能夠想辦法接受這一切，就能夠找到宇宙中的那股洪流，安住其中，平靜自得。

不過「順應潮流」這個譬喻也可能僅僅是個譬喻而已，理由很簡單：根本就沒有所謂的宇宙洪流。這個譬喻並不帶任何字面上的意義；只會喚起堂吉訶德式的哲學幻想而已。伏爾泰在《憨第德》（*Candide*）中就質疑過萊布尼茲，所有可能世界中最好的一個怎麼會出現里斯本大地震？更甭提我們現在還可以再加上一句：**怎麼會出現納粹**？難道就沒有一個更好的可能世界，讓中庸力量能夠阻擋喪心病狂的史達林或波布（Pol Pot）掌權嗎？二十世紀中葉前的腥風血雨解釋了為何沙特會起而批評抽象道德的荒謬、武斷和侷限。到底該不該不顧家中需人照顧的老母，加入解放法國反抗軍對抗納粹德國呢？還是該待在家中盡孝，不管國內男女同胞呢？這都是那時法國人所面臨的迫切問題，不只是抽象的思考習題。沙特說得對，康德著名的「定言令式」（categorical imperative）——依照每個人在這個處境下都會做的決定來行動——其實給不出

---

⑲《私人日記》（*Journaux intimes* [Paris: Mercure de France, 1938]），p.16。

什麼確切答案。要填補這抽象的指引，我們就必須自己進一步判斷究竟什麼行動才能夠當作普遍法則來實踐。（比方說，如果每個人都在郵局排隊時插隊，到最後就不會有隊伍可插了；所以人人都必須依序等待，不能說「自己例外」。可是事實上很少有這麼截然二分的情況。）至於要不要加入反抗軍，那又該怎麼做？你會待在家裡，還是會奔赴戰場？⑳

如果科學真的找出了某種理性秩序，按照數學化的物理規律法則運行，這宇宙讓我們遭受邪惡與痛苦的折磨（更甭提人會犯蠢的這個大麻煩）就不是不理性的。那麼，在所有可能世界中最好的這一個世界裡，我們難道不是因為生態豐富的幻覺而設法努力賺錢，卻破壞了地球氣候，讓文明崩潰，殃及千千萬萬人口與後代嗎？上帝怎麼會讓這種事發生呢？我們又怎麼會這麼蠢呢？（上帝怎麼會讓我們這麼蠢？又怎麼會有那麼多笨蛋以為上帝不會讓我們那麼蠢？）既然知道生態末日迫在眉睫，這列眼看即將失事的歷史列車又有什麼「理性秩序」可言？要是這些問題沒有直接的答案，那又該如何？投降嗎？我們應該徹底放棄，或是自殺抗議，還是躲到相對清明、安全的小島上，在大門深鎖的豪宅裡等著？我們能接受自身的處境，能夠安然處之嗎？

沙特說我們是被拋棄到荒謬之中。但是既然這世界並沒有什麼明白確切的意義可言，或許我們可以有個比較像衝浪客的結論：我們其實面對的意義**太多了**。**有太多的事情值得做**，有太多合理的道路能走，而且幾乎每個重大決定中所充斥的各種價值也都各有太多該做的理由了。在這個自我決定的時代裡，我們總算不再透過比較各種生活方式才決定自己的最佳生活是什麼模樣。而且就算是我也不得不含淚承認：即使是身兼衝浪客和哲學家的這種生活，也不能夠說就是對誰最棒的人生。沒有哪個人的人生是最完美的。（衝浪客當然不會想要人人都來衝浪，因為那樣海邊就太擠了。）那我們還能夠有一套普遍的倫理學嗎？當然了：別把事情弄得更糟；試著讓事情更好一點；在這一片蒼茫之中找些值得的美好事物去做吧——比方說，衝浪。可是任何倫理學都必須寬鬆到能讓每個人都有足夠的自由，才能創造出各式各樣值得過的人生。但是不管我們是要氣自己有太多好選項可選，還是氣老天不公平，讓自己顧不了方方面面，我們每個人都得依照自己所處的情境和性向來繪製人生的細節。㉑

當然，這世界可能依舊荒謬地醜惡、不義、不真實，讓人就是無法完全接納自己的模樣，怎麼樣都覺得不自在、不舒坦。斯多噶學派對這種不適的解決方式是指出萬事萬物都有其發生的原因：如果所有可怕的事不是照這個樣子發生，那麼可能還會更糟。這或許能夠讓人比較甘心接受既成的事實，但未免也有點太隨便了，只不過比拍拍你肩膀好一點而已。如果這樣的想法還不能讓所有人安心，我們便會懷疑究竟能不能找到什麼理由來接受自己所處的人類境況。

---

⑳見《存在主義是一種人文主義》。

㉑如果上帝或任何宗教都沒辦法給出明確的道路，會不會是因為有太多太多可能正確的答案？有可能。但是這樣一來，我們就要問：為什麼非得要有一套鉅細靡遺的劇本來規定我們該怎麼過活？為什麼慈愛的上帝要寫這樣一套劇本？說不定上帝很有創意，會想要人家跟祂共同創作呢？

可是人家說，永遠都還有希望。我們是因為事物可能的模樣或最終的樣子而接受它。說不定道德宇宙的發展路途雖然漫長，卻終究會走向正義的結局，就像馬丁路德．金恩博士說的一樣。只有當人人都寡廉鮮恥、憤世嫉俗到無可救藥的地步，沒有一絲進步的合理可能時，你才能舉手投降。㉒如果我們至少能合理期待人類將來還能繼續進步飛快，就算偶有重大倒退，那我們現在為長遠的未來多做一點，也算是完全地合情合理。若真的憑著這份信念努力過了，至少我們在回顧過去時就能說自己不枉此生，安心長眠，儘管這世界目前還是如此乏善可陳。

另一方面，為正義努力也需要不少工夫。或許為了和平而不得不如此。那麼為了正義而努力也足以證成它本身，就像衝浪一樣嗎？致力於慈善事業的好人若要能長此以往，要能堅持信念，就得要在這之中找到喜悅，就像衝浪客在衝浪中感受到的喜悅一樣。慈善家能從受到幫助的人身上發現喜悅，也能在甜美而輕鬆的人際連結中獲得支持，說不定還可以在某個下午的衝浪或足球比賽中找到平靜。有少數的衝浪客真的是為了「回饋」才去做慈善活動。他們對水充滿感激，所以也似乎特別在意幫助他人獲得乾淨的水。㉓

從先前幾章談到現在，我們大概可以知道衝浪客對意義的看法了。價值基本上是單純的，但是價值間的平衡則是複雜的，而價值間要如何交換、怎麼選擇最值得做的，則是關於要如何生活的大哉問。人生有其荒謬處，我們大概預期得到，也或許能樂在其中。至於人生的意義究竟是什麼，綜觀古今，尚找不出個標準答案來。但是我們也已經有了從自身處境中探尋意義的好理由，足以令人安身立命了。我們不需要從生活中退縮，反而可以更努力練習領會周遭的一切。因為衝浪客在各種關係連結（甚至只是在平凡的浪頭上划行）中所得到的那份喜悅，就是在雜糅了種種美與醜、幸與不幸、正義與不義的崇高事物裡尋得平靜的真實基礎。我們可以不再吹毛求疵，放下憤恚不安；我們只需要去**從事**有價值的活動，讓自己感謝能在有限的生命中遇到這美好的一切，就可以感到欣快萬分。

所以我們能說：流動是一種和超越自己之外的世界彼此相連的關係。但是怎麼達到這種自我超脫呢？而人的存在又要怎麼解釋這種可能性呢？

㉒康德說得黯然：「要是沒有了正義，人類就沒有繼續活在世上的價值。」（《道德形上學》[*The Metaphysics of Morals*]）羅爾斯在寫《萬民法》（*The Law of Peoples* [Cambridge, Mass.: Harvard University Press, 1995]）的時候，心裡也在想著二次大戰，所以他說如果「合理正義」的社會秩序「不可能存在，而且大部分的人就算不是自私自利到無可救藥的地步，至少也是不道德的，而我們大概就會跟康德一樣問道：人類值得活在這世界上嗎？」

㉓見 http://www.surfaid.org。我和尼亞斯島的達勉・沃合作的計畫見：http://www.helpavillagewith.us。

5 存有

在那片靜謐中聽見聲音時，我感到身體有了力氣，噁心的感覺退去了……音樂拉長、擴大、像水柱一樣湧起來了……我就在音樂**裡頭**……我手臂的動作彷彿變成了主旋律，隨著女黑人的歌聲擺動；我看起來就像在跳舞一樣。

——沙特《嘔吐》（*Nausea*）

衝浪客是有福的，但他們並沒有那麼特別。對選擇了衝浪當作人生目的的衝浪客來說，衝浪就是要表達出人性，而人類的本性就是懂得調節的存有。

立定方向

這平凡的一天，沙特《嘔吐》中的主角安東．羅岡丹（Antoine Roquentin）正坐在公園的長椅上，突然在一棵老栗樹糾纏盤結的漆黑樹根中遇到了「存有」本身。羅岡丹說：

我就坐在那裡，屈著身，低著頭，孤伶伶的在那一團扭曲的漆黑前面，那張牙舞爪的模樣實在是嚇到我了。然後我突然就看到了那幅景象，嚇得我不能呼吸。原來在最近這幾天之前，我根本就從來不懂「存在」的意義是什麼。我就像其他人一樣，就像穿著妖豔春裝走在海邊的那些人一樣。我和他們一樣會說：「海是綠色的；在那上面的白色斑點**是**隻海鷗。」可是我並不覺得海存在著，也不覺得那海鷗是隻「存在著的海鷗」；存在經常隱藏著自己。它就在那裡，就在我們身邊，就在我們裡頭，就是**我們自己**，你說話沒辦法不提到它，卻也永遠觸碰不到它。當我相信自己正在想著存在時，我也一定相信自己什麼也沒在想，我的腦子裡一片空白，或者說在我腦海裡只有一個詞：「存在」。不然我就是在想著……我該怎麼說呢？我在想著「屬於」，我在告訴自己：海是屬於綠色的事物，或者說綠色是屬於海的一種性質。但是即使我在看著什麼東西時，我都絕不是只在幻想這些東西存在著：這些東西在我看來就像是布景一樣。我可以拿在手裡，當作工具使用，可以預想得到觸碰時的抗力。但這一切都只是發生在表面的事。如果有人問我什麼是存在，我可能會很有信心地回答說它什麼都不是，就只是個添加在外在事物上而不改變那些事物本性的一種空洞形式。然而剎那之間，一切都豁然開朗了：存在突然揭開了它自身的面貌。它拋棄了抽象範疇那份無害的外表：它就是所有事物的那團本身，這樹根就深深扎在存在裡頭。要不然這樹根、這公園大門、這長椅、這片草地全都早就消失了：事物之間的差異與個別不同，只不過是種表象，是一層糖衣。而現在這層糖衣融化了，露出了柔軟卻凶猛的那團混亂——赤裸裸的，就那樣讓人害怕、噁心地赤裸著。

羅岡丹覺得一陣噁心。這種心情「悄悄地、一點一點地」侵襲著他，而在他記錄下來之後，就更「揮之不去」了。他想要把這一切平凡的事項全都呈現出來，寫下每個日子的點點滴滴，細微末節都不放過。他要仔細分類，「看個清楚」。但他赫然發現，自己這份想望原來是多麼空虛，而他這份茫然的根源，乃是因為描述性語言竟是極端有限。他搜盡枯腸，卻怎麼樣也抓不著能說出「存在」本身的字眼，讓人能直接面對就在那裡，就在那糾纏交錯、張牙舞爪的樹根裡的「存在」，而自己和它一比，不過就只是現實中的一團東西，就只是**出現在路上**而已。在語言和現實間的鴻溝上雪上加霜的是，字詞甚至連要捕捉自己的失敗都失敗了。照維根斯坦所說，我們欠缺了能夠精煉出語言如何「描繪」（picture）實在的概念，只好使用各式各樣的譬喻（比方講，就是這裡所說的「描繪」）。一旦了解到這一點，我們就能一腳踢開讓我們能爬到這高處的哲學梯子，注意看著那始終無以名狀的「神祕」。

這完全推翻了現代西方人那套對控制的想法。我們若要透過科學和聰明的決策來丈量、預測、組織和操縱這個世界，這世界就一定得要能夠用語言來**描述**才行。可是如果這世界毫無章法、狂亂自行，而且我們既然無法用語言來描述，進而控制這世界，那我們又要怎麼知道自己的方向，要怎麼在不停的變化中維持方向前進？現代西方人信心滿滿地假定了自然界有理可循。科學可以超越我們的個人觀點，找出自然界的客觀法則。我們可以從一個無關個人的中立觀點來認識世界，或者是——最終孕育出科學革命的宗教版本——從上帝的眼光來追索上帝創造世界時的思路。但是這一切都得建立在這種疏離的觀點上站得住腳才行。如果我們不能相信自己可以採取中立觀點，不能從**永恆視角**來看待這一切，我們就像被拋進了羅岡丹的那陣噁心之中。因為期望過高，結果反而深深失落的後現代主義者，也就因此投入了絕望和不信任之中，亟需一個更安穩的基礎。不要繼續在海裡茫然漂流、毫無定向了。

衝浪客很容易就會問：「不然你還想怎麼樣？」衝浪客從來就不太相信語言，包括各種理論、世界觀，或是任何文本。就連科學也像邏輯實證論者奧圖．紐拉特（Otto Neurath）所想像的一樣，好比是一艘漂流在海上的破船：「我們就像一群必須在大海上修補船隻的水手，永遠沒辦法進碼頭將這艘船拆解開來，找出最好的零件再重新組裝。」好的理論需要不斷修正；我們在得到新證據時就會調整信念，而且不只在科學上如此，所有的理性信念也都是這樣。①對衝

---

①安迪．克拉克在《在不確定性中衝浪》裡，採取了貝葉斯說我們如何根據新證據做出理性修正的分

浪客而言，完全不需要覺得茫然；人在瞬息變化的大海**之中**還是能夠有所定向，只要你知道自己在做些什麼就好了。不是靠精煉語言文字，也不是靠理論、神學或任何權威性的真理，而是要靠懂得怎麼身處在波浪之中。這不是完全靠思索、確定、命題性知識，而是懂得如何在四面八方包圍著你的這世界中好好地去領會調節。

如果某個晴朗的下午你剛好在公園裡散步或滑滑板，見到了老栗樹亂成一團的樹根揭露出了存在本身，說不定你會覺得超爽，而不是像羅岡丹那樣嚇得半死。既然你只能活在現實中、感覺這現實，那當你能更貼近那些超越語言、超越哲學或科學真理的現實時，為什麼不從中尋找喜悅與讚嘆呢？羅岡丹每次都從音樂聲中甩開那份噁心——因為他從音樂裡有所領會。「對這音樂的需求就是如此強烈。」可是他還是煩惱著「要讓這唱片停止是這麼簡單」，說不定只要一根「彈簧斷了」就夠了。②就算領會調節真的有效，又怎麼能夠成為存在的穩定、正常方式呢？不過，對衝浪客來說，領會調節是真的有效。在感覺與天地萬物相連的日子裡，在等著波浪開始今日衝浪行程的下午裡，在翻湧不息的海裡，公園裡的樹木也好，音樂也好，波浪也好，這一切全都很好。等到好浪頭來了，我們就隨著波浪攀上前去吧。

海德格將人類的「存在」處境稱為「在世存有」（being-in-the-world），意味著人是**參與**（engage）著某個特殊背景，懂得如何依照個人的「生活世界」定義方式行事。我們每天生活的意義都是來自我們的生活文化，我們整個人融入在文化技巧與事務中，在這些技巧運用中了解我們自己。③但是對沙特來說，自由是指從文化母體中解放**出來**，人可以選擇不要投身在這文化之中。兩種觀點看來都有點道理，但衝浪客會說海德格和沙特都忽略了一種可能：人可以同時既自由又隨波逐流，如果可以對自然界裡的海洋和波浪有所領會，就能夠自由進入或超越個人所處的社會界。

像個女生一樣衝浪

真的有「像個女生一樣丟球」這種事嗎？一九六〇年代的心理學家爾文・史特勞斯（Erwin Straus）說真的有：

> 五歲的小女孩……不會把手伸向側邊；也不會扭轉軀幹；不會跨開腳步，反而保持併攏。她準備投球的姿勢就只有把右手向前平舉，然後向後抬起前臂，掌心向內……同齡的男孩在準備投球時，會將右臂向側邊伸展，往後拉開；前臂伸直，掌心向外；扭

析，當成說明動物和人類知覺與行動的完整理論。按這套說法，「預測腦」是天生就善於調節，所以談衝浪客的腦子其實就是在談人腦。我們稍後會再回來談大腦。

② 《嘔吐》。

③ 這是德雷弗斯對海德格《存有與時間》的詮釋。

轉軀幹；然後將右腳向後踏。在這姿勢下，他幾乎可以用上全身力量來投出這一球。④

女孩子在這麼稚嫩年紀的投球姿勢就是女孩兒樣，讓史特勞斯覺得很難解釋為什麼會和男孩子有這麼顯著的差異。他最後下了結論：這一定是因為女孩子具備了「女性本質」。女性主義先鋒（也是沙特情人的）西蒙波娃對這種說法回道：沒錯，女孩和女人彷彿背負著一種恐怖而神祕的重擔，在青春期、月經、懷孕期間會覺得負擔沉重，覺得自己的個體性和能力都被限縮在身體的限制中。但是史特勞斯你錯了，沒有你所謂固定的「女性本質」。什麼受到乳房或荷爾蒙的影響，全都是社會建構出來的說法。⑤所以如果有女生在運動時用「女孩子」的方式投球（這或許不是女生丟鑰匙的方式），也同樣是文化的流動產物，是從小教養的結果。

為什麼女性在公車上經常坐得拘謹萬分，兩腳交叉，雙臂環抱，而男性卻往往就直接向後斜躺，雙腿大開？也許是因為怕顯得「放蕩」，而且保持一副冷面孔的模樣，適足以避免人家對自己上下打量吧。這理由聽起來挺合理的，完全不用談坐在外頭要什麼「女性本質」。那為什麼有那麼多男性在擁擠的公車或地鐵上坐著時還要「雙腿大開」呢？難道這是「男性本質」嗎？還是說（根據某位女性的理論）他們只是在保持胯下通風？這種人很可能只是白目，讓別人難以開口要個座位，因為他老媽從小就沒教好他，而且，你懂的，他老爸和整個文化又總是叫他要佔盡一切資源，才能夠「像個男人」。⑥

如果人人在自己的角色與表現之外都沒有所謂是男是女的本質，那麼會是性別文化阻止了人順應潮流，讓人無法徹底領會嗎？是這樣的文化限制了流動與自由嗎？

性別與衝浪都是文化的一部分，所以你猜得到它們都會隨著時代而有所變遷。⑦夏威夷的衝浪運動就像更早之前在祕魯的發展情況一樣，男女都有平等機會參與。女王自己也會下水衝浪。自二戰戰後以來，下水衝浪的主要都是男性；但近年來，女孩們也紛紛回到大海的懷抱裡了。美國一九七〇年代教育修正法案第九條（Title IX）等政策鼓勵了女孩參與運動，時至今日，女性衝浪市場和女性職業衝浪更是蓬勃發展。綺拉．肯納利（Keala Kennelly）就一直在大溪

---

④見爾文．史特勞斯〈直立姿勢〉（"The Upright Posture," *Phenomenological Psychology* [New York: Basic Books, 1966], pp. 157-60）一文。

⑤《第二性》。

⑥根據女性主義者茱蒂絲．巴特勒（Judith Butler）的說法，這種人幾乎是在進行一種戲劇表演。巴特勒擷取了梅洛—龐蒂的理論，認為我們的性別角色只不過是一種表演。見〈表演行為與性別建構〉（"Performing Acts and Gender Constitution: An Essay in Phenomenology and Feminist Theory," *Theatre Journal* 40, no. 4 [Dec. 1988]）。

⑦在歷史上也確實如此，見威斯威克與鈕舒的《漩渦中的世界》。

地的裘瀑（Teahupoo）追逐超級大浪，而那可是以前人家說「帶種」的男人才敢做的事。最重要的是，現在有愈來愈多自信的女生出來享受浪濤之樂了。⑧

不過，平均說來，男女衝浪的方式不太相同。在我成長階段，主要的差異可以靠重力解釋：女人以臀部為中心，而男人則以軀體為中心，女人有點……嗯，你知道的，不太容易做出流暢而穩定的動作……或是某種動作。然後麗莎・安德生（Lisa Anderson）橫空出世，拿下了世界冠軍，打破了大家認為女人不可能在衝浪上贏過男人的想法。而在那同時，她也被人家說是「衝浪衝得像個男生一樣」——當時這可是種讚美。⑨儘管風氣已經普遍轉變，而且有那麼多品牌主打女性客群，但是衝浪的主流風格和技術標準還是以男人為準。

現在有很多女性都衝得比大部分男人更好了，一般的男性衝浪客不該為此感到大煞男性威風。⑩男人不用感到自己很「弱」、「遜」，不用「重力型衝浪」那種強悍標準，不用非使出那種大動作、大切浪、大噴濺才行。衝浪變得愈來愈兼容並蓄了。新式的空中迴旋動作通常很溫柔、很講技巧，甚至還包括被動的環節，能躺下來休息。衝浪非常像芭蕾舞——而且芭蕾舞其實比刻板印象中的芭蕾舞女演員「陽剛」多了，畢竟跳的時候必須要展現出控制、速度與力道來。但在衝浪中最重要的就是流動、平衡、優雅、有自己的風格，即使連在做出強力切浪時也是這樣。而這些不都是被認為是「陰柔」的特質嗎？⑪

所以說，衝浪最棒的一點會不會就是完美雜糅了各種性別的特徵，或是性別中立，甚至是超越性別呢？

前世界冠軍裘爾．帕金森（Joel Parkinson）被大家認為是夢幻衝浪手，只是他在比賽時也往往因為展露非凡絕活的模樣太過輕鬆而遭到低估。（他最近在比賽裡就會刻意使勁迴轉，好展現出那種技巧的難度。）一般說來，無論男女都會隨年紀增長，愈來愈顯不出性別特徵。年輕

---

⑧文化理論家克莉絲塔．康莫（Krista Comer）解釋道，雖然第二波女性主義努力提倡女人不是女孩的概念，但對許多女人來說，衝浪時像個「女孩兒」就已經透過發展技巧和玩得盡興來獲得權力了。女人打著「女孩力量」的招牌，成了一股「由下而上」的全球化力量。布魯斯．布朗一九六六年那部《無盡的夏日》主要鼓舞了男人外出旅行，但居家的懷春玉女形象仍深植人心。女生開始衝浪是在那之後的事。見康莫的《新世界秩序中的衝浪女孩》（*Surfer Girls in the New World Order* [Durham, N.C.: Duke University Press, 2010]）。

⑨麗莎．安德生會成為榜樣也和她為傳統女性注入新概念有關。照康莫的說法，「對年輕的Y世代女孩來說，『麗莎』就是那種絕不妥協的女生，不管是不是在運動場上，都抱持著一套『不管怎樣』的生活哲學。」（見前註）

⑩有一期《衝浪客》（*Surfer*）雜誌封面登了頂尖女性衝浪手凱莉莎．摩爾（Carissa Moore）的照片，標題寫著「她衝得比你好」。這用意就是要嘲笑男人沒用。現在還是有許多衝浪媒體都在主打男性客戶，鼓勵雄性文化。

⑪凱莉莎．摩爾曾在《軌跡》（*Tracks*）雜誌中這樣說過。

世代看起來就大概融合了「男性」與「女性」特徵中最好的部分（例如，年輕一點的男性學會聆聽、問問題，將功勞讓給其他人）。衝浪客是不是做愛做得夠多了，所以才能在超越性別的衝浪時還可以確定自己的性別？衝浪會不會真的是適合全人類的運動？

這點子不錯，但是缺乏了對各種風格差異那份「隨你怎麼衝浪」的包容，多少有些不完整。衝浪就是自由，而這有一部分就表示你能隨心所欲地衝浪。所以也許有些女生衝浪時就是會有女性風格，就算那是性別建構的產物也無妨。我們何不讚揚差異，就像某些女性主義者也讚揚乳房那樣呢？⑫畢竟，風格和其他塑造我們自己的各種建構一樣，都是從人的意識中自然流出的東西。在文化所造成的所有深遠影響裡，男女在舉止風格上的差異也許是來自我們對空間感受的深刻不同吧。

哲學家艾莉斯．瑪麗安．楊（Iris Marion Young）汲取了梅洛—龐蒂對身體的看法，有力地發揮了這個論點。⑬如果身體有生理與社會性別之分，那麼男女對於自己能夠移動的空間感受就會截然不同，從而也形塑了不同的運動動作。女生可以像個女孩那樣丟球，像個女孩那樣走路、坐著、側著頭，像個女孩那樣拿著書，像個女孩那樣衝浪。這不是因為她擁有什麼未經社會建構的「女性本質」，而是因為社會與她從小的教養背景形塑了她對於自己的身體、空間，以及她能不能做什麼動作的基本直觀經驗。⑭

艾莉斯．瑪莉安．楊從自己對這問題的感覺來解釋這現象：

對許多女人來說，運動的時候，身邊就籠罩著一個想像的空間，要我們不能自由活動；我們能夠活動的範圍就只有這個限縮的空間。因此，比方說，在打壘球或排球時，女人通常會比男人更傾向固守在一個位置，不會跳起來也不會跑出去搶球、追球。⑮

用一副女孩兒樣丟球的女生並沒用上全身來丟球；她只用了一隻手，甚至只用了一隻前臂，其他部分動也不動。她也許認為自己沒有辦法拿起重物，低估了自己的力量。而她既然心不在焉，就「沒辦法站穩腳步，靠大腿支撐身體重量」，說不定她會更因此備感挫折，反而促

---

⑫見艾莉斯．瑪麗安．楊（Iris Marion Young）的〈乳房經驗〉（“Breasted Experience: The Look and the Feeling”）一文，收錄於《論女性的身體經驗》（*On Female Body Experience: “Throwing Like a Girl” and Other Essays* [New York: Oxford University Press, 2005]）。

⑬見〈像女孩一樣丟球〉（“Throwing Like a Girl”），同前註。

⑭但這不是說女孩或女人的數學就不好。這份壓抑不一定會滲透到所有的經驗中。不過女性完全受其身體經驗壓抑的刻板印象確實可能會造成數學不好的錯誤印象。如果這時候又遇上不好好鼓勵學習的老師，完全讓女孩自己放牛吃草，的確可能使偏見成真。

⑮同前註（以下引文例同）。

成了自我實現的預言。艾莉斯・瑪莉安・楊說：「我們經常難在肌肉協調、姿勢、平衡和力量上發揮所有潛能。」這是「壓抑心態」，會「主動針對目標說『我辦得到』，但是又不肯全身投入，結果就是自己灌輸了『我辦不到』的信念。」或者說，就像卡莉・蕾（Carly Rae Jepsen）在那首流行歌裡頭唱的一樣：「等你打給我囉？（Call me maybe）」

沙特告訴我們，意識就是自由，所以我們可能會想，為什麼一個自由人不能拋棄社會文化的期待，選擇將自己徹底投入完全放開的活動中，讓自己使出渾身解數？為什麼有那麼多害怕、擔心和遲疑呢？「一般來說，我們女人欠缺了對自己身體能幫助我們達成目標的完整信心。」艾莉斯・瑪莉安・楊如此解釋。有許多女人在練習中建立起信心，而她們所待的學校和家庭也都幫助她們練習。但是用一副女孩兒樣丟球的女人通常會在「矛盾的超越」中開始：她會建立自己的身體空間，卻也同時將自己視為一件要應付、操縱、維持的物體。她的身體經驗到了一份在意識與期望上成就「超越」的活動能力，卻也只被當成一件物體而已。這副身體同時既主動觸碰，也被動受到觸碰，既是主動掌握，也被動遭到掌握，要受人尊重，卻也同時受人形塑雕飾，裝扮炫耀，當成性愛工具使用。

任何一位教練都會告訴你，這樣一心二用會讓人的目光不在那顆球上。無論是女孩或女人，只要被限縮在這樣的存在中，就可能會覺得難以領會自己的身體動作。艾莉斯・瑪莉安・楊將這情況稱為「間斷的統一」（discontinuous unity）：「我們的注意力經常分散在兩方面，一方面是要靠動作完成的目標，另一方面則是必須完成動作，同時又得保護自己身體不受傷害。」

她接著說：

我們經常會覺得身體是個脆弱的負擔，而不是能夠實現目標的媒介。我們會覺得好像必須將注意力放在身體上，才能確保身體會照我們的心意去行動，而不是去注意我們想**利用**身體去完成的事項。⑯

所以，即使我們在完全「上道」的時候能感覺到一種自然和諧，就像梅洛－龐蒂所說的那樣，仍然有可能會心不在焉。男人可能會控制過頭，用盡了全身力氣，卻什麼也領會不到；而女人的「女性空間感」則會讓她的身體不肯使出全力來。不管是什麼理由，他們都沒辦法在衝浪時跟上順暢的流動。

有所領會

在二〇〇四年發生印度洋大海嘯之前，有個沒讀過多少書的斯里蘭卡窮小孩正在看一本人

⑯這裡所談的深層「統一」來自康德的想法，他認為我們所有的思想與經驗都會由「我思」所統一起來。身體也可以在行動中與思想統一，見山謬．陶德斯（Samuel Todes）的《身體與世界》（*Body and World* [Cambridge, Mass.: MIT Press, 2001]）。所以，艾莉斯．瑪麗安．楊所說的這種斷裂也因而特別深邃。

家不要的《國家地理雜誌》。他在那一期雜誌裡學到，如果海面急速向後退去，稍後就會出現碩大無朋、為時許久的大浪，這是因為在深海處發生了地震。某一天，他下到碼頭邊的時候，就看到了這景象。他把握時間去勸服村子裡的所有人趕緊往山丘上避難，而這完全是因為他對海洋力學的全新領會。

對某件事物具備**基礎領會**（basic attunement）的狀態，就表示至少和某種時常出現的型態能夠「同調」（in tune）或「同步」（in sync）。從小提琴發出來的聲波在我聽來是音樂，不是噪音。我透過大腦、聽覺系統和內在的音樂感受來領會所認知到的聲波型態。[17]我這份領會建立在穩定的基礎上，隨著時間經過，隨著聲調變化，隨著它逐漸增強，期待接下來的徹底放鬆。

這種領會通常是靠視、聽、嗅、觸、嚐等五感，將我們周遭世界統合成單一經驗。但也可以不靠意識或慎思而「直覺」到，甚至不需要知道自己為何對這情境有這種感覺的理由，就像消防隊長「就是知道」這棟建築物要爆炸了，趕緊撤離所有人那樣。[18]

對於能夠準確察覺危險礁石和洋流，卻說不出自己怎麼辦到的水手，亞里斯多德的評價是這種人只是「天生好命」。有些人就真的是「萬事亨通」。這名水手的成功不能靠理性來解釋，因為他整理不出一套學說來教其他領航員，而且神明也不曾擅自干預他錯誤選擇帶來的惡果，所以他的好命是「天生的」。不過亞里斯多德倒也可以說這名水手**有所領會**；這名水手不像在賭骰子時不斷擲出六點狂贏的那種賭徒，而比較像是從過去在火場裡進進出出所累積的經驗，養出一種直覺反應的消防隊長。他的好命是因為他這一路所養成的第二天性。

我們很少能**完全**領會任何事物，至少總是為時不長。即使我已經掌握了事物的型態，還是能隨著累積點點滴滴的敏感程度而愈來**愈能心領神會**。我能夠察覺這空靈的聲響是音樂而不是噪音，但是我還不能跟上它的旋律；我得再仔細聆聽才能夠掌握曲調。面對一幅點描畫時，我得後退一步，整個野餐的景象才會躍然入目，我開始了解這幅畫了，而且我甚至能回想起這位藝術家在創作時所流行的知覺哲學風潮：在這幅懸掛著的藝術品中美妙地掌握了感覺與料（sense-datum）理論啊！

不過，要在這些方面有所領會未必需要依靠有所調節。我們可以有所領會，卻不照著這份領會而行動。有人很少聽音樂，卻能夠有完美音感，正確判斷出這個聲音是中音C。但是她說不定不會唱歌、不會玩樂器，更不懂怎麼吹奏小號，連一絲爵士樂手那種即興表演的技巧也沒有。我們從窗戶裡一邊等一邊觀察天上星群時，眼球會動來動去；但若與在太平洋上靠星象方位駕船所需要的調節相比，站在窗邊看星星幾乎是什麼都不用做。（我在爪哇島遇過一名衝浪客跟我解釋他是怎麼在太平洋上航行的：他用手指和手臂當作六分儀，每天早晚測量，靠他對

⑰見丹尼爾．列維廷（Daniel J. Levitin）的《迷戀音樂的腦》（*This Is Your Brain on Music: The Science of Human Obsession* [New York: Plume, 2006]，台北：大家出版社，二〇一三）。

⑱見丹尼爾．康納曼（Daniel Kahneman）的《快思慢想》（*Thinking, Fast and Slow* [New York: Farrar, Straus and Giroux, 2011]，台北：天下，二〇一八）。

於地球自轉和當季星座位置的知識在茫茫大海中定位。）⑲

相較於此，衝浪客則是要**調節領會**，也就是說，衝浪客同時要有所領會，**也要**調節行動，在感應的同時也必須有所作為。知覺和身體動作是彼此連結，密不可分的。

在衝浪時，我的各種動作——扭轉軀幹、伸手向前、移動重心——會彼此有效協調，因為我有個更大的目標，而且我現在能感應得到接下來的情況。這種覺察只能靠不斷的親身練習而得。若非親身處在這位置，我現在就不會感應到自己身處何方，也不知道接下來會面臨什麼。我現在正在一道居高臨下的浪線裡，當前方一興起新的波浪部位，我就**大概**知道該怎麼在這些情境裡馳騁。我會隨著每個嶄新時刻來調節，知道這時要迴轉、這時要蹦躍、這時要急旋，我會靠身體主動參與這其中的每一刻，做出新的動作。我在衝浪時就是一直這麼做，端看當時大概做什麼能夠奏效。

如果這就是調節領會，又該如何解釋這是怎麼辦到的呢？我們來仔細考慮一下。

用身體覺察

首先，我們可以用身體來感應。我在懂得什麼是鎚子的時候，這槌子對我來說就不只是個物體而已，它**能握得住**，就像海德格說的：「上得了手」。對我而言，這就給了我一個行動的機會，也開啟了許多實用上的可能性。在沙特的解釋裡，鎚子既然和釘子「一起」放在桌上，

「那『一起』這說法要有意義，就得要指出從鎚子到釘子之間的路來」，也就是說，這兩樣東西必須要當成某個建造活動來一起體會才行。

沙特對這論點的解釋混進了他的身心二元論。他**宣稱**，身體與心靈不可能完全分離，但是又說不清這兩者怎麼統一，只暗示我們可以從他人的凝視中知道這一副身體是自己的。真正徹底甩掉笛卡兒二元論影響的，是沙特的同事梅洛—龐蒂。我們對世界和自己的覺察全都是我們透過**身體**得來的空間感。

梅洛—龐蒂說：「意識一開始不是『我思』，而是『我能』。」⑳我並不是像笛卡兒和沙特所宣稱的，一開始就是個思想的主體。我會思考，我也存在，但我是以能夠行動、有意圖去衝浪的人而存在，是以一個在特定背景中具有心靈和身體的人而存在。我不只是一個**單純的**思考主體，不是一個單單思考著什麼的東西。我總是以自己能做什麼來定義自己——我能起床、能走動、能抓起我的衝浪板、能划水出海等。我靠身體得到的空間經驗幾乎在每個當下都立即

---

⑲「慢慢來。」那個在加州太平洋岸花上整天溜滑輪的人，其實是個努力工作的神經科學家兼心理醫生，他說他領會到靠重力「橫向動量」來沿著步道持續滑行，就算慢也沒關係。他要做的調節很少：只用單腳滑行，身體則穩穩保持一個「飛行」姿勢。他滑得很慢，但是也確實滑得很久。他說他對此感到無比幸福。可參看這部紀錄片：https://www.nytimes.com/2014/04/01/opinion/slomo.html?_r=0。

⑳《知覺現象學》（*Phenomenology of Perception*）p.139。

形塑了我所有的經驗。我是一名衝浪客，總是不斷調節自己的身體來準備下一刻的行動。所以從一個普遍上的意義來說，這就是我們所有人最基本的存在方式。

那在我身邊的鎚子又怎麼會讓我認為它是能握得住的東西呢？我靠身體能感覺到怎麼伸手碰到那支鎚子、怎麼用手掌握住、怎麼先舉高再用力往釘子上敲下去。我手臂能觸及的範圍有其「意向性」（intentionality）或「關係性」（aboutness），也就是說，這個範圍如何與另一個事物**有關係**的方式。這跟只是**思考**這支鎚子（例如思考鎚子放在房裡桌上）不一樣。我可以想著巴黎，也可以想著尼亞斯島，而我的思想就是分別關於這兩個地方的思想。但是意向性就是靠身體而有的另一類，是「身體意向性」或「身體覺察」，是屬於我可以觸及範圍內的「關係性」。

我的手在哪裡？我知道它在哪裡。我不用看，也不用另一隻手去摸，我就是知道它在哪裡。我靠的是不屬於五感的「本體感覺」來覺察。但是我這份覺察還超出了皮膚表層之外。如果我用力伸直了右手，再用左手去摸右手，會感覺得到我的肌肉和骨骼。但是我右手一伸，就是將我的身體延伸出去，**指向**那支鎚子，看我能不能抓得到它。要是我抓空了，我就會有一份與抓到鎚子完全不同的經驗，因為那就表示它在我可觸及的範圍之外。

當我抓起衝浪板，在開闊的海面上漂浮時，我可以感覺得到衝浪板在浪上會怎麼「走」，它就像是我身體延伸出去的一部分。這種感應方式就像是盲人用他的枴杖「看」路一樣。盲人感應到的不是那支枴杖，而是**透過**枴杖延伸了他的手臂和知覺器官，感應到了周遭的環境。透過這支枴杖，他就懂得怎麼「看」到四周，就像我懂得怎麼衝浪一樣。

光是這樣，人類就能夠在空間中定出方向。鎚子也好，衝浪板也罷，都是從我所在的「這裡」而能出現在我關於這世界的基本意識中。但是我在哪裡？當然嘍，就是**這裡**。「我在這裡」是一句恆真語句，就和其他真理一樣。但是當我說出或我想著「這裡」的時候，這個「這裡」是以我身體行動的可能性來定義。梅洛—龐蒂說得好：

> 我的身體在我看來就是一種模樣，準備去做某件無論可不可能實現的事……「這裡」這個詞在表示我的身體時，並不是指某個相對於其他位置或外在座標的確定位置……〔而是〕將我這身體錨定在某個對象上，是指這副身體在面對眼前事項時所處的情境。㉑

物理學雖然能用它那種非人座標系統，站在中立觀點、從上帝之眼的視角來告訴我們關於時空的真理，但我自己對空間的經驗卻是來自我身體的經驗，來自於我能不能做到這件事或那件事的經驗，是採取了一種**特殊觀點**（view from *somewhere*），是從我的身體、從我這身皮囊之內、從我這身衣裳之內得來的見聞，在這個特殊情境中會具體關聯到某些可能實踐的事項。這

㉑同前註。

種空間也是真實的，用我們一般對「真實」的理解來看，它就和物理的非人空間一樣真實。梅洛—龐蒂說得更是鏗鏘有力：「要是我沒有身體，就沒有所謂的空間。」㉒

大衛・佛斯特・華勒斯（David Foster Wallace）寫了篇關於網球名將羅傑・費德勒（Roger Federer）的文章，讓我們看到在所有偉大運動員身上所展現的運動之美。華勒斯在解釋為什麼費德勒吸引了全世界目光的時候說：「我們人類真正要做到的，看來就是能夠接納我們擁有身體這件事實。」㉓但是擁有身體這件事實又是要對照什麼呢？是沒有身體，所以當不成衝浪客，但卻還能是自己嗎？我是不是要這樣想：要是我運氣更好一點，我**就能**當個無形體的靈魂或精靈，但是我現在既然困在**這座**肉身牢籠裡，我只好理清自己對這困境的感受了？㉔華勒斯的結論是擁有身體終究還是件很棒的事；超級運動員「似乎能觸發我們對身體能觸碰、知覺、在空間中移動、與物品互動的知覺。」擁有身體的確很棒，但是「接納」（reconcile）既然是個問題，就表示我們的確可能合理想像有個不具身體的自己。而既然要衝浪或打網球不可能不用到身體，那「接納」就根本沒什麼好談的了。㉕你只能說自己好命生來如此，就是這樣。

我們為何會著迷於費德勒在網球場上或凱莉・史雷特在衝浪時所表現出來的神妙奇技呢？並不是因為我們希望逃離肉身樊籠，而是因為那些人超出一般專家能力如此之**遠**。那可是構成人類本性的身體調節能力在日積月累中琢磨出來的極致展現。

如果我們想打造出一個人類，大概可以先做出一個佔有空間的肉身，然後添加上這個人該有的各種官能。我們會希望加上基本的感官知覺。但是，要靠五感或甚至「直觀」覺察來感應周遭環境究竟是什麼意思？

衝浪客會這樣回答：所有的感覺、所有的知覺覺察全都只是具體置身在某個特殊情境中，懂得如何領會周遭環境來調節身體活動。換句話說，理解未必永遠先於行動。行動本身也會形塑理解，或說理解也是行動。

㉒同前註。

㉓見〈有靈有肉的費德勒〉（"Federer Both Flesh and Not"），收錄在《有靈有肉》（*Flesh and Not* [New York: Little, Brown, 2008]）p.8。

㉔華勒斯並未清楚回答這一問題。對於「有此身乃有大患」這說法，他說：「痛、瘦、臭、暈、老、沉、膿、拙、病、殆——在在都劃下我們心中意願和實際能力的鴻溝。」但是這些大患事實上有相對的實際對照組，就是健康的身體和美好的品性。他補充道：「畢竟，死去的是你的身體而已。」但是這只是把問題丟到我們究竟該怎麼接受死亡這回事上頭罷了。

㉕就算如同現在世上許多主要宗教所相信的，在人死後還能擁有不朽的靈魂，這一點也依然為真。柏拉圖倒是提出了相對的主張，認為靈魂在我們出生之前就已經存在於永恆的理型界之中。

我在衝浪時看到波浪的特徵——**正在升高的浪唇、正在翻捲的部位**——這都引領著我該怎麼沿著浪壁滑行。波浪的這些特徵只能從某種特定視角觀看才會進入我的經驗；但這並不是真的說隨便誰在那個正確角度就能看懂。我置身於波浪中調節身體動作的時候，已經懂得怎麼在正確的時刻迴轉、俯身了。有了這些必備能力才讓我能夠**理解**浪唇是在升高、那個部位正在翻捲，也才能引導我有進一步的領會。

衝浪客的這種理解有些類似色彩知覺（依照某些色彩理論的說法）：蘋果的紅，是建立在我們的色彩感覺上，例如這顆蘋果是由一個擁有正常視力的人在白天看到，才會是紅色的。引領衝浪客的波浪特性——翻高的浪唇、翻捲的浪壁——也是建立在衝浪客培養出來的知覺敏感度上（因而哲學家會稱這些特徵為「依賴反應特徵」〔response-dependent features〕）。患有色盲的人欠缺了必要的色彩敏感度，所以不會將蘋果看成紅色；而你要是不懂得怎麼衝浪，就無法理解衝浪客說「你知道吧，那些先翻滾然後迸出來的，還有那些先掀高再捲下來的。吼，那真是很變態」是什麼意思。不過，說真的，他們說的那些翻捲成浪管的波浪真是超適合衝浪的。

從這一方面來看，我們和其他動物其實沒有多大不同。動物在這世上也是依據牠們行動的機會逐漸強化對這世界的感覺——心理學家吉卜森（J. J. Gibson）稱為「賦使」（affordances）。有些植物或莓類看起來**可以食用**，是因為在這個生態系之中賦予了使其他動物吃掉這些植物或莓子的機會。適應了所處環境的動物所生下來的子代，一出生就已經知道什麼能吃，已經懂得觀察身處的情境，一旦周遭生態環境變遷也會隨之變化，不然就只好死光了。

這大致上就是我們高等動物怎麼學會感受絨毛或蠶絲的原理。用梅洛─龐蒂舉過的其中一個例子來說，我們學會用手以緩慢、穩定的速度來撫摸物品，萬一出現什麼新的感覺才不會錯過。要察覺出蠶絲的感覺，就是懂得怎麼在觸碰蠶絲襯衫的時候運用這種靠調節適應得來的敏銳感。要看得出眼前這硬梆梆的東西是張餐桌也是靠同樣的方式。打從我們年紀還小，在房間裡移動的時候，就開始學著理解這張餐桌的各個細節，也學著如何應對餐桌桌角的些微差異。這堆看起來可能像是一堆方塊和邊邊角角的雜物，就像畢卡索畫壞了的色塊，或是迷幻藥嗑昏頭看到的幻象，在我們眼裡就變成了一張立體造型的餐桌，那些樣貌奇怪的邊邊角角於是就組成了單一的物體。（這也許就是畢卡索畫出一堆奇形怪狀色塊的用意，因為那還是能讓我們看出是一名吉他手。我們對日常事物的經驗就是這樣構成的。）

心理學家說的「知覺恆定性」（perceptual constancy）也就因此滲進身體行動中了。心理學家尚．皮亞傑（Jean Piaget）解釋道：「知覺的『恆定性』看起來就是真實行動的結果，而真實行動則包括在實際上或可能做出的注視行為或對其他感官的運用。」㉖對於這種「感官驅動」的活動──轉動眼睛、轉頭、向前行走和觸碰──我們可以問一個關於知覺覺察的哲學問題：理解這些活動難道不只是告訴我們怎麼知覺，包括如何看出一張餐桌或摸出蠶絲襯衫，甚至還說出了這份知覺覺察的**本質**嗎？在加州大學聖塔克魯茲分校（UC Santa Cruz）教書時會去衝浪的哲

㉖見《智能心理學》（*The Psychology of Intelligence* [1950]）。

學家阿爾發・諾耶（Alva Noë）和其他人的答案是「對」。去看、去感受自己周遭環境，就是去用這些感官驅動的方式來理解——懂得怎麼把這張桌子的邊邊角角當成只是從不同角度看到的同一物品部位。㉗

如果這就是人類感應的方式，那和衝浪客的經驗真是太不謀而合了。感應周遭環境其實就是靠身體來調節領會啊！

如何持續

這就解釋了為什麼沒辦法光靠讀書就學會衝浪。要學會衝浪就得靠親自感應、親身操作。我必須在這兩方面下工夫學習，而且彼此相得益彰，才能逐漸琢磨出如何運用這兩種能力。我學會了怎麼挪動身體、怎麼將身體放輕、怎麼定好路線，怎麼放鬆俯低；同時，我也學會了怎麼「讀懂」浪壁，藉由看懂波浪的不同時刻，讓我能夠有做出不同動作的機會。感應與行動兩者會同時並生；因為要學著在浪裡做出底部迴轉時，就要學會怎麼把浪槽區設想為迴轉區，而要有這樣的概念，也只能在傾身移動重心的迴轉動作中才學得來。你要學會「感應」就得同時學會「行動」，反之亦然。如果你勤加練習，就能同時學會知覺技巧的這兩個面向。

衝浪客會不斷持續學習，把每個時刻的波浪都當作全新的來看待。這看起來實在很奇妙：要怎麼樣才能在每個**完全**嶄新的時刻裡「持續」呢？如果這是個全新的情境，那我們就不可能是**已經**學會如何回應這情境，因為我們從來就沒見識過這情境呀！而且，如果這個情境是全新的，所謂的調節不就是完全任意的亂猜，頂多是猜對而已呀？在這片漆黑中，是要怎麼「學習」、「理解」作何反應，甚至「有所進步」？

奠定現象學基礎的二十世紀初期哲學家胡塞爾（Edmund Husserl）給了我們一個答案。在我置身於一個新時刻之前，就先開始察覺我的整體經驗處境。我也會先投射出衝浪的大略目標，然後這目標才逐漸明朗。接下來，我就可以在這過程中運用已經學來的感應能力，也能運用從過去經驗中的「意向發展」（梅洛—龐蒂的說法），還有鍛鍊而來的身體傾向（這會讓我比較容易做出某種反應）。但是我並不是像巴甫洛夫（Pavlov）的狗那種制約式的刺激反應，隨便敲一下膝蓋就會踢腿。我過去的練習已經讓我具備了各種能應付大部分狀況的彈性動作**能力**。這些能力並不是只能讓我做出固定動作，所以如果我面對這新情境，感應到這情境與過去遭遇的情境有幾分相似，幾分不同，因而即時修正我的反應。

因此，從我對於在新的時刻大概會遇到什麼的粗略預測，就能且戰且走，確認我的辦法行不行得通，接著從對於何種做法可行的持續感應中得到回饋，再來修正。這裡所說的「可行」是什麼意思呢？沒什麼特別厲害的意思。看畫的時候，我可以靠前後移動來調整我的焦距；同

㉗見諾耶的《知覺中的行動》（*Action in Perception* [Cambridge, Mass.: MIT Press, 2004]）與《腦海之外》（*Out of Our Heads* [New York: Hill and Wang, 2009]）。

樣地，在衝浪時，也只是靠我的天生傾向來回應姿勢，看看做什麼樣的調整是否至少**不會行不通**。

於是，我能忘掉在抽象上來說「最好」、「最棒」的理想流動是什麼模樣。我可以只跟著什麼「不行」或是會「出錯」的感覺走就好了。如果有衝浪客跟我說「待在浪袋裡」，他們的意思是指我應該時時刻刻感應自己是不是跑到浪袋**外頭**了，是不是因為慢下來或停駐而遠離波浪的推力。沒了速度，我在急旋、退回或是切回轉向的時候，就沒辦法再掌握住調節動作的時機；我就感受不到自由了。所以我可以不要理會「最棒」的衝浪流動典型，儘管盡力，但不用奢求完美。我可以放下這一切奢望。只要我能跟上每個新時刻，就能跟上流動，也因而能徜徉在那份美妙之中。只要時時刻刻追隨這份持續感應，小心別做出什麼動作會讓我掉出這波浪的流動，我都相信自己能待在這波浪裡頭，而且之後還會隨著我不同的調節動作，出現更美妙的流動型態。這就是我在隨著波浪衝到底的時候，感到萬分慶幸的事。當我從海裡出來大吼：「吼啊！呀哈！」的時候，我的意思其實差不多是：「什麼條件都湊齊了！我真是太太幸運了！」

我其實可能也是要說：「**這**就是衝浪。我現在完全上道了！」我所達成的成績是一份實踐理解，調和了我的行動與所處情境。在憑著這份衝浪的意向而隨波浪前進時，我和身後的世界在這行動中完全統一了。我能滑進下一個部位，能感受到和諧、**有道理**、**行得通**、**做得對**，甚至是**正解**，因而將我推進嶄新的下一刻。或是像梅洛—龐蒂所說的一樣：「理解就是體驗到在我們的目標與實際情況之間、在意圖與現實之間的一致。」㉘這份理解、這份和諧一致，就是我感受到那份欣快感的真實基礎。我之所以覺得爽快無比，就是因為在那當下什麼都對了！

衝浪客的理性

那麼人類的理性呢？把我們和禽獸區分開來的唯一特性到哪裡去了呢？這份能力讓我們人類能夠自己有意識地推理、考慮實踐問題、做出該採取什麼行動的結論，也因而往往被認為是我們與其他只是適應演化的動物最大的區別。

休謨（David Hume）否認這一點：在他看來，人和動物都一樣，都是受激情所宰制。理性只是用於計算或當成工具，是聽命於激情的奴隸。康德被休謨這一棒從獨斷論的迷夢中驚醒，建構出一套他認為休謨忽略了的理論：我們一開始是先自己有意識地思考了想要欲求什麼，而這一點自覺也就是道德行為和人性尊嚴的標準。（沙特接受了其中的大部分說法。）

心理學中的情緒論革命重啟了休謨的論點，也對康德的說法提出了自己的回應：是啦，但暫且撇開尊嚴和那些嚴重的道德化問題不談，康德那種想法就不是我們實際在世界裡生活的樣貌啊！事實上，對照讓我們透過直覺、感受與情感的情緒系統所負責的「快思」歷程，理性只

㉘《知覺現象學》。

不過是緩慢的「慢想」而已。㉙所以衝浪客的「直觀」感應其實也只是情緒，只是情感而已。「理性」所提供的總是事後才出現的合理化或敘事化說明，是情緒帶動了理性，就好像狗在搖尾巴一樣。

衝浪客聽到這說法，大概會說：這整個研究計畫根本就建立在假二分法上吧？此處且容我為衝浪客和人類尊嚴挺身說話：粗陋地區分出快速情緒系統和較慢的計算理性實在不是細緻哲學的做法。理性也可以思考得很快，但是思考得快也不會因此讓理性變成情緒。㉚

衝浪客的理性就是對於波浪和其應對方式的身體知覺。那衝浪客在行動中的理性會是什麼呢？我們可以從衝浪客對於當下情境的知覺中，以及他們在調節的時刻裡察覺出來；這些知覺和調節都不只是在衝浪客身上霎時生滅的情緒而已。當然嘍，你可能會在衝浪時感到害怕或興奮，而這些情緒也能幫助你集中注意力。領會確實需要情感的協助，而且正如亞里斯多德所言，愈是專精就愈能感到快樂和愉悅。但這樣的感受絕大部分都是衝浪客在這一生不斷練習中，親身磨練出來的理性產物。

所以，我移動身體重心是一種適時的反應。我沒有多少時間能夠仔細思考或計算。如果後來問我有什麼證成——「你為什麼在那時候剛好做出那樣的反應？」——我大概會說自己其實也不確定，真的是毫無頭緒；只不過那樣做看起來剛好而已。大家聽到這裡往往會開始編出一堆故事。可是，儘管我們無法用命題語句來闡明自己怎麼懂得該做什麼，但我們並非不知道自己到底在做什麼，也不是毫無理由亂做。我通常能夠相當準確地說出**是我**做了什麼反應動作，而不是光說在我身上發生什麼事：我那時正要進入陡峭的浪壁部位，看到那個部位靠過來了，我就做了個急旋迴轉。說不定那個攀高的浪唇是在對我說話，甚至是用喊的：「快過來！快過來！」我那麼做的理由大概就是：出現那種特殊的浪峰結構時，那個波浪部位就會在你以如此快的速度衝進浪底時大聲呼喚；你可以說：「它自找的！」所以我就那樣回應了。我全力衝下去，把浪唇刷得一乾二淨。因為這是唯一合適的本能反應。如果你不懂這是怎麼辦到的，嗯，那我們就得回去談談浪峰迴轉，而我就得比手畫腳跟你從頭講起了。

這就是為什麼我的走法和轉彎行得通的原因，也是為什麼這不是發生在我身上，而是我主動去做的事，是我訓練良好的反應。這是我的身體、我的練習、我的作為。我如何應對有很好的理由。這是出自我持續理解不斷出現的各種情境，而我早已在成千上百次的反省與修正中磨練出這份感應能力。這是衝浪客理性的產物，是我每天早上起床衝浪，不斷練習的結果。我對波浪花了不知道多少時間來思考反省和模擬想像，才累積內化成我的血肉，在衝浪時展現出我所累積的這些知識。這是理性，是融入我肌肉記憶中理性的實踐知識。

㉙見康納曼的《快思慢想》。

㉚見彼得・瑞爾頓（Peter Railton）的〈情緒狗與理性傳說〉（"The Affective Dog and Its Rational Tale: Intuition and Attunement," *Ethics* 124, no. 4 [2014], pp. 813-59）。

笛卡兒認為心靈會有某些內在表徵或圖像，這些表徵或圖像不一定會符合外在世界，反映出留在我們身體上的因果力量。所以人可以完全隔絕外在世界，躲在思想裡頭，比方說，陷入一場栩栩如生的幻覺中。笛卡兒把自己關進了這個自我中心的囚籠裡，也和沙特一樣試圖掙脫。㉛但是如果我們將身體擺在首要地位，就會知道：這牢門其實一直都是開著的。

在衝浪客的世界裡，無論是去看或去感覺，都不只是在腦海裡出現一幅影像而已。有所知覺就是馬上要懂得怎麼與外在世界互動，以及如何在行動中調節身體去配合周遭環境。所以「這裡，在我腦海裡」和「那裡，在外面世界裡」之間沒有什麼重大區別。

我這裡說的「身體」指的是整副軀體，而非單指在兩耳之間包在頭蓋骨裡的那團通電的肉球。知覺經驗並不會在腦子裡，不是認知科學經常想像的那副模樣，只是在大腦神經突觸上突然迸出來的「圖像」或「表徵」。

為什麼呢？因為大腦是在頭蓋骨裡，但要有所知覺就必須與腦子外的外在世界有所互動，所以知覺絕不是位在腦子裡。

沒錯，「心靈」包括了視覺知覺，但從這句話能推論出來的是：心靈不只是大腦，也不只是包在頭裡的那整團東西。㉜

現在的人會說一些奇怪的話，像「都是我的大腦要我吃巧克力的」或是「我的大腦告訴我，我們輸了」。如果把這些話當真，再套用到衝浪客身上，聽起來就像是大腦在操縱衝浪客的身體，然後這副身體再來駕馭衝浪板，衝浪板則駕乘著波浪。這聽起來太荒謬了。大腦才不會衝浪呢！大腦既沒有腿，也沒有手，更沒有身體，但是要衝浪就得要有身體才行。因此，衝浪客絕不是他身上那顆大腦。㉝

㉛笛卡兒說，陷入這種夢境的可能性就意味著自己不能確定自己和世界或甚至和自己的身體有何實際接觸。最後只能靠上帝來解釋他為什麼能夠相信自己的感官感覺。見《第一哲學沉思錄》（*Meditations on First Philosophy* [1641]）。

㉜見諾耶的《腦海之外》；關於認知的「外在論」觀點，可參考安迪・克拉克（Andy Clark）的《超級大腦》（*Supersizing the Brain: Embodiment, Action, and Cognitive Extension* [Oxford: Oxford University Press, 2008]）；關於表徵的說法，見馬克・羅蘭斯（Mark Rowlands）的《身體語言》（*Body Language: Representation in Action* [Cambridge, Mass.: MIT Press, 2006]）；關於知識的討論則參見提摩西・威廉森（Timothy Williamson）的《知識與其界限》（*Knowledge and Its Limits* [Oxford: Oxford University Press, 2000]）。

㉝換個方式來說好了：衝浪一定得是某個人在衝浪。大腦本身就不是個人。在大腦裡面當然也沒有一個小人兒在衝浪，然後透過大腦去操縱身體、駕馭衝浪板、駕乘波浪。所以我們應該打從一開始就承認大腦根本不會衝浪。衝浪客一定是某個男的或女的，一定是整個人親自下水；大腦只是幫助了這個人衝浪而已。

世界冠軍凱立．史雷特就說過，他衝浪之所以能玩得好，正是因為他「用全身在衝浪」。這番話再怎麼打折，對所有衝浪客來說都是顛撲不破的。衝浪客透過身體感應，了解到有做出什麼身體動作的機會，才能看懂或「讀懂」下一刻的波浪。衝浪客的腦子是透過適應學習，在身體與世界之間的長期互動中才逐漸習慣了波浪的型態與波浪環境。

衝浪客也不能完全沒大腦；你還是要有腦子才能去衝浪。人的大腦——科學也不能解釋這是怎麼辦到的——會「繪製」出熟悉的衝浪點，還有各種不同波浪「賦使」的內容。衝浪客就是能立即看懂波浪的動作。攀升的浪頭在接近岩石或沙岸的時候會順著某個方向塌落下來。現在靠過來的這道浪則是少數會捲成浪管的浪頭，你最好趕快衝到定位準備起飛，然後在浪唇拋起時迅速「鏟」進浪唇底下。這種知識一旦「繪製」在衝浪客的腦中，衝浪客就更能領會周遭的大環境了。但是衝浪客靠知識與「直觀」對波浪的這份領會，**也是**建立在自己的身體實際上如何客觀處於波浪裡頭或波浪前方上。只有在親身察覺自己和周遭波浪的關係中，透過這層緊密接觸，才能真正有所領會。在波浪裡練習得夠多、夠久，衝浪客和海浪彼此就能日趨同步。

這真的很神奇，但是神經科學對箇中緣由卻知之甚少，而知道的大部分都只是關於某些特定神經元。對於「神經網絡」的說法有些太過樂觀。如今，這要不是指（一）電腦建模和「深度」機器學習的大幅進展，但這與動物頭中那團放電肉團的關係還搞不清楚；不然就是（二）關於已知神經元**最終**能夠與認知科學搭上線的某種遙遠猜想。

我不是說這種有如登陸月球的計畫不值得花上大筆經費，在歐美各地投資數十億美元、歐元來進行腦科學研究。對，功能性核磁造影確實拍出了一些很棒的圖片，就算這些圖片只有標出哪些區域活動比較激烈，對意識的本質究竟是什麼卻說得很少或是**根本沒談**也一樣。㉞你從媒體的瘋狂追捧中看不到的是，腦科學現在將所有的希望都賭在打造超級電腦上，用來建立各種複雜無比的神經「網絡」模型。大家希望某種網絡模型**最後**能夠讓我們說清楚研究某個神經元或某一塊神經區域，到底比某些神經科學家口中的「蒐集圖樣」好在哪裡。二〇一三年在紐約舉辦過一場神經科學家與哲學家的跨領域研討會，當時真可謂眾星雲集。科學家在會場上追問，甚至是求哲學家說明：究竟「浮現」（emergence）這個概念要怎麼將眼睛和神經元連結起來。這情況一點也不奇怪；這就是一門未成熟科學的現況。只不過，懷疑哲學的實用相關性讓這學科顯得很蠢罷了。

從事實上談，近來在機器人學和人工智能方面的一些長足進展——正好證成了我們對機器人可能掌控世界的恐懼——反而正是因為科學家開始聽取海德格與梅洛—龐蒂等哲學家的說法，探索人類經驗中身體觀念的重要性，才有此成就。㉟所以，假如設計複雜的機器人真的毀

㉞意識為什麼難解釋？見湯瑪斯．內格爾（Thomas Nagel）的〈當隻蝙蝠會是什麼樣？〉（“What Is It Like to Be a Bat?,” in *Moral Questions*）與大衛．查莫斯的《有意識的腦》（*The Conscious Mind: In Search of a Fundamental Theory* [New York: Oxford University Press, 1996]）。

㉟見賀伯特．德雷弗斯的〈為何海德格式人工智能失敗，以及為何需要更多海德格來修正〉（“Why Hei-

滅掉人類，我們至少能說代表衝浪客的哲學家梅洛—龐蒂該負部分責任。說不定我們反而才該希望哲學不要涉入那麼深吧？

我們現在有了衝浪客對人性的理論。人就是與外在世界相連，人本身與世界就是處在一種調節適應的關係之中。

至於我們怎麼將自己當作有自我意識的存在，那是另一個問題了。我們如果太專注在自己身上，就會減少對外界的領會，將自己拋到了潮流之外。所以我們現在應該做的，是發揮人類的高等官能，探問我們究竟能超越自己到什麼樣的境界。

---

deggerian AI Failed and How Fixing It Would Require Making It More Heideggerian," MS, http://leidlmair.at/doc//whyheideggerianaifailed.pdf）、《電腦還辦不到的事》（*What Computers Still Can't Do* [Cambridge, Mass.: MIT Press, 1992]），以及他與史圖亞特·德雷弗斯（Stuart E. Dreyfus）合著的《機器上的心靈》（*Mind over Machine: The Power of Human Intuition and Expertise in the Era of the Computer* [New York: Free Press, 1986]）。

6 超脫

我能想像得到，那種海洋般的力量感之後將會連結到宗教上。

——弗洛依德《文明及其不滿》

「快看那道浪！靠！我一定要上去！」我迫不及待地套上衝浪衣，擦好防曬乳。我是不是該在這個當下「充滿正念」、不帶判斷地問自己：在這一刻究竟有什麼感受？

我們來看看好了：我看到上一道波浪那樣翻捲起來，是真的很興奮，急切地想衝出門外。唔，好；這是百分百的實話，要不是我現在還沒去衝浪，沒有專心注意海浪狀況，這實話還真能推我一把。那麼，我下次還要繼續問自己有什麼感覺，還是**直接出去**，別再教自己光懸在那裡做些後設反思了呢？人家說我們在做其他事的時候還可以「充滿正念」；只不過，這種自我觀照雖然確實偶爾非常有用，可是我們卻也需要知道何時該做，何時又該喊停。

我看到了一道波浪翻捲而來。我在這份注視之中意識到它。我通常不會想著**我自己**，你看，就這樣站在石子路上，更甭提注意到我的腳放在這磨得圓滑的石頭上了。我看著**海浪**，它翻起又落下，忘了**我正在看著它**。海浪是如此美好，讓我的心思完全不在自己身上。沙特說得好：「我在電車後追趕的時候……那時根本沒有我……我一頭栽入了對象的世界裡……對象事物呈現出……吸引人的強大特質——但是不包括『我』，『我』已經消失了。」①

但是對我自己來說，我真的完全消失了嗎？你是不是一直覺得從腳底板會傳來某些感覺？那後腦勺呢？廚房的冰箱傳來的低頻運轉聲呢？如果冰箱馬達突然停了，我會不習慣那份突然的安靜。我反而知覺到原來那嗡嗡聲一直填滿了我對整個房間的經驗。我偶爾會注意到那個聲音，但是那聲音一直在我意識的背景後方，處在意識的邊緣地帶。我對自我的感覺也可能如此。對我來說，自己是在飛逝的時光中「消失」了，但也許並非**徹底**不見。我的自我一直都在意識邊緣，朦朦朧朧地處在那裡。

這就帶出一個問題了：我們要怎麼超越自己？能超脫到什麼樣的境界？

把意識當成工作

沙特指出了自我意識全然消融的那種時刻——不管是追趕電車，還是數香菸。但更大的問題在於這種時刻到底是不是很容易、經常出現？沙特這套深究自我意識的哲學來自笛卡兒的啟發：「我思，故我在」（*Cogito, ergo sum*）。不過，如果你這時正在懷疑自身存在，那還真是稀奇。（你再怎麼說也是個人呀！）可是如果你這時正在衝浪，這問題就顯得比較沒那麼急迫了，你這時已經知道自己是個衝浪客了，因為你這時立刻就知道自己的身體在移動，所以你必定存在。沙特反對有任何必然不在經驗之中的「超然自我」，更甭提要這自我來擁有意識了。他說：「自我不是意識的擁有者，而是意識的對象。」②自我是在經驗流之中建構出來的，連同個人的身分，以及要成為誰的選擇都是如此而來。但是這種存在活動可能會造成自我中心，限制了個人自己穩定凝視其他目標的能力。

我有一次深深體會到沙特的深遠洞見，是在陪朋友搜尋瑜伽課程的時候，結果那次課程讓我們學佛學了好久好久。我在做了幾個小時的瑜伽冥想之後，還是沒辦法純無雜念，丟掉自我。我腦子裡一直想著沙特從康德學來的那種反佛教觀念，也就是西方文化的根本前提。你也

---

①《超脫自我》（*The Transcendence of the Ego* [New York: Farrar, Straus, and Giroux, 1957]）。

②同前註。

可以試試看自己辦不辦得到：但是不管你喜不喜歡，有沒有什麼理由，「我要」（I will）這念頭就是會出現。我們做完瑜伽之後要去看電影嗎？這種「啥也不做」究竟能持續多久？瑜伽是真的對衝浪有幫助，還是說這只是又一套南加州式的鬼扯風潮？我們就不能至少**做**點什麼都好嗎？大家都說練瑜伽可以幫你整頓身心，帶你進入持續冥想狀態，達到無時無我的境界。這聽起來實在很可怕，要達到涅槃前的修練實在太辛苦了——根本就像是想逃開的那些工作呀！

也許問題是在於人的意識本身。沙特同意意識總是在**意識著**某個其他事物。我察覺到這顆蘋果就放在桌上；但是我在察覺到這顆蘋果，將它當作我意識的對象時，我也知道關於自己的某些事了。我這時候會同樣察覺自己**不是**那顆蘋果；因為我就是我的意識，而且也知道，我的意識絕對與其對象有所不同（如果意識是關於另一個事物，就絕不可能相同）。我不用反思也一定知道這一點，因為凡是我意識到為真的事物，我也會自動意識到那是真的。③但是這樣一來，我就似乎永遠沒辦法只看到那顆蘋果了。我也永遠都會察覺到「**我自己正在察覺**那顆蘋果」，雖說這份察覺可能十分微弱。我沒辦法只有看到海浪翻捲，而是會同時察覺到**我自己正在看著**滾滾翻捲的海浪；當我在波浪底部做出迴轉動作時，也會察覺到**我自己正在做浪底迴轉**。我怎麼樣都擺脫不了自我意識，就算是在衝浪的時候也一樣。

沙特的意思也許只是說如果反省起來，我得為我自己的經驗**負責**。我有沒有看見蘋果？有沒有看見海浪？如果人家問起，我會回答：「有，我看到了。」我在看的當時可能真的完全丟開了自己，但既然你現在問起，那確實沒錯，在看的那個人就是我。④如果有人問，那是我擁有了我的意識沒錯。我擁有這些意識的意思，就是我將視線從外在世界撇開，轉回自己身上。我們會因為鏡子、地位焦慮或社群媒體而將意識一直轉回到自己身上，但這問題就是來自於自己的缺點或那種自我中心的文化，而不是出在意識上。

話雖如此，在行動中所要求的**真誠**倒是另一個截然不同的問題。這種對真誠的要求會讓我們難以逃離自我意識。對沙特來說，我是自由的，不受文化與歷史所羈絆——這聽起來實在很可怕，除非我認為自己必須時時想著自己，問我自己到底想當什麼樣的人、想做什麼樣的事。我得為自己負責到「鉅細靡遺」，而要是我承擔起過去的一切，認為自己是被動地接受其他事件所決定，那就叫「自欺」。真誠地行動意味著我擁有自由，所以我必須時時準備為自己做出選擇。我現在睡醒了，但是我今天還要繼續當個衝浪客嗎？到了明天，我又得再問自己：要不要去衝浪？到了後天，同樣的問題還得再問一次。我應不應該重新確認昨天做的選擇？說不定我會說應該，而我也一定會再次回答說要，不斷不斷地下決定，不斷不斷地說要去衝浪。這聽

③這是亞瑟・丹托（Arthur Danto）在《存有與虛無：讓—保羅・沙特》（*Being and Nothingness, Jean-Paul Sartre* [New York: Viking, 1975]）中對沙特那番曲折論證所做的詮釋。

④我會在這種沙特所謂的「命題」意識中出現，因為我察覺到自己和那顆蘋果的關係（「我看見蘋果」）。我當然也可以只看見那顆蘋果而沒察覺到我自己與那顆蘋果的關係（「非命題意識」）。而照我們這裡的解讀，我們其實比較容易獲得這種非命題意識。

起來比每天起床後，想都不想就衝到海裡去練習衝浪困難得多了。⑤

所以「存在就是自由」其實是一種工作。存在就是在工作，這份工作即是不斷地建構自己。我就是一件持續按照投射出的自我形象來創造與重造的工程。一如沙特所說：「自由正是虛無，是在人心之中**與生俱來**，而且迫使人事實上必須**創造自己**而非**只是存活**的那份虛無。」⑥

但是為什麼說「而非」呢？難道人就不能同時照原樣存活、又創造自己嗎？這不是不可能啊。

衝浪就是創造。隨著波浪流動就是順性而活。

衝浪客從波浪的流動中找出了一道自我超脫的方便法門。即使是在尋常的日子裡，在浪裡滑行的衝浪客能因為浸淫在崇高的美之中而脫離俗世塵囂，透過生活中的節奏起伏而躍向更加輕盈欣快的人生。隨著日復一日的衝浪，按著這規律的練習頻音，衝浪客會愈來愈有所領會，繼而消融在超越自我的事物之中。

在日式弓道傳統中，禪寺周遭通常有射箭道場。曾到日本修習弓道的歐洲哲學家奧根．海瑞格（Eugen Herrigel）就記錄了要學會用心神拉弓是多麼困難的事。⑦日式弓道當然也有基礎步驟，像是瞄準目標、握穩弓身、訓練注意力、配合呼吸動作、控制飢餓或疲累等。即使是「純粹愛現小聰明的射手」也可能「有妖術般」或狐狸花稍地射中靶

---

⑤可是我非得這樣一直問自己要當什麼樣的人嗎？如果我問了，我就不能拒絕自己的選擇，但是說不定通常我根本不用問這問題呀。哲學家比爾．布瑞肯（Bill Bracken）告訴我，他認為沙特所說關於個人的「原初計畫」（original project）意指個人不用審慎細思、明確選擇自己的人生規劃（見《存在與虛無》）。他還說，沙特也很清楚意志並不是自由的唯一表示；激情其實也是（同樣參見《存在與虛無》）。所以我雖然可以選擇照某個規劃去做，但是我也可以很真誠地讓激情控制，隨激情來形塑我的人生。靠意志力追求某種人生規劃可能帶來自欺的額外風險，因為我們這時可能並未完全了解自己親身所處的「現實性」。這種詮釋下的沙特就比較接近梅洛─龐蒂與衝浪客的立場了，只是他也許還沒有一個清楚的理論能來談調節領會。

⑥同前註。

⑦見《箭術與禪心》（*Zen in the Art of Archery* [New York: Vintage, 1989]，台北：心靈工坊）。

心，但真正的大師則更高一層，出手時更是心無罣礙。

關鍵的一步在於鬆手放開弓弦要在正確的時機，才能夠避免弓弦「強振」，讓這箭「晃移」。可是你如果刻意要抓正確的時機，反而會抓不到。師父說，如果你自己「逼得太緊，就沒辦法正確鬆手」；「箭只有在射手未曾料想的時候才會射得穩」。

更麻煩的是，嘗試去做還會造成反效果；你愈「試著學習為了射中箭靶而射，就愈不會成功」。只有在完全沉浸在領會鬆手的那一刻，正確時機才出現。「一切都得要射手進入無心境界，毫不勉強，才能水到渠成。」射箭必須「自然而發，無須用心控制或反思」，就像瓜熟蒂落那麼純粹自然。

亞里斯多德認為這是不可能的。要有目的而為才叫行動，所以射箭這行動的每個部分都一定包含著射中目標的目的。可是「有目的而為」能不能包括讓事情被動發生呢？在潛意識層面裡，你當然還是需要腦部活動和消化呼吸等活動，但從另一方面來說，這些事不是**你**個人主動去做的。而且，你也很難為了自己的目的而**毫無行動**；你沒辦法主動選擇**睡著**，你能做的只是選擇讓自己進入容易睡著的狀態——**讓自己落入**睡夢之中。你看，最後落入睡眠的那段被動時刻怎麼能算是你主動的行動，而不是某種發生在你身上的狀態呢？你要怎麼有意選擇一個完全無求的狀態，並以這個異於自己的標的來引領你行動，而不是讓這狀態自然而然地發生？

但無論如何，禪宗會告訴你「放下自己」是你的作為，或者至少是交代你去做的事。而「放下自己」就意味著「將你自己和你的一切全都拋到身後，使自己別無長物，只剩一份無求的警覺」。

衝浪也好，生活也好，我們真的就像禪宗大師所說的，不能「太過執著」。要領會超越自己的事物，就不能不仔細注意那些超越的對象事物，但若是太過在意自己，就很難仔細注意那些對象了。說不定我們要做的只是收回某些伴隨著射中目標的「執著」，像是求表現出色、求勝、求父母或自己歡心。⑧但是禪學似乎還要求更多，是要「放下一切執著，達到徹底無我：讓靈魂自身沉澱，消除諸多煩惱根源」。

可是衝浪**不能**如此完全無我。在水上活動沒有哪個時刻可以那麼固定，讓你能落入全然被動的狀態；根本就沒有讓你不主動調節自己的時間。如果你真想要在衝浪時進入入定狀態或清醒睡眠，海浪馬上就打了過來，你會吃得滿口海水，立刻就不再與波浪同步。身體的動力和時時刻刻對注意力的要求都自然會將我們的意識帶到波浪上頭，不會放在自己身上。但是這種自我超脫就是衝浪客主動追求的目的，能夠在波浪中調節領會。就算這不是禪學，至少也是種兼顧了被動存在與主動作為的輕鬆法門。

當我不再打禪七，只是在海灘上放鬆的時候，那個心中的「我」也不會隨時逼近。當然

---

⑧心理醫師羅傑．渥許（Roger Walsh）提出了這套調和禪學和亞里斯多德學說的談法。他這套見解也見於其所編的《世界大智慧》（*The World's Great Wisdom: Timeless Teaching From Religions and Philosophies* [Albany: State University of New York Press, 2014]）。

嘍，如果需要，我也可以將注意力放到腳跟，感覺到底下的那塊岩石，讓我察覺到自己的腳底。只要我想，也可以將視線從世界中轉開，回到自己身上，在這自我意識的「反思」中注意到我的身體、我和周遭環境的關係。但這樣只是在說我注意到了什麼、什麼最能引起興趣而已。衝浪當然比我的腳底有趣得多了。佛教修行會嚴格訓練人的專注習慣。可是衝浪客能夠憑著自己對衝浪的執著來走，能靠著這份讓自己更能浸淫其中、有所領會的愛來前進。

當我在浪頭上馳騁駕乘，**我**當然**就是**那個主動行動的人；在衝浪的可不是別人啊！但是我這時的自我經驗可能轉瞬即逝，完全消失在意識流之外，當下一刻的波浪有所呼求時，才又回到我的身體技巧上頭。我處在流動之中，因為我已完全將自己置身在這加速裡頭，行動融入了狂捲的風中，對自我的感覺則退到了注意力後方，而且往往從意識邊緣徹底消失。

也許某個陽光燦爛的午後，我在海上划水時，會被大海的崇高吸引住，覺得自己完全消融在這片靜謐之中。我可能還察覺得到自己，以及漫過我肌膚上的溫暖海水。但說不定並不會。我也可以只是待在那裡，完全沒意識到當下狀態，只**意識到**超越了自己的那些事物。我可以在這種簡便的自我超脫中得到自由，完全不會想到自己。

所以在太陽底下還是有辦法讓人完全處在當下，還有下一個時刻、再下一個時刻，只要看著那翻捲的海浪，或是划上浪頭就可以了。單從我們自身這有意識的存在是發不出怒氣的，就像沙特說的。我們的不滿是源自於持續的**壓抑存在**（subsistence），身處在充滿壓力的工作環境，還得面對暴虐的老闆、鑽營好鬥的同事和無聊的時間。而對付這怒氣最好的良方就是暫時消失，最好能完全不會想到自己。所以，定期去衝浪以及真正到浪頭上馳騁，都有助於獲得健康的人生。

「上善若水」

植物會朝向陽光生長，蜜蜂會在田園裡飛舞，四季更迭，光陰飛逝，唯一不變的就只有「變化」這件事。適應變化是現代科學生命理論的核心，是天擇演化的關鍵。而除了科學之外，倫理學若要主張順應潮流似乎也只有在「變化」真的是萬事萬物的存在方式才能取信於人。我們要適應變化才能成長和演化，或是起而面對上帝設在我們面前的種種磨難，我們要擁抱變化，隨時準備好，才不會當原本的情況不再，或是原以為永恆的事物消逝時飽受這份失落感折磨。

武打明星李小龍給過我們一個好建議：「上善若水啊，老兄！」他這話的意思既是在談自衛，也是在談人生。而其中真正的難處在於雖然人體有百分之九十是由水所構成，但人也只是像水一樣而已。意識就像液體一樣流動，而沙特對自由的想法聽起來則像是說我們會如何，完全取決於自己，能靠我們的意志決定重新打造。只不過沒有人能夠既保留自己過去的種種記憶印象，又徹頭徹尾改頭換面，同時還在生活各個方面有所變化。能夠調整適應是良好品格的共同特性，而所有的調整適應都只能要求人做出一點點改變，畢竟人生下來就只是血肉之軀，擁有相對固定的結構。再怎麼說，人都不是為了能永遠進一步「調整」而設計出來的物品，不像槌子，就算不拿來敲打還能當成裝飾品掛著或拿來當作門擋。人一旦要適應新的情境，就會照心中想要的存在狀態來改變。但是無論在成長歷程中經歷多少流動變化形塑，我們始終都有些保守不變的地方：我們都會同意有些變化來得太急、太多了。一個人若要保持開放的心胸，不斷學習，以便適應不熟悉的事物，那他就得處在一個相對安穩的位置，能過上正常、規律、一致，甚至是舒適的日常生活——至少在學習適應這段時間必須如此。

而我們一旦到了改變關頭，「上善若水」就意味著要能適應良好、調節順暢。但這能帶我們自我超脫到何等境界，則有賴於需要什麼樣的「調節」，以及這種調節本身能否成為自身目的而定。

應付

應付（cope）指的是配合討厭的必要情境來調節。這也是種調節領會，但不是為了調節領會本身，而是為了讓個人處境不會更糟的外在理由而為。一棵大樹倒在路上，人就得要爬過去。海嘯來了，人就得沒命地跑。工作丟了，就得想辦法找下一份工作。或者，就像記錄伯羅奔尼撒戰爭的歷史學家修昔底德（Thucydides）所說的，強者逞其所能，弱者則承其所不得不能。弱小的人就只能應付著軍閥，應付著日常生活中種種滿口空話、爭名奪利的權力鬥爭，卻很少能夠在蠻橫的老闆手底下得到機會加薪。他們只能「苦中作樂」，讓情況不要比現在更加惡化，別讓自己待不下去就好。

但即使是應付也有分好壞。當老闆痛罵底下的血汗勞工，說他們應該為自己的貧窮負責，應該**更努力工作**時，倒是說對一件事，就是人在處理事情的時候有好有壞。如果有一個拿著刀的人向你衝來，你可以運用合氣道，「像水一樣」導引他轉向你要的方向去。失業的魔咒反而**可以**為人生開啟新方向——你可以更常去衝浪、花更多時間陪小孩。但也可能剛好相反，因為你也許不擅於應付，也可能因為你已經山窮水盡，只能**勉強**應付，只能且戰且走，設法不要灰心喪志。

這時最沒用的建議就是勸你要練習耐心，說你總是能從這種情況學到某些事，或者說人總是應該看到事物光明面。無論這些陳腔濫調裡有多少真理，要自怨自艾總是很容易，卻很少人會在這時設法「自我超脫」。卡繆的薛西佛斯在推動石頭的自覺反抗過程中找到了一絲自尊，是面對荒謬困境時應付得最好的榜樣；但這只是一則英雄寓言，不該消滅我們對正常情況中「承諾張力」（strains of commitment）的信心，反而限制了我們全面配合的意願。羅爾斯就認為，所有的政治哲學都必須談到承諾張力。⑨有些人因為個人的灰心喪志而退縮抽身；有些人則因

---

⑨羅爾斯自己的看法見《正義論》（*A Theory of Justice*）和《作為公平的正義》（*Justice as Fairness: A Restatement*）。

為自以為是，所以憤而反叛，比方說，想要靠破壞一套功能不彰的政治秩序來當作表達蔑視的做法（就像支持英國脫歐或投票給川普一樣）。

如果應付就是指苦中作樂，那我們也許就能在克服困境中找到樂趣，試著把應付這件事本身當作目的來看待。你當然寧可不用自衛防身，但如果受到攻擊你還是會設法自衛，而在這種情況下，為什麼不看成可以把皮夾藏在身後來拒絕那小毛賊的機會，讓你最後不用使出練習許久的柔術，還得一邊大聲嚷嚷「為了正義」呢？（我想那小鬼大概不知道自己被什麼打中了吧？）⑩失業或流浪的時候可能會淪落到去「沙發衝浪」，其實也就是在親戚朋友家的沙發上過夜。人家要是問你「住在哪兒」，回他「我在沙發衝浪」也算是開自己玩笑，說不定還會因為這笑話讓生活更加自在有趣呢。如果個人身處的大環境真的很糟糕，那麼這種應對方式大概也能和衝浪相提並論，畢竟只要抽得出時間，衝浪在絕大多數的情況中都是有其內在理由去做的事。說不定，有的人是為了應付自己毫無意義的人生而去衝浪——「人生苦短，何不衝浪？」畢竟，這項運動本身就已經很值得從事了。（我們稍後會再回來看這種人可能忽略了什麼東西。）

遊戲與運動

工作做完，有了空閒時間，大家通常會自願去玩個遊戲或做做運動。而大家會從事這兩種玩樂活動都不是出於必需，而是為了這活動本身的緣故。

哲學家伯爾納德·舒茲（Bernard Suits）對「玩遊戲」的定義說得再好不過了：自願去克服非必要的障礙。他特別強調了為什麼玩家會從事這活動的道理。所謂的玩遊戲，就是：

> 只使用在規則中允許的方式嘗試造成某種特定事態，但這些規則會鼓勵較無效率的方式，禁止較有效率的作法，而**大家之所以會接受這些規則，是因為有了這些規則才能進行這種活動**。⑪

打個比方，踢足球就是要挑戰造成踢球進門這個特定事態，而根據規則，玩家不能用手碰球（除非擔任守門員），而且大家會遵守這樣的規則是因為靠這樣的規則可以玩出一場精采的比賽。規則也會禁止一些更有效率達成目標的作法，例如在足球比賽中就不能像橄欖球或美式足球那樣抓著球跑。

---

⑩奇怪的是，大家好像都認為衝浪客很愛柔術，就像認為衝浪客也很愛打高爾夫一樣。也許是因為這些活動都是單人進行，專注在身體技巧，而且進步就需要集中注意力才行。

⑪見《蚱蜢：遊戲、生命與烏托邦》（*The Grasshopper: Games, Life, and Utopia*, 3rd ed. [Peterborough Ont.: Broadview Press, 2014]）。粗體字為本書作者所加。

遊戲玩家在設法把球推進洞裡的時候，並不需要假定進球這個事態本身有什麼價值。有人會覺得把一顆坑坑疤疤的小白球打到一大片割得整整齊齊的草地上，推進中央的小洞裡是什麼很棒的事嗎？如果有人為了某個理由而希望將球打進那個小洞裡，或是為了自己而推球進洞（也許他覺得球掉到洞裡的樣子、聲音或那滾動的模樣有其內在魅力），那麼站在遠處揮動金屬長桿敲擊這顆小白球，讓球穿越各種不同地形，當然是**最沒效率**的辦法了。要是你**真的**像在上班那樣在意效率，直接拿著球走到洞口丟進去就得了。但是事實上即使是大公司（尤其是大企業）也有高爾夫俱樂部。沒有人真的會那麼堅持效率而寧可放棄玩樂。打高爾夫有其外在理由，像是維持人際關係、名聲，或是呼吸新鮮空氣等；也有嘗試為了挑戰而調節自己的內在價值，這些挑戰就像舒茲強調的一樣，是任意定下而且也確實**擺明了沒效率**的規定，不讓人用最簡單的方式達成特定的目的。玩遊戲最重要的就是這種調節適應，是為了這種調節適應本身內在的好處，而不是為了成就什麼外在目標。

一般說來，運動不會像遊戲規則一樣限制什麼動作能做，什麼不能做。所有的運動都有其「構成規則」（constitutive rules），定義了這項運動要展現出哪些基本運動能力，例如游泳、划船、滑翔翼等。所以，如果你不是靠著某種方式讓波浪的推力來帶動你，你就不是在**衝浪**。但是除了定義這項運動概念的這些規則之外，運動比遊戲寬鬆多了——除非這運動也當作遊戲競賽來玩，那就另當別論。

衝浪並不要求玩家必須接受一套挑戰非必要障礙的水上移動規則。所以衝浪不是一種遊戲。事實上，競賽衝浪手在進行所謂的「自由衝浪」（free surfing）時，他們所說的這種自由是指**隨自己意願**自在衝浪，隨便他們用什麼衝浪板，也不管他們用什麼方式衝浪。長板、短板，甚至是用身體衝浪都行——真正重要的是像我們衝浪客說的：「上就對了。」⑫一旦你掌握了漂浮的基本技巧，也能讓海浪的力量帶著你前進，就能夠照喜歡的調節方式自由去做，想用什麼板子、技巧、風格或是衝浪路線都行。衝浪風氣總是不斷演進，卻是各種建議或靈感的主要來源。即使一般的比賽標準——速度、力道、流動，當然也包括風格——很籠統，總是會隨著衝浪媒體每天發送的流行照片和影片不斷更新。你自己衝浪的時候，可以自在出海，隨意變化，做你自己的動作，想怎麼樣就怎麼樣。衝浪就是自由。所以隨心所欲，表現出你自己吧！

不過，即使是衝浪也可以當成遊戲來玩，只要弄套定義好障礙的規則，設置新目標就可以了。下了水的衝浪客就可以開始照一般的比賽標準來計分，把今天的練習當作臨時比賽，這時的衝浪就能變成一場計分獲勝的遊戲了。如果競賽遊戲的特徵就在於有一套定義計分和如何勝利的規則，那純粹來衝浪的衝浪客大概就不會接下挑戰了。衝浪是只為了使衝浪美妙無比的內在理由而做的事。這樣說或許也不無道理，因為衝浪會因競賽而逐漸墮落。衝浪現在已經漸漸變成靠比賽獎金謀生、獲勝、競爭排名、旅行、爭奪名聲和金牌的競賽活動了（衝浪已經列入

---

⑫不過，趴著用身體衝浪通常比較會被直立衝浪的衝浪客瞧不起，除非是遇到了極端的海象，讓人沒辦法站著衝浪。從這角度來說，衝浪是有偏見和菁英主義沒錯。

二〇二〇年東京奧運比賽項目）。競賽的目的是為了找出最棒的競爭者，這一點競賽活動當然做得很好。但是這麼做也可能會像盧梭說過的，引發大家心中比較沒那麼高尚的動機。再怎麼說，比賽就是拿我們自己跟其他人相比的一種方式，所以也就會帶來爭吵、惡習、不悅，還有各種不滿。（詳見下一章。）

但是，即使是最強硬的純粹派也可能低估了因為衝浪競賽而有的傑出表現，更遑論觀賞精采比賽的那種興奮了。讓衝浪墮落的風險也許沒那麼嚴重。職業衝浪客似乎至少仍會**為了**內在理由而衝浪。在賽後採訪中往往會有這樣的橋段：對呀，你知道的，不管輸贏，光是在這裡跟這幾個人一同衝這頂尖好浪就有夠爽了！這些職業選手每次說出這種話時都是真心的。真正的衝浪一定至少有部分是出於內在動機，而要有這種動機並非難事，尤其是當頂級好浪就在眼前的時候，更是容易。⑬

玩樂

如果所有運動都是為了這運動本身而進行，那各種運動之間的差別至少就在於會因不同的條件而需要不同的調節領會。當然嘍，運動項目間的主動性或玩樂性也有差別。

打高爾夫的時候，那種奇特的扭身就得在相對固定的環境下，配合每個球道、每片草地、每次揮桿等各項細節來調整。這和衝浪不同，因為衝浪得要針對變動不停的媒介隨時調節身體，甚至連塊能站穩的地面也付之闕如。⑭變化不停的風會要我們做出細部調節，但是就像弓道一樣，這些超越了調節技術層面的障礙主要是心理上的挑戰。調節良好的表現需要健全的「心念賽局」（mental game），照某位教練的說法，這心念賽局包括準備時要「清楚、投入和鎮靜」，行動時也要「自信、專注、順應流動、身心都與當下這刻完全同步」。⑮

---

⑬一個人有沒有可能發現自己只是為了獲勝和獎金而參加衝浪賽事呢？理論上說來，是有這種可能，而「職業衝浪」就會變成一種矛盾的表現——是一份工作，不是真正在衝浪。我猜這種人大概不會參加比賽太久；畢竟，要能保持與海浪同調，就得依賴對衝浪有一份熱愛才行。

⑭法國哲學家德勒茲（Gilles Deleuze）就比較過高爾夫和衝浪這種新興運動之間的關聯。打高爾夫或跑步「有〔與對象的〕接觸點」，而且「我們就是動作的源頭」，我們要努力克服在「槓桿處」（例如草地和高爾夫俱樂部）所生出的抗力。相對於此，「所有新興運動——衝浪、風浪板、滑翔翼——其形式則是要進入既有的波浪之中」。我想他的意思是，為了要能受到這種外來推力的推動，就需要良好的適應調節。如他所說的：「關鍵是要如何在大浪、氣流的動作中借力使力，才能『進到裡頭』，而不是靠自己出力。」「這就不再有起始點，而是要上軌道。」上述引文均出自〈沉思者〉（"Meditators," in *Negotiations 1972-1990*, trans. Martin Joughin [New York: Columbia University Press, 1977], p. 121）。

⑮見喬瑟夫・帕蘭特（Joseph Parent）的《心念的賽局》（*Zen Golf: Mastering the Mental Game* [New York:

芭蕾舞同樣是在固定的舞台上玩耍。芭蕾舞者不用適應不斷變化的舞蹈空間，但是得在每段新的音樂、動作、組合中與其他人同調。如果我們能夠用完美程度來說「流動」的狀況，那在芭蕾舞這種迷人表演所展現的「社會流動」往往可與衝浪時的自然流動一較高下，甚至更勝一籌。但是衝浪和芭蕾的目標實在大不相同。衝浪要的是粗獷自然的主動性；但芭蕾需要的協調，則是為了精采演出而透過管弦樂**演示出的**自然流動，這種精湛演出可說是站在人類體能領悟的頂點，卻不是靠毫不費力的心流狀態而達到的成就。芭蕾舞目是經由嚴格訓練身體每個動作，透過編舞過程流竄在舞者身上，歷經了無數小時的汗水和肌肉疼痛，苛求種種細節的產物。即使站在表演藝術的巔峰上，芭蕾舞這種看似輕鬆的舞蹈實則為無數努力的結果。這種藝術形式事實上是花費了無數血汗才創造出來的流暢美景。⑯

衝浪也需要努力；你得要划水很久，要是水流強一點，說不定還得一直划。但是你也時常會休息，而且不停變化的海浪不會像管弦樂那樣注重細節。衝浪沒有固定曲目，也就不用擔心會控制疲乏。你可以放輕鬆，把每一道浪都當作不同的人，各有不同美麗風采。

衝浪因為有著即興、玩耍的性質，所以說不定還更像籃球，更像爵士樂即興演奏。這些活動都要時時調節，而且通常沒有多少事先規劃和預想的時間。這種即興因為已經心領神會，每一步都是來自前一步的體悟，因而也才了解了下一步。我們能記得先前是如何進行；期待接下來如何發展；想到能夠做些什麼；感覺得到大概要追求什麼以及可以實現的不同方式。

籃球員的「聲東擊西妙傳」（no-look pass）是因為期待隊友能接力灌籃，有時候則是比賽時間快到了，得賭一把。爵士鼓手會「放空」（lay in the pocket），等著看獨奏要往哪邊走，起個頭來表達自己對這時候音樂的想法。衝浪客會從攀升中的部位「爬岸」（coast），衝過浪壁的高峰線，然後放低重心俯身，隨即在陡峭浪壁的另一邊來個急旋。

球員也好、樂手也好、衝浪客也罷，都不是「啥也沒做」，不像修禪的射手射箭時那樣完全被動；因為**照著原樣存活又處在當下**（尤其是在等待的時候）就是即興演出的積極作為，就是正在做「領會」這個行動。在衝浪和音樂表演中，投入當下就能讓我們領會更大的樂章，進

Doubleday, 2002]，台北：橡樹林）。

⑯ 哲學家芭芭拉．蒙特婁（Barbara Montero）以她自己親身當過芭蕾舞伶的經歷解釋了為什麼這種看似輕鬆的舞蹈事實上那麼辛苦：「我經常要想怎麼樣才能夠在動作中捕捉、加強或玩出音樂的內容，我會想，說不定『我在結尾拖長那個音好了』或是這一類的鬆散念頭……這既要仔細思索（我是該這樣做，還是再等一下？）……也要全心專注。有時候，我的思緒……是關於我表演的性質方面，例如是這個動作要表現得更強力一點，或是讓其他動作更流暢一點。」見〈舞者的反思〉（"A Dancer Reflects," in *Mind, Reason, and Being-in-the-World: The McDowell-Dreyfus Debate*, ed. Joseph K. Schear [New York: Routledge, 2013]）（草稿可見於：https://barbaramontero.wordpress.com/2013/10/15/a-dancer-reflects-deliberation-in-action/）關於她對專注手上事項何以不會干擾表演，反而往往更加增色的論述，見她的《行動中的思想》（*Thought in Action: Expertise and the Conscious Mind* [Oxford: Oxford University Press, 2016]）。

而超脫自己。

人生意義

所以說，我可以藉由康德所謂人之官能的「自由玩耍」，藉由思想和感受的「自由協調」（就像衝浪客衝浪時的身體協調那樣），在想像力中流出自我之外。你叫這是心靈衝浪也好，說是白日夢也罷，這都看似一種生活和存在的好方式。

當然，即使我們玩遊戲或運動是為了內在理由，但這樣的內在價值也仍可能是電解質失衡或是曬太多太陽所造成的錯覺。對卡繆來說，我們的困境就在於為了應付而應付，而當我們**以為**某種事物具有內在價值，但卻沒有任何事物擁有任何內外在價值時，我們就更容易試著去應付。我們在第四章給過一個說法：我們的存在困境在於必須於眾多價值的諸多選擇中定義出我們自己究竟是誰。只不過對卡繆來說，這說法並未正面回答他的自殺問題。他自己對一個問題急不急迫的測試是看這問題會「蘊含什麼樣的行動」，而且他還說：「我看有很多人是因為覺得生命毫無價值而死」，因而「像是在創作偉大的藝術作品一樣，在心裡默默準備好」自殺。⑰哲學對這樣的人有什麼話好說嗎？

能說的大概不多。如果哲學家真的得像卡繆說的一樣「以身作則」，我會建議去衝衝浪、曬曬太陽，還要找個好的心理治療師，說不定再加上多去旅遊吧。反過來說，要是我們當真要像卡繆說的那樣，根據實際行動來判斷問題重要與否，那麼就有必要考慮我們天生的動機，包括那些並非負面的動機在內。雖然人類在精神上可以起而反抗，但從根本上看，倒還是玩心很重的。動物當然也會玩耍——小狗會扭動嬉鬧假裝不會咬人，海豚也有牠們自己衝浪的方式。⑱我們也是動物，可以透過活得開心來超脫人類文化所造成的壓抑和約束。⑲文化理論家胡伊青加（Johan Huizinga）說得好，對**遊戲人**（Homo ludens）來說，玩比人類所有儀式文化都更重要，也因而是種轉化嚴肅成人事務的方式。「我們在遊戲中可以不用那麼嚴肅，就像孩子一樣；但是我們也能很嚴肅，進到美和神聖的領域之中。」⑳

小孩可能會模仿大象，彎著腰身，蹣跚踏步，手伸向前，當象鼻一樣甩動。只有無聊鬼才不會玩這種想像模仿的遊戲。當然，這只是在假裝而已。但你若是對一個小孩說：「你不是真

---

⑰《薛西佛斯的神話》。

⑱海豚會在海浪下貼著海面滑行，偶爾鑽出水面，甚至跳到空中。海豚也會靠波浪的推力在浪管底下或浪壁上前進，就像人類在浪管裡頭或浪壁前滑行一樣。

⑲至於要怎麼做，可參考伊恩．伯格斯特（Ian Bogost）的《什麼都玩》（*Play Anything: The Pleasure of Limits, the Use of Boredom, and the Secrets of Games* [New York: Basic Books, 2016]）。

⑳《遊戲人》（*Homo Ludens: A Study of Play-Element in Culture* [London: Routledge and Kegan Paul, 1949]，台北：康德出版社）。

的大象，你是個人。」雖然是**實話**，卻有些傻。小孩才沒有搞混呢！他真正相信的是玩耍的**價值**，而我們幾乎所有人也都一樣。不管是玩辦家家酒、印度宮廷十字戲（Parcheesi），或是花一整天衝浪，玩耍本身就是值得做的事。這份對價值的肯定**不是**假裝，如果無聊的人還想反對這一點，那其實這無聊鬼才是真的搞不清楚狀況。有什麼比全神投入在遊戲中、運動中或藝術創作中，覺得做這件事情實在太棒了還更有人味呢？

有一些小孩在玩足球的時候，花上整個下午將這顆球在地上踢來踢去，就覺得實在太心滿意足了。因為呢，幹麼不這樣玩？每個人一輩子都該這樣試試看，還有在大塊畫布上塗上一筆顏料、讀幾本偉大的好書、讓海浪帶著走（如果你真的受不了學衝浪的過程，那麼趴在趴板上讓小浪帶著走也好）。世上有太多事情能做、且值得在這輩子就做。做這樣的事不用假裝有很深刻的意義，也沒有現實與表象之間存在著鴻溝的風險，更不會犯下什麼滔天大過。找幾個朋友在天氣和海象預報說好的時候一起去衝浪，他們就不會在海灘上還花時間去想卡繆那個人生到底值不值得繼續活下去的問題了。要是有人真的想到自殺，那也是等衝浪之後再說，甚至要更久之後再說的事了。即使是長期的抑鬱，到了你正試著調整上個浪頭沒做好的動作時，也會一掃而空。每個季節的浪都不一樣，但是滾滾的浪濤和雪白的浪花卻始終跟著大海的節奏穩穩打來。對衝浪客而言，這就是人生的意義，也就是為什麼如果夠好命，那日復一日、年復一年都要繼續活下去的意義。

衝浪是種運動，但也不只是運動而已。衝浪也可以當成宗教，能夠讓人安身立命。這可不像其他新玩意兒或什麼嗜好那樣，只有在剛接觸的時候如此；一旦你開始親身追求，就可能為此送命，還覺得自己算是好命的。衝浪本身的美妙就令人想**活著**，光是在發生的當下親身見證就夠了。我真是太幸運了——能夠在開始衝浪的時候就見證到這一切條件在此匯集，能夠有讓波浪帶著我走的好運，而且還有好多年能這樣玩。我有這樣的幸運，戶頭裡有足夠的錢，不管接下來會發生什麼事，我這輩子都實在是太幸福了。過去的事就算了吧，上帝也拿那些沒輒。人遲早會死，而且說不定我還會死在一場淒慘的車禍裡，所以現在這麼好命已經夠完美了。我這輩子剩下的日子都算是賺到了。㉑

當然，我也可以安於自己遲早會死的這樁事實，問自己我這短短一生活得值不值得。要是我真的這樣問自己，我可以心滿意足地說，值得，單就今天這一天、單就這個星期，我已經衝了浪，那就值得了。海德格認為活得「真誠」就意味著活在一直問自己的行動是否在死亡的陰影籠罩下還值得做（這就是他所謂的「向死存在」）。在他看來，人生不要有遺憾，不需靠其他事物分心，或是夢想著永生才能讓自己好好撐過這星期。但就算不管衝浪客對人生意義問題的答案，在所有關於衝浪客的死亡或其他悲劇故事裡，衝浪客都不會一直問自己這星期、今年或這幾十年來的衝浪有沒有意義。也許是因為這問題的答案對衝浪客來說實在太明顯了：「當

㉑這對活老一點就有好處了。年輕人可能會一頭栽進衝浪裡，但是過了幾年就不玩了。中老年人相較之下就好命多了。

然啦！」這無疑就是衝浪客的答案，還有什麼好問的呢？但更可能的是在這當下、在滾滾湧浪捲來之際、在下週還有浪可衝的時候，抱持這種我執的心態實在太不實際了。海浪日復一日地席捲而來，衝浪客會讚嘆自己的好命，誇耀生命中的絕美感受，享受這豐盈時刻，才不會只關注著自己。光是在海上、參與這一切就夠爽的了，要是有誰這時候提到死亡的話題，你可以不甩他。「對啦，人都會死。不過別擔心啦，快看！這道超棒的浪！我要再衝上去囉！」

所以，我們在日常嗜好、遊戲、運動和音樂裡，就能找到自我超脫的方式。我們在為了這些活動本身而參與的時候就能夠忘卻自己。如果能夠調和好這些事與工作，那衝浪、芭蕾舞、演奏爵士樂等活動真的能夠超脫某些「閒工夫」的偏見，讓人重新安排好自己的人生。那麼，這些活動也能協調好整個社會或大部分的社會生活嗎？

舒茲將「玩」的定義含括了所有具備內在的活動，包括遊戲和運動，他主張玩就是**唯一一種**在所有勞動和奮鬥都只剩下工具性目的後，還能讓我們想像出烏托邦的活動。㉒假設機器可以取代我們從事所有工作，物質生活豐沛無虞，心理學已經能治癒所有心理問題，在愛和欣賞、科學與哲學、藝術與性各方面都不再有種種爭鬥，而且為了論證需要，暫且接受這些假設，那麼在這情況下，我們還會做些什麼？這種無需勞動的「烏托邦」在道德上還有吸引力嗎？還是，就像叔本華所說的一樣：

的確，工作、煩惱、勞動和麻煩佔去了幾乎每個人的大部分人生。但是如果所有願望

一旦出現就得以實現，那人要怎麼活？他們要怎麼運用這些時間？㉓

舒茲的答案是：我們會玩遊戲和運動！我們還是會為了這些活動本身而做。如果有人內在珍視的事物是現在認為的工作，像是蓋房子，他們到時還是可以繼續做，只是屆時會將這件事當作一種運動，純粹只為了這份建造技術的內在價值而做。「除了曲棍球、棒球、網球等諸如此類的運動之外，還有像公司管理、法理學、哲學、生產線管理、機械工程等無數多種具實際目的的運動。」

對舒茲而言，我們既然能夠想像出烏托邦，就表示烏托邦是種有道理的觀念。儘管烏托邦並不會馬上實現，但這種「休閒形上學」的思想實驗顯示出我們往往輕忽的「消遣」究竟有何深刻意義。我們玩的遊戲和運動事實上可能是「模擬未來之事」，是「未來的線索」，而「認真『培育』遊戲，也許就是我們唯一的救贖。」㉔

㉒見《蚱蜢》。

㉓見〈論塵世苦難〉（"On the Suffering of the World," in *Studies in Pessimism*, trans. T. Bailey Saunders [New York: Cosimo Classics, 2007], p. 6）。

㉔電影《天人交戰》中，演員班尼西奧・狄・托羅（Benicio Del Toro）飾演的蒂華納警官羅德里格茲，希望說服美國緝毒局相信他們在「反毒戰爭」中是站在同一邊的。劇中有一幕是羅德里格茲帶著緝毒

其實未必是癡人說夢。像衝浪這樣的「消遣」並非在模擬未來。從歷史上看，這些消遣活動是早就開始的閒暇革命之產物。在這七十幾年來的發展下，純粹的資本主義早就沒人要了。我們不再只為了市場需求而投資勞力與時間，就像二十世紀初那種純粹自由放任經濟一樣，讓人幾乎沒有工作以外的時間可以利用。我們建立了每週四十小時工時制度，也累積了史上最多的財富，工具性活動早已不再是我們生活的全部了。先進國家裡的大多數人現在至少都有一些時間可以去玩遊戲或做運動。的確，還有許多人仍在勉強應付工作，試圖苦中作樂，而不是將工作當成運動，為了工作本身而做。但是在玩樂與工作中得到自我超脫並非癡人說夢，而是實際上辦得到的事。這長期以來的休閒革命並沒有完全遠離資本主義，不是像馬克思想像中的那種必然輪到無產階級興起的後資本主義「烏托邦」。休閒革命是發生在資本主義**內部**，而眼前真正的問題是在於我們的社會契約要不要改、要怎麼改才能夠順應現在這個時代。我們在後續章節中會再回來談這問題。

至於現在，我們應當注意到這一路探究下來所得到的一個重點。衝浪客偏好的社會是少做點工作，多點時間讓人去衝浪、爬山、集郵等，而這從人類天性來看，並非遙不可及的烏托邦。對沙特來說，放鬆這項困難是實實在在、避無可避的。活著就免不了要主動自我創造，把存在當成了工作來做。我們的天性限制了文化與社會的實際發展，也同樣會限制工作文化中要如何放鬆。但是在衝浪客的人性觀裡，造成不安和艱苦的原因其實都不在我們實際擁有的天性之中。這些苦難是由於我們選擇了這樣的文化和社會，共同打造出我們現在的模樣，因而才會出現。文化會導引我們的注意力，也會讓我們執著於自我、身分、地位、他人眼光，因而破壞了我們對超越者的領會。自我逃避也因此**變成了**一種工作。但是未必非得如此不可；我們可以隨時超脫自我，只要環境適合就辦得到。自從戰後時期以來展開的休閒革命是順著人類的玩樂天性，讓我們會去衝浪和追尋其他自我超脫的休閒活動。我們的天性中沒有任何阻擋這一走向的事物，也沒有任何事物在現在這時代能擋得住此一趨勢繼續發展。

崇高事物是指我們自己嗎？

康德會痛罵衝浪客的想法亂七八糟，因為他說：「**受風暴激盪的大海不能稱為崇高**。」他認為暴風雨中的大海只有「恐怖」可言。㉕崇高只是我們在面對這個恐怖事物時，被抽離了關於大海的經驗而只想到**我們自己**的那份感受。因為一旦我們「放棄了感性」，擁有了「高等的」觀念，這種感受就轉變成我們「勝過自然」這種涉及自身的思緒。康德寫道：

因為我們雖然在顧及自然的廣袤時也察覺到自己的極限……但我們同時也透過理性的

局探員到泳池邊，說：「你們喜歡棒球嗎？」鏡頭隨即切換到了歡樂的小聯盟比賽場景。

㉕見《判斷力批判》。

力量發現一種截然不同、也感覺不到的標準，藉以能〔掌握〕無限本身……；而既然自然中的一切事物在這標準底下都渺小無比，我們就會發覺心靈的廣大更是遠遠勝過自然。㉖

詩人華茲華斯（William Wordsworth）受了康德的影響，也大談人勝過自然這主題，盛讚崇高的自我榮耀效果。他徵引了康德所言最令我們驚異的「天上的星空」（康德說另一個令人驚異的是「心中的道德法則」），寫道：

大聰大智，有作有為
其所有之物，其深有渴望，
是在其自身，將來能形成。
我見心靈印記在其中
受無限哺育，暗暗中生養
在漆黑深淵，期望能聆聽
其語聲向前，入靜謐光芒
如一恆奔流；心靈受持長
全賴能識見，超越之力量，

感應得理型，

福更勝凡靈。㉗

所以崇高的事物終究還是在指**我們自己**。真正驚人的奇蹟不是那片風暴中的海洋，而是站在峭壁上的觀望者；不是海嘯，而是在浪濤中翻身而上的道德人；不是颶風，而是安全地在沙發上看著電視裡災情的平凡人。

彌爾說他是因為讀了華茲華斯的詩，才脫出了深沉的憂鬱。華茲華斯的詩讓他能夠再度對自然之美和人類對自然美的愛而感動：

> 令華茲華斯的詩能成為我心靈良藥的，是在詩中所表達的事物，不僅是那外在的美，而是那些因為美而激動的感受，以及受那些感受渲染了色彩的思緒。那些詩看起來就是感受的成果，是我所追尋的目標。我彷彿從那些詩歌中找著了所有人類共享的內在喜樂、同情，以及想像之樂的泉源；那些情感與奮鬥或不完美絲毫無關，卻能因人類

㉖同前註。

㉗見《序曲》（*The Prelude*），亦可見於 http://www.bartleby.com/145/ww300.html。

彌爾因而找到了叔本華那個在終結了工作之後的人生要怎麼過的問題解答。「當人生所有大患全都不再之後，」彌爾說，我們可以去尋找「與奮鬥或不完美絲毫無關」的永恆幸福泉源，而這可以在自然之美中發現其蹤跡。

這才像話！這完全接上了衝浪客的經驗，卻一點也看不到康德所謂的「人勝過自然」。衝浪之所以高貴，完全是因為這活動能將我們從自身中抽離的那份力量。康德在另一處說的沒錯，對崇高事物的「心領神會」「並**不是**感受到我們本性中的崇高」（粗體為我所加）。什麼叫作覺得暴風雨中的海洋十分崇高呢？當你看到一道大浪捲來、攀高、碎裂、全力撲下，你就知道了。在那樣的波浪裡頭馳騁，就是在順著波浪的流動中感覺到海洋的崇高與美麗。受風暴激盪的海洋只是造成波浪向海岸襲來的眾多物質條件之一，而**光是那整片海洋本身以及屬於海洋的一切**，就已經是真真切切地無比崇高，不管我們欣不欣賞，它就是如此。要了解這點，就得體驗到**海洋**就是崇高的事物，是驚異讚嘆的對象，而不只是有種感受而已。因為我們當時的感受會有高低起伏，甚至會完全脫節，是徹徹底底的另一回事。不過，在適當的時刻感受到驚訝會帶來一種和諧感，這時我們的感受與整個世界都連成了一氣。

那麼是大哲學家康德糊塗了嗎？這問題有一部分是出自康德其實並未真正探究感受到的經驗性質。我看到桌上有個杯子，隔著一段距離穩穩放在那裡。是什麼使得我能夠有這樣的經驗？我們的心靈又必定要擁有什麼條件，才能將時空中的這個對象認作是穩穩放在桌上的杯子？康德的答案是在我的日常經驗**底下**有所謂的「超驗」（transcendental）條件在支撐著，才使得這一切經驗成為可能。他因而對人類的悟性提出了超越感覺的「範疇」（時間、空間、因果），在我們人人自身之內運作，使我們得以建立經驗。我們或多或少都會以相同的方式看到那個放在桌上的杯子，因為我們心靈的基本範疇是以相同的方式建構出經驗來。但是崇高事物就不同了。崇高事物無法「以任何感覺形式涵括」——不能形成像「杯子是在桌上」或任何關於杯子性質的經驗——因為崇高事物屬於另一種構成感官經驗的背景架構，康德稱之為「理性觀念」（idea of reason）。

所以我猜康德之所以認為我們對崇高事物的經驗會回到自己身上，是因為他的超驗哲學摻進了他對我們經驗的描述。他這套哲學（本身也很崇高）深深影響了整個西方的思想。可是我想，康德也必須承認這套哲學**在日常經驗中**一點也顯示不出來。這完全不像是衝浪客在海上和喧囂的波浪中，與海浪正面相對時所遭遇到的經驗。要等到像胡塞爾這樣的現象學家（沙特也繼承了他的腳步）出現，才會教我們**只看**事物的表面，讓經驗的**內在性格自然浮現**。所以我們只要當好我們的衝浪客，就能夠讓崇高**留在波浪中**了。

但相對地，康德也會直接說海浪很「美麗」。所以崇高在康德的說法裡近似於美，這倒很

㉘《約翰．彌爾自傳》（*Autobiography*）。

合乎衝浪客的經驗。觀浪可以帶來無私欲的愉悅，而這份樂趣乃是來自我們想像力與悟性的自由揮灑或調和。這份直接的樂趣很**適合**這對象，因此樂趣可說是「普遍為真」，或至少「能夠溝通」。當然，對於不同意這是種美的人來說，這一點根本無從**證明**。但是我們只要能提出它美的理由，也就能讓我們開始討論它到底美不美。例如我可能會說傑克森・波洛克（Jackson Pollock）的這幅畫很美，但是你卻說他不過是把顏料灑在畫布上而已（他只是要證明能這樣作畫）；我們接著可討論這幅畫的各項特徵能不能構成一個有機整體（這是二十世紀初分析哲學家莫爾〔G. E. Moore〕的用語）。如果你還不了解衝浪的美，我可以指出衝浪的幾項特徵——晶瑩剔透的浪管、衝浪客對流動的領會、天人之間的調和等；我會說，不管你想怎麼樣，光這些理由就會教你**應該**無私欲地欣賞衝浪。我這不像在提出證明，但也不是在辯論品味問題，不是在說服你某種口味的冰淇淋，比另一種口味的更好吃。

會看著海水分毫不差地湧起捲成浪管的衝浪客永遠是美的客觀論者。這樣的浪本身**就是**一份崇高的美。從這方面看，這種浪的價值是客觀的，只不過不是柏拉圖那種遠離塵世的永恆理型罷了。關鍵就在於美感判斷並不是只關於意見、感受、品味，只「對觀看者而言為真」，沒有更高權威可言的那種問題。「美」和「崇高」並非只是某種名稱，用來表示海浪剛好可以傳達的那些愉悅感受而已。海浪本身**就是**崇高的美，無論衝浪客喜不喜歡在上頭馳騁，也不管是不是剛好適合衝浪的目的。也就是說，就算我們事實上沒注意到，海浪和衝浪帶來的愉悅也都能透過想像而**得以**享受、感覺、體會。而這也就是衝浪客所要的客觀性了。關於美的真理只需要從不同的個別思緒或感受都能有不變的結論就好了。㉙即使我不喜歡翻捲的海浪，它還是一樣崇高、一樣美。不能了解這點、不能同意這點的人，實在是大錯特錯。不過，只要他更仔細、持續地觀察，就能矯正這項錯誤。因而這錯誤就只是**知覺**上的問題，是對海浪和衝浪所彰顯的感官現實沒有感覺的問題。㉚

㉙那些「相對主義」、「主觀主義」、「情人眼裡出西施主義」等說法，全都否認客觀性，都說關於美的真理會隨我們的主觀反應而有所不同。所以我說客觀性是在於「不變」，見〈價值的客觀性〉（"Objectivity of Values: Invariance Without Explanation," *Southern Journal of Philosophy* 44, no. 4 [2006]）。

㉚約翰．麥克道爾（John McDowell）的〈價值與次性〉（"Values and Secondary Qualities," in *Morality and Objectivity*, ed. Ted Honderich [London: Routledge and Kegan Paul, 1985]）一文影響甚鉅。我自己偏好的進路是「建構論」，理由可參考拙作〈實踐理性建構論〉（"Constructivism About Practical Reasons," *Philosophy and Phenomenological Research* 74, no. 2 [2007]）與〈建構普羅塔哥拉斯式客觀性〉（"Constructing Protagorean Objectivity," in *Constructivism in Practical Philosophy*, ed. James Lenman and Yonatan Shemmer [Oxford: Oxford University Press, 2012]）。

衝浪經驗是宗教經驗嗎？

身兼哲學家與心理學家的弗洛依德（Sigmund Freud）曾寫過「海洋般的感受」、「與宇宙合一的感受」。㉛雖然他說自己沒有體會過這種感受，但他的同事曾向他提過，說那種感受就是宗教經驗的關鍵，成千上萬的人每天都能感受得到，是「一種**永恆**的感覺，感受到某種無邊無際、無拘無束、『如海洋般廣闊』的東西」。弗洛依德認為，這就是另一位作家所說的「其大無外」，是一種「緊密隸屬於世界整體」的感覺。

弗洛依德也不愧是弗洛依德，說這就揭穿了什麼是人類自我超脫的動力，尤其揭穿了宗教的假象。他寫道：

> 我能想像得到，那種海洋般的力量感之後將會連結到宗教上。而感受到與宇宙合一，也就是感受與其概念內容合一，聽起來就像是尋求宗教慰藉的嘗試，似是本我見到外在世界會對自己產生威脅時否認危險的另一種方式。㉜

弗洛依德從未真的提出**論證**否認上帝存在。他只是假設上帝並非實在，試圖解釋宗教究竟是怎麼出現的（也就是威脅本我）。但是上帝當然可能存在。而上帝要是存在，弗洛依德的說法就派不上用場了：海洋可能是一種啟示的媒介，衝浪也可以是一種宗教經驗的形式。

有些衝浪的基督徒會說在衝浪中感受到上帝。但是憑良心說，不管信教與否，這都未必是所有衝浪客的經驗。從社會學的角度來說，衝浪客對宗教的態度與自身所屬的文化或次文化群體並沒有多大差異。有許多衝浪客——尤其是澳洲的衝浪客——並不特別會有什麼神祕或靈性上的覺知，但是他們絕對都會讚嘆衝浪神奇的獨特之處。

那這些人會不會只是錯過了什麼？德國路德教派神學家魯道夫・奧托（Rudolf Otto）稱我們對神靈的感覺為「神聖感」（sense of "numinous"），是在神聖的他者**完整**出現時會有的那種驚異感受。這也超出了衝浪客會有的感受；衝浪客的感受只是對於某種內在於大自然的事物所生的依賴感，通常會感到一種對於龐大對象的親近與和諧感。神祕主義者聖女大德蘭（Saint Teresa of Avila）對上帝的親近關係或許可以比擬吧；上帝不是以**完整的**他者出現，而是在個人直接經驗（甚至包括日常事務）中**親近**的對象。但這種說法還是太超出一般衝浪客的經驗了。衝浪客在這份親近關係中所感受到的宏大與神奇不是因為這種關係將我們帶到了宇宙**之外**。你所感覺到的反而比較是與宇宙中這一個小小的水體有所關聯：水的變動翻湧、水的濕潤。海和天混成一體，形成了更大、更宏偉的事物，讓人無法盡收眼底；你會好像同時感覺到了整個空間，海藻在你腳邊輕拂、白雲隨微風掠過、波浪緩緩捲來。但是這份對宏大事物的依賴感並不會將人拉

㉛見《文明其及不滿》。

㉜同前註。

到天外，不會拉進天堂，不會到那超越感官、超越自然的國度裡。光是海洋就夠大了。

對斯賓諾莎（Baruch Spinoza）這位偉大的近代猶太哲學家而言，說衝浪客是接近了上帝，就是說他們接近神聖化了的自然，或者是接近自然化了的上帝，這些說法沒什麼不同。那是什麼意思？斯賓諾莎是個泛神論者，他故意說得模稜兩可：「神或自然」。[33]他寫道：「我們稱為神或自然的永恆無限存有者，只按照祂之所以存在的同一必然而行動。」[34]因而我們更應該從事衝浪這種令人感到喜悅的「運動」：

〔會〕儘量利用事物並從中取樂（當然，不能做到令人噁心的地步，因為那就一點快樂也沒有了）才是聰明人。……聰明人會藉由節制飲食之樂、香嗅之味、綠蔭之美、裝飾之華，以及音樂、運動、戲劇等諸如此類的東西來調養自己。[35]

這可不是單純的享樂主義；令人快樂的喜悅會帶來真正的自我超脫。雖然斯賓諾莎將上帝與自然劃上等號，但他還是試著替上帝為最完美存有者的傳統說法講話。在他的定義中，喜悅就是從較小的完善過渡到較大的完善。（「我們愈是喜悅，就愈會轉為完善；亦即我們必定分享愈多的神聖本性。」）所以我們在體驗到衝浪的喜悅時，就愈是完美，也因而愈像是神。

所以衝浪既是自然的活動，也是靈性的活動。如果有衝浪客本來就信斯賓諾莎那套泛神論，我猜他或她是可以在衝浪時體驗到上帝或自然吧。不過，這種全面式的形上學還是和一般衝浪客的經驗完全不一樣，畢竟衝浪客的經驗根本不用將海洋也靈性化。衝浪可以靈性化，但是衝浪本身並沒有這樣做。那得要衝浪客自己接受一套會昭示靈性整體的哲學、神學或世界觀才行。

弗洛依德說海洋般的感受是種「與宇宙合一的感受」或「緊密隸屬於世界整體」這說法有些誇張。衝浪客的感受也沒有這麼融入大自然裡。要是天氣好或浪頭好到讓衝浪客真的上道了，讓什麼宇宙啊世界的事情會在來杯啤酒或抽根菸的時候想，那實在不容易畫出是否有所領會的清楚界線。海洋如此廣闊，你剛剛在加州海灘上衝的浪頭其實是兩個星期前在上千哩外的颶風掀起的，你可能會謝天，居然能在所有條件齊聚時躬逢其盛，玩到你剛剛所衝過的浪頭，彷彿命中注定一樣。但是你不會因此覺得和仙女座銀河系、中國內陸或西非海濱原野有什麼特殊連結，除非你正在世界地圖前面思考，或剛好正想著外太空還有什麼東西。在衝浪時會有的感受其實很模糊，既不是只限於眼前這一點點範圍，也不是定義得清清楚楚的世界「整體」。

產生連結的時刻確實會帶來一種歸屬感，有如回家一樣自在，只不過不是「緊密隸屬於」

㉝ Deus, sive Natura，見《倫理學》（*Ethics*）的拉丁文版，斯賓諾莎在荷蘭文版中故意略去此語，以免讓人覺得他的說法太過異端。

㉞《倫理學》（台北：五南），第四部分序言。

㉟ 同前註，第四部分命題四十五附釋。

世界就是了。你還是可能在對抗洶湧浪濤時懂得了衝浪客的不對勁，或是因為那天心神不寧，完全沒有辦法領會海浪的訊息，因而感到難以親近。要感受到衝浪客的「合一」感並不容易，那是必須與海浪建立起良好關係，是活著的特殊成就。衝浪客的連結感或許不如說是一種**和諧**關係，是人、波浪和海洋在調節領會中所達到的和諧境界。

平凡的現實

嚴格來說，這並不算是**合一**，至少不是在「數量上合一」，不是真的變成同一個東西。要有和諧關係，就要有**不同的事物**，就像在你和波浪之間的關係中，你還是能感受到**你自己**。

這就是要接納許多佛教徒希望祛除的「自我」形象。傑出的學術僧侶菩提比丘（Bhikkhu Bodhi）就寫道：「自我這份幻覺，就是認為在我們存在的核心中有一個真正的『我』，能夠表示我們自己身分的觀念。」[36]他認為這是「一項錯誤，只是一個沒有實際指涉對象的假設而已。」他仔細解釋我們因為困於「『我』和『非我』、『我的』與『不是我的』的對立」中，因而「受到了它們所生污穢的沾染，急於搶奪與毀壞，而最終則不免受到折磨。」為了克服這情形，「必須藉由了解到根本無我而祛除撐起這一切的自我幻覺。」

他的意思就是說我們平常人的想法——「我在想」、「我很不爽」、「要是如何如何，我就能更快樂」——其實全都大錯特錯。這些想法很容易就出現，卻都帶著一份重大的預設：

「我」這個代名詞確實指向了某個東西，指向獨特的個人經驗和得以行動的核心，從出生一直持續到死亡，與其他人的「自我」和事件有著根本不同。但是菩提說，其實根本就沒有「我」這種東西。我們對自我的感覺只是種幻覺，而只有在我們看清這是種幻覺後，才能得證涅槃。這要從「我的」經驗開始，輔以足夠的沉思與學習，才能夠從自身之內破除這層迷障。

要完全掌握這觀點實在太難了。畢竟，是「誰」來理解這說法？是你，是我——這是指其實**並非實在的**你和我嗎？我該相信這一套說法嗎？如果**我**接受了這套觀點，那我不就因此而不**存在**了，整個圖像不也只是虛幻或自我駁斥嗎？我們真能完全逃離笛卡兒的**我思**嗎？這說法才真正蘊含了真理嗎？

近代初期的經驗主義者休謨提過一個解決這道兩難問題的辦法：只相信眼見為真的事物，但「自我」卻是無法直接觀察到的東西。他寫道：「當我進入我稱為**自我**的最深處，總是陷入這一個或那一個知覺，只有是冷或熱、是亮或暗、是愛或恨、是苦或樂。我沒有一時片刻能夠不靠知覺來發覺**自我**，而除了知覺之外也觀察不到任何事物。」㊲照這樣說，我和被我稱為母

㊱《尊貴的八正道》（*The Noble Eightfold Path: The Way to the End of Suffering* [Kandy, Sri Lanka: Buddhist Publication Society, 1994]），本段引文亦可見於阿巴哈里（Albahari）的〈佛教中的無我洞知〉（"Insight Knowledge of No Self in Buddhism"）。

㊲《人性論》（*A Treatise of Human Nature*），第一卷第四章第七節。

親的女人生下來的那個孩子難道不是「同一個人」嗎？呃，如果看看堪稱史上最難的人格同一形上學論文，也就是德瑞克．帕菲特（Derek Parfit）的《理由與人》（*Reasons and Persons*）的內容，大概可以得出一個近似佛教的立場：沒有形上學上的那種自我，沒有什麼事實可以讓我們像平常口語中那樣在數量上將人區分開來。所謂的「你」、「我」、「你的」、「我的」其實只是便於溝通的習慣用法而已。㊳

我很確定高僧確實會達到意識的另一種極端境界，這種「無心」境界會讓他們拋卻一切將自己與他物區隔開來的**覺察**。㊴但是那時當然還是有**某個人**在覺察（就是那名坐在蒲團上的僧人，希望藉此自我超脫的那個人，可能是為了取悅父母，也可能是為了讓他們失望）。先撇開不同的意識境界不談，我們真的能完全而且持續地忘卻自我這個概念，一方面卻又能如常行事，包括像平常那樣衝浪嗎？

衝浪客會全心全意投入眼前的世界，一頭栽進碰得到、嚐得到鹹味的海水裡。衝浪客在她那簡單的自我超脫中仍會保有自己，包括欲望和種種感覺，只是也能領會到超越自身的那些事物——能領會衝浪的每一刻，領會種種能讓自己的行動得以如此實現的物質條件。在這種**關係性**的自我超脫之中，你**必須**維持你獨特的自我。即使衝浪客在划水出海時進入深層的禪定，覺察到緩緩變動的海水、每道波浪濺出的朵朵浪花，但是在流動之中的衝浪客並不會像落入存有之洋的水滴一樣徹底消溶。人還是人，浪還是浪，這兩者不是同一回事。衝浪客在下班後的日常涅槃要在衝浪客與海浪之間的**關係**中得證，兩者雖彼此關聯，卻仍然各自獨立。

至少我們一般都會這樣說啦。我們通常都是用自己的方式、透過自己個別的眼光來體驗這個世界。我看到你，你看起來很友善。如果我們談得愉快，那我一定跟你不是同一個人，因為真正的交談就得要兩個人才行。這會不會是一場我們其實可以逃開的夢境？休謨否認我們平常的自我觀念，卻又隨即兩手一攤，承認他自己這套懷疑論只能用在學術研究中，我們對自我的感覺不可能受到日常人生中的任何事物所動搖。但是這樣一來，為什麼不乾脆說我們所講的個別自我就和其他事物一樣實在呢？一個說自我不存在的「實在」觀念難道不奇怪嗎？為什麼不照我們平常的標準來說平常的「實在」究竟是什麼呢？

我把手放在桌上，物理學會告訴我，我的手對桌子的「觸覺」是一種抗力，用一般意義來說，這會讓手臂的皮膚沒辦法像碰到柔軟表面那樣舒展開來。我們很容易會認為日常生活經驗多少會出錯。物理學能證明我的手和桌子**實際上**根本沒有接觸！這時候沙特似乎說對了：這是濫用「實在」這個詞。我的手當然能碰得到桌子！實際上就是可以，而這完完全全就是一般我們所說的意思，只不過物理學現在沒辦法描述，說不定永遠也掌握不了這意義。物理學家對抗力的那一套說法其實是另一種語言。

㊳帕菲特在知道自己的觀點和佛教的形上學有所交集時頗為意外，但也樂於接受。這套觀點確實能提供一些慰藉：假如你不是一個獨特的個體，你就不會死，也就完全不用擔心死亡。

㊴見鈴木大拙（D. T. Suzuki）的《無心的禪學》（*The Zen Doctrine of No-Mind* [London: Rider, 1949]）。

手放在桌上是這樣，自我在人類經驗的深層結構也一樣。說穿了，我們對於碰觸和實在的概念都是人類的概念：這些概念是為了我們平常人，是從我們平常經驗而來，供平常經驗所用。當然，我們在**塑造**這些概念時會透過各種習俗和文化，所以各個時代各有不同，東西方各有擅場，每每令人大開眼界。不過，我會是我，你會是你，這完完全全就是一般生活中實實在在、真真切切的事。

如果佛陀真的發現了實在的新面向，那確實很了不起。可是日常生活並不會因為發現了一**個真的**（而且不一樣的）實在就全都變成假的。實在這個概念本身也是流動的，在不同的論述領域中有不同的意義。而關於自我和衝浪的「實在」，可不是弔詭的物理學現在所說的那回事。我們用的是平常溫暖陽光下大家會用的那種標準。

衝浪客的形上學

什麼是實在？實在的本質是什麼？世界上有些什麼，一般來說，尤其是靠經驗科學（例如物理學）以外的方式來說，那又是什麼模樣？這些問題大致上說來，就是關於形上學的問題。這幾章一路談下來，我們已經多少可以描繪出衝浪客的形上學圖像了。

關於實在的關鍵問題之一：實在與我們所接觸到的表象有沒有差異、有多大差異？實在是不是就是我們所經驗到的模樣呢？還是我們搞錯了，或根本完全不知道實在的真正性質是什麼？

在某個層面上來說，康德接受我們對此一無所知。他說，一般的事物（例如放在桌上的杯子）對我們能顯示出某種實在，所以這樣說來科學是有道理的。但是，他卻又說了令人困惑的「物自身」（things in themselves），說我們對此毫無了解（只知道它們不知怎地就是存在）。沙特延續了現象學的路子，假設**實在**與**對我們而言的實在**之間其實沒有重大差異。我們應該只關注事物在我們的一般經驗中會是什麼模樣就好，說不定到頭來根本沒有什麼獨立的實在好講。

我們的衝浪現象學倒還多提一項建議，能解釋為什麼在表象與實在之間其實根本沒有什麼鴻溝可言。我們在第四章中提過，在技術活動中表現得好像**本身**就是一種與超越自身之外的世界相連的存在方式。你在虛擬衝浪機裡玩得再開心，也不是真的在衝浪，不是在從事這種技術活動。在第五章我們更進一步闡述這就是關於調節領會的知識，和成功的知覺觀察很像。要知覺到這個世界，一開始就已經知道要怎麼與超越自己腦子以外的世界互動，以及怎麼在行動中配合環境來調節自己的身體。所以說，衝浪是一種真正的知識。在「這裡，在我腦海裡」和「那裡，在外面世界裡」之間沒有什麼深刻差異，在我們的經驗與實在之間也沒有什麼鴻溝。

因此，要超脫自己，就是要能領會到崇高的實在。我們只需要靠這套衝浪哲學，讓我們對於領會能有所領會，揭露我們與超越我們之外的世界和諧相連的深刻方式就行了。

所以，我們可以在日常生活的尋常基礎上超脫自我，尤其是在工作允許的狀況下能去衝浪的話，就更容易了。談完了人類的存在，接下來我們要談談政治哲學：這一套哲學對社會、對我們與自然的關係、工作的未來能有什麼啟發呢？

第 III 部

政治哲學

Political Philosophy

7 — 社會

艾絲黛兒對賈森說：抱歉，請問您有玻璃杯嗎？或是小鏡子也行。

〔賈森不理她〕

艾絲黛兒對伊涅絲說：我要是看不見自己，就會懷疑自己是否存在。

——沙特《無路可逃》（*No Exit*）

地球南極的超級強風系統不停旋轉，經年向北邊吹送到南半球海域，受到強風吹襲的海洋便滾起陣陣湧浪，橫過深海，穿越紐西蘭、大溪地，千里迢迢地打向北半球的海岸線，打上加州的海灘。湧浪在進入大陸棚時就開始攀升，隨即分頭散入各地的海灣、沙灘、浪點，揚起一波波晶瑩璀璨的浪花。當浪線在最佳浪點上捲起浪峰，宣告即將抵達旅途終點，迎面而來的是一陣陣熱烈的歡迎——成群結隊的衝浪客不會放過任何一個浪頭，他們會為了好位置而彼此搶位、阻擋、偷浪，而且常常擠成一團，連人帶板撞在一塊，然後大聲咆哮、咒罵那些插隊、逆向、冒失、衝撞、造成傷害的人。「你搞屁啊！我好不容易才等到這路線清空耶！」、「你敢再插隊試試！看我不修理你才怪！」、「閃邊去啦！你哪裡來的啊！」、「幹！有種上岸單挑啊！幹！好膽別走！」①歡迎來到南加州，剛剛看到的是馬里布海灘和下鐵橋區（Lower Trestles）在星期六一早出現超嗨大浪時的嘈雜鬧劇。這種常見的不愉快往往讓碧綠色的浪壁黯然失色，也是整個社會的難堪污點。

為什麼非得到馬里布海灘和上百個衝浪客爭搶那滾滾而來的浪頭呢？嗯，因為那裡的浪真的很漂亮，而且你真的會想要划水出海，自己登上那浪峰。你可能已經等上了四十分鐘，好不容易才在眾人中搶到最佳位置，佔到理想波浪的浪權，所以你會發了狂似地大叫：耶、耶、耶、耶、呀呼！嘩啊！你辦到了！你**辦到**了！你真他媽了不起的辦到了！結果就在這時候，居然還有四個人衝進來搶浪。有位老兄站在給新手用的軟面衝浪板上，屁股蹶得老高，就像臭蟲一樣；另一個老哥則是在甩尾；還有個牛仔哥只差沒喊出呀哈而已；最後那個亂入的，身影看

---

①這裡的「閃邊去」表現出一種排斥異己的態度，卻還不是極端排斥異己的立場。衝浪客會把「閃邊去」當作不要跟人搶浪的說法。閃邊去的衝浪客可能隔天又回來競爭好位置，完全忘了昨天的不愉快。

起來像是玉女懷春影集裡的十二歲少女，但是你的眼睛全給白茫茫的浪花遮住了，看不清楚。或是等另一道浪來時，你的運氣好一點了，這時候大概只有一、兩個衝浪客在你前面，而且遠在浪肩那頭，讓你至少能下浪，在他們的浪痕後面跟著鏟上浪舌。說不定等到他們跳出去之後，你可以自己衝過幾個部位。（這可是一道長浪，就算是最後三分之一也夠本了。）也有可能你真的不走運，正被人臭罵一頓或是剛好在吵架，只好眼睜睜看著其他人佔盡浪頭，而且裡頭有些人還一邊痛罵左右，放聲大笑，一副得意洋洋、毫無慚色的模樣。

在沙特的《無路可逃》這劇本裡，三名針鋒相對的主角發現彼此居然在言詞和情感上如此搭軋，大家都將對方折磨得死去活來。整齣戲的最後，男主角賈森對這整個場景下了著名的結論：「世上根本就用不著烙鐵。他人即是地獄！」②只要在第二帝國式風格客廳裡放進三個人，加上一張沙發，壁爐上擺個青銅雕像，還有一扇哪兒也去不了的門，那就是地獄了。但是演到後來，台上那扇門總算打開的時候，這三個人卻誰也不肯從那道門孤伶伶地走出去。比方說賈森好了，他想要讓人相信自己不是個懦夫，也想讓自己最後能如此相信（他因為逃兵而遭到槍擊）。所以他需要有人在他身邊。因為我們都是透過他人的眼光來看到自己，別人有著能夠否定我們是什麼身分的力量。所以，即使像戀愛、性、友誼、工作等稀鬆平常的人際關係，也都蘊含著內在的衝突。

衝浪客要是覺得受了氣，或是心情不好的時候，當然可以離開不玩了。問題是，你就是不會那樣做。到頭來，你還是會投降，重新回到海灘上來。令人吃驚的是你居然等了這麼久，連你自已都覺得意外。在加州要衝個像樣的浪並不難，但是每個在人群裡的衝浪客都會自動跳過這個選項。所以你還是繼續等，心裡有部分期待這份緊張能夠消失，只要人潮逐漸散去，或是浪組開始接連席捲而來就沒事了。但是你也已經能夠接受有人群就需要容忍這件事實，特別是在南加州這地方。之所以不會離開，有一部分是因為我們熱愛衝浪，但更重要的原因是因為深植在我們之中的社會性格。事實上，在整個社會這一片烏煙瘴氣裡，我們也的確有可能找到和解的方式，能夠平和處理這堆麻煩。這樣的方式，你可以稱之為民主。

井然有序

不管到哪裡衝浪，衝浪客總是照浪權的先後規規矩矩排隊，就連最混亂的時候也如此。世界各地的浪權規則都差不多，但是可以依照情況不同而有所調節。衝浪客會照這些規則來處理共同事務，而且會依照浪的大小多寡來重新詮釋這些規則的意義，重新調整自己的期望。

---

②《無路可逃》（1947），收錄於《無路可逃與其他三劇》（*No Exit and Three Other Plays* [New York: Vintage, 1989]）。

浪權的基本規則是，一旦有衝浪客已經在正確的位置上時，其他人必須讓他先下浪。可是誰「在正確位置上」？通常說來，就是在這道波浪湧起時最容易攀上浪頭的那個人。所以，如果有個衝浪客雖然不是在最佳點上，離浪峰有點偏，你在衝浪禮節上還是可以說他「在正確位置上」。要是搶在他前面下板划水，自顧自地衝向波浪的漂亮部位，等於嚴重侮辱人家。

如果人潮不多，或是波浪一直滾滾而來（讓每個人都能玩到），大家都會遵守這條規則。在這種資源相對富足的情況中，「在正確位置上」很容易就能分辨出來，而且大家通常都看得一清二楚。但要是人變多了、浪變少了，或是剛好遇上漲退潮，「正確位置」的範圍就會變小，也就比較看不出到底是誰才擁有浪權。資源一從富足變得稀少，是誰佔了正確位置的競爭就會愈形激烈。你也許擋住了另一個人的動線，使他不得不回頭。他一定會感到超不爽。如果你是故意這樣擋人，就是惡意干擾，嚴重違反了衝浪禮儀。但是反過來說，如果你只是不小心，因為人擠人才被推到那位置上，那麼，你知道的，乖乖回去排隊。只要跟對方說：「老兄，歹勢啦！」大家都理解這種情況難免會發生。

不過，就算你在人群之中，還是可以找到某個浪峰的「黃金點」，你知道那個浪絕對只該給站在那個位置的你，而且每個人都知道，你也清楚大家都知道這一點。這種時刻心中就會湧起一股滿足感：天底下沒有什麼比這時候能夠確保自己這份權利更棒的事了！要是這時有哪個人搶了進來，不肯乖乖讓開，你就有十足的理由可以大喊不公了（啥洨啊！誰都看得出來這是我的黃金點耶！）。不過呢，要能站上黃金點是靠運氣，不是靠實力，更何況當一堆人都在搶著動作的時候，到底誰站在哪個點上通常也很難說得清。

衝浪客為何不愛打架？

因為不同人有不同觀點，大家都有自己的情境解讀，這種模糊不清的位置往往會成為爭吵鬥毆的主因。被搶了浪權的人抗議：「老兄，我比較靠近耶！」遭指插隊的人說：「對啦，但是我下板的位置比較前面。你倒車了。」（也就是說下板的位置在其他人後方。）到底什麼時候才算是「已經在位置上」了？這通常也無解。

如果吵架的雙方爭執不下，各持己見，最後可能會打起來。在一陣拳腳相向或衝浪板碰撞後，大家就知道「是誰惹不起」，倒不是誰才擁有浪權。衝浪客並不相信力量就是正義，但是姿勢、威嚇或力量的展現往往可以解決浪權的未來爭議（而且不是口頭之爭，是實際解決）。如果有人真的出手，名聲就會傳開，之後就比較容易衝到浪。畢竟，大家都想離熱愛暴力的混蛋遠一點。③

③這種人（通常是男人）就是那種以為自己得天獨厚，可以不受別人批評，在合作關係裡每每佔人便宜的人。「便宜」在這裡就是可以輕易獲得的浪權；你每次都可以衝上你要的浪，因為大家都躲著你。見拙作《混蛋理論》（*Asshole: A Theory*）。

潮汐會變，人潮會增減，所以總是有許多灰色地帶，也有很多地方可以偷喫步、耍賤招。這樣做的報酬不待多言：如果你在跟人家聊天的時候，一邊偷偷移動腳步到有利位置，一瞄到好浪出現就衝到黃金點上，你就能衝到更多、更好的浪。有什麼會使衝浪客或所有人放棄能夠佔盡好浪、好處的大好機會？

答案是浪權遭搶的另一名衝浪客會因此生氣抗議。也就是說，行為不軌要負擔受人指責的風險很大。排隊衝浪是種「主動秩序」的表現，但這可不是諾貝爾經濟學獎得主海耶克（F. A. Hayek）所盛讚的那種市場差異。這是一種浮現出來的社會實踐，沒有經過誰正式同意，但幾乎人人都會遵守這套管理共有資源的辦法，此刻的共有資源就是波浪。④衝浪這種分享波浪的合作機制，多少可說是根據共同理性所建立起來的「民主」問責制而形成的。

霍布斯（Thomas Hobbes）在《利維坦》（*Leviathan*）這本史上三大政治哲學著作之一中，主張在絕對君主的統治之下才有和平可言（就像他身處的英國王制一樣）⑤。擔任君主最主要的資格是令人畏懼。大家會因為畏懼他宛如神明般的力量而不敢違抗其命令，使得我們每個人都能得到保障：如果有人想殺我，我會知道他知道君主會逮捕他，我可以相信這人沒那麼傻，所以可以繼續做我的事。但要是沒有執法保障，那麼就算你不知道會有人來害你，也不代表真的沒有。同樣地，說不定有人認為**我**想殺害他，所以決定最好趁我睡著的時候先跳到我身上動手；我當然可以猜得到有人會這樣想，所以可趁**他**睡覺時先下手為強。當然了，他也猜得到我會這樣，然後他就會……結果呢，我們誰也不敢輕忽。沒有穩定的和平，誰都沒辦法進行日常的藝術、文學、科學、工程，這種無解的敵對情況宛如地獄般，是「人人彼此對抗的戰爭」，每個人都只想努力存活下來，不殺人，就只好等著被殺。既然沒有足夠的資源和時間來發展科學、藝術、文學、運動，也就不會有人能休息，更不會有人去衝浪，「人的一生是孤單、貧困、骯髒、殘忍，而且短暫的。」

衝浪客的善於調節有其好處，但是如果社會規矩突然鬆綁，說不定會有人調節得**太**過頭，在自己內心深處發現《蒼蠅王》（*Lord of Flies*）那樣的殘忍無情，那他可能會真的找到殺人而不受懲罰的機會，變成社會疾患，而不是像一般歡樂的衝浪客那樣在穩定平靜的日常合作中調節自己的技藝。衝浪客算是保守派，不是因為他們在死亡面前感到恐懼，而是因為熱愛文明生活的熟悉安穩，希望能享受得久一些。霍布斯所說的戰爭充滿了混亂與恐怖，但可不是那種崇高的混亂，沒辦法從中肯定日常生活的簡單之美。

---

④伊莉諾．歐斯壯（Elinor Ostrom）就是因其「共有資源管理」研究受到全世界採用，包括在漁業、林業，甚至是國際關係（例如《蒙特婁議定書》就成功限制了對氟氯碳化物的使用標準，控制了對臭氧層的破壞）等方面，因而獲得了諾貝爾經濟學獎。

⑤另外兩本政治哲學的不朽鉅著分別是柏拉圖的《理想國》（*Republic*）與羅爾斯的《正義論》（*A Theory of Justice*）。這說法出自已故的G．A．科亨（G. A. Cohen），這位馬克思主義者從社會主義的角度對這三本著作提出了十分嚴厲的批評。

要是有人能創造出「衝浪嬉皮」、「衝浪納粹」，或甚至是狡猾**倖存者**風格的「霍布斯式衝浪客」形象，那還真稀奇。就我這幾十年來的觀察，雖然不像科學那麼嚴謹，也夠準確了，而在我看來，衝浪客族群裡雖然有些人確實暴躁易怒，或是呆板、健忘、懶惰、自私、貪歡、違法犯紀、自以為是（「這裡只限本地人來喔，老兄！這是我們的後院。」⑥），絕大多數的衝浪客倒是非常冷靜、彬彬有禮。雖然衝浪文化確實會因為不斷無腦重彈老調和包容愚蠢舉動，所以多少會讓人變笨，但是在衝浪客中的討厭鬼其實不比一般社會裡的犯罪人口多。所以，假如你對人性沒有多大信心，那你大概會覺得衝浪客是一個相對美好的次團體。衝浪客比所有自私自利的政客名流、職業運動員、銀行家、CEO或教授好多了；大多數衝浪客的生活準則就是「酷一點」、好好生活，接受命運的安排，而這就讓他們比那些覺得「名車隨我駕，路上我最大」的權貴人物高上一級了。至少，在排隊衝浪的人際變動中，再怎麼糊塗的衝浪客都比專家學者聰明多了：衝浪客還懂得要怎麼有所領會呢！

衝浪客的確偶爾會打架，但是他們通常是吵吵架就算了。有意思的是，為什麼衝浪客往往不會吵到打起來？原因就在於衝浪客不會沉淪到霍布斯所說的全面戰爭。要是有兩名衝浪客已經準備要動手了，其他衝浪客就會一起出面解決爭論。有第三者介入就可以消弭紛爭，而其他人則會乖乖讓氣氛緩和下來，私下抱怨人多麻煩就多。這往往比法律監控更有效，所以霍布斯說只有在國家陰影下才有穩定秩序的說法也許錯了。即使在未開發國家或開發中國家的「不受管地帶」，儘管沒有多少法治可言（例如尼加拉瓜或印尼的某些地方），衝浪客還是可以自己解決爭端，不會陷入你死我活的無政府狀態。⑦而在先進國家中，衝浪客之間的爭吵要是真的鬧到打起來，大家通常也不會叫警察或上法庭，而會以私人間的非正式問責形式來「維持」衝浪禮儀的秩序。

衝浪隊伍既然沒有任何管理單位，因而比較像是國際關係那樣的「無政府社會」，而非主權國家的內部關係。這個地球上現在沒有，大概也永遠不會出現一個統治全球的政府單位。但是除了某些重大特例之外，國家之間多少還是會彼此合作。各國遵照國際法，而且依照共同的理念和意願行動，在公共的規範和價值下共同譴責、討論、信賴、檢驗、解決問題——這全都不需要靠投票或訴諸武力恫嚇就能達成。⑧

---

⑥或是不用美國人愛講的「老兄」（bro），也可以換成非洲人講的「老哥」（bru），或是夏威夷人的「大仔」（brah），或是澳洲人和紐西蘭人說的「兄台」（mate）。全世界這種佔地為王的歪風口條都差不多。

⑦尼加拉瓜有某個臨近知名衝浪點的村落有殺人的習俗，不過我是到了人家帶我穿過村子，到碼頭準備去衝浪時才知道當地有這種風俗。據說附近的瓜地馬拉某個內陸城市殺人的風氣還更盛呢。

⑧見希利・布爾（Hedley Bull）的《無政府社會》（*The Anarchy Society: A Study of Order in World Politics* [New York: Columbia University Press, 1977]）。「合作統治」則見亞伯蘭・查也斯（Abram Chayes）與安東尼亞・韓德勒・查也斯（Antonia Handler Chayes）的《新君主論》（*The New Sovereignty: Compliance*

所以，關於人性是和是鬥的問題，盧梭也許是對的，而霍布斯則說錯了。排隊衝浪的群眾可能確實像地獄一樣，但那時候的波浪說不定真是百年難見：一組組的波浪不斷滾來，而且，誰知道這道浪說不定因你的表現而留名哪！單單因為衝浪如此美好，尤其是在這麼棒的浪點遇上這麼好的浪，我們就能坦然接受，唉，對啦，共享的資源如此珍貴，為之起衝突在所難免。這不是說為了便於衝到好浪，只能接受人類本性的代價。遵守衝浪禮儀本身也有價值，這是共謀和平的基礎。用彌爾的話來說，這能使我們「與同胞合一」，而且通常還能帶來一種波希米亞式的自在感受。

流動的民主

盧梭為了回應霍布斯的威權主義，提出了近代第一個民主願景，主張要有一個平等的自由社會，依照人民的共同理性來治理。⑨這種願景當初只是一種猜想，以盧梭深愛的日內瓦為範本。但是他這個夢想開枝散葉的結果，帶動了後來許多重大發展，包括法國和美國的革命、二十世紀民主政治的傳播、二戰之後再無大戰和敵意消退的「長期和平」、資本主義的穩定、史無前例的減少貧困、先進社會中的高生活水準，以及隨之而來的漫漫閒暇與洶湧的衝浪人潮。

不過，誠如盧梭所言，如果文明能讓我們免於霍布斯的人人爭戰，那麼也能帶來文明自身的煩惱。這種煩惱從古代圍在營火旁的閒暇時光就出現了。對盧梭而言，閒暇同時既是工作的報酬，也是罪惡的起源。⑩

霍布斯認為，如果別人都能與自己和平相處，那人人都會選擇和平，而只要能夠有所保障，人人就確實可以彼此和平相處。盧梭則說，要能和平並不需要令人害怕的君主，真正需要的是共同的利益與誠實的表示。人總得吃飯，所以說不定在自然狀態中，我們倆可以一起開心地去獵鹿，而不是各自去抓乾巴巴的野兔果腹。我們不用整天瞎忙，因為野鹿的肉量可以吃上一星期（這時候當然還沒有冰箱），我們可以一起合作，然後就有時間偷懶放鬆了。可是如果只有我去你沒去，而我又錯過了抓兔子的時機，那我就什麼都落空了。所以我真的會需要一份保障，你也一樣，因為你也有可能錯過獵兔的時機。看到了你的承諾或行動意圖的堅定表示，我當然也會樂於響應，我們就能攜手合作，讓彼此更富有。我們可以把共同的精力放在合作狩獵、穩定生產上，或是增加投資，提升我們共同的生活水準。

而這當然讓我們有時間可以玩樂。只可惜盧梭告訴我們，正因獵鹿所帶來的豐收讓人變得富裕，開始有了玩樂的時間，同時也播下了不平等與罪惡的種子：

---

with International Regulatory Agreements [Cambridge, Mass.: Harvard University Press, 1995]）。

⑨見《社會契約論》。

⑩《論人類不平等的起源與基礎》（*Discourse on the Origin and the Foundations of Inequality Among Man*, 1754），收於《德行墮落與不平等的起源》（台北：聯經，2015）。

> 每個人開始看別人，也開始想要被看，於是獲得公開讚揚，成為一項獎賞。唱得與跳得最好的人，就是最美與最強的人，最靈巧與最真誠的人，也就變成最受矚目的人。……從這些初步的偏好，一方面發展出虛榮與蔑視，另一方面發展出羞恥與嫉妒。這些新的因素所發展出來的結果，最後生成那些對幸福與天真有害的組合。⑪

跳舞或唱歌可不只是像在媽媽懷裡滾那樣，為了自己開心，不必別人管也覺得自己有價值和快樂。因為在人群之中的歌舞表演也意味著在**比較**誰的歌唱得更好、舞跳得更好。滿足了基本需求後，我們的注意力就會轉向遊戲，轉向爭取地位排名，或是在遊戲規則中能獲得多少分數，而這些遊戲比的可能是聲望、聰明才智、財富，或是外表的火辣性感（並從而獲利）。一個人過去可能不是靠著跟別人比較來判斷自己的價值，但現在這種對自己的愛就有了條件，會看自己是不是比別人更好、更優越，是不是贏家，或只是一般水準，甚至是更差。因為努力爭取更高的自尊——盧梭稱此為「自重之愛」（amour propre）——就使得我們發現自己陷在殘酷的競爭之中，輕蔑與不平等就破壞了文明所帶來的喜悅。無論是在營火旁，還是在衝浪隊伍裡，爭奪他人的欽羡目光敗壞了這情境中最美好的部分。

盧梭的解法是訴諸國家民主：形成一個政治體，其法律是基於我們的共同理性來制定，而人人在這套法律之前一律平等，既是法律支配的對象，也是法律的共同作者。而既然我們都是平等的，那就不用爭奪地位的優劣了。在這樣一個自由平等公民的社群裡，我們不會繼續在主要的共同事務上競爭地位與利益，反而會努力追求彼此的共同目標。⑫

但是，既然衝浪的排隊規則超過了政府力量所能及，那口頭之爭又為什麼不會演變成拳腳相向呢？也是因為衝浪排隊多少是「民主的」；這不是說排隊的爭議要靠票數、投票系統或集體決策解決，而是因為衝浪也同樣假設了所有人都是平等的。所有人在遵守衝浪禮節時，都要服從共享波浪的公眾期望，除非你有什麼特殊理由可以證成。每個衝浪客都有要求執行衝浪禮節的權力；大家都有主張自己權利的根據，要是浪權或禮貌有遭侵犯之虞，可以要求對方提出證成。每個衝浪客都要對自己的行為負責，要是有人問起，就得給個讓人心悅誠服的說法。

有些地方的衝浪人群擺明了採取威權主義。一旦口頭爭論淪為威嚇，地方「大老」（通常又胖又壞）通常就會到場「約束」，而且往往是偏袒其他當地人（所以會對外地人說：「我從來沒在這附近見過你；給我滾！」）。在地的衝浪客通常能衝到較多、較好的浪頭，因為他們擁有較多當地波浪的知識。難得來一趟的遊客確實在禮貌上應該尊重在地的這種態度。但是「在地主義」（Localism）就過頭了，他們會只因為住在浪點附近就說自己才有資格衝這裡的浪。住在加州帕洛斯佛迪斯（Palos Verdes）魯納達灣（Lunada Bay）的富爺幫會在當地警方縱容下

---

⑪同前註。

⑫《社會契約論》。

對外地人丟石頭、刺破外來者的輪胎。⑬不過在地主義的種種惡行惡狀畢竟只是極少數案例，這反而是衝浪客遵守民主平等原則的證明。

混帳的衝浪小白會拒絕承認其他人跟他在道德上具有一樣的平等地位。這種人會動不動就大聲嚷嚷，要是你抱怨他還會馬上翻臉。這種人就是個混蛋，所以他才不會管那些抱怨，只會拿那些沒啥用的資格嗆聲（「我可是住在這裡呢！」）。不過呢，混蛋終究是少數例外，而且也必然如此；他們要能夠濫用合作生活中的灰色地帶，也得依賴其他人的共同合作才行：只有在夠多人遵守浪權規則與禮節的情況下，才能霸佔特權。對這些混蛋來說，浪權規則一般情況下都適用，唯有他自己是例外，或者像他一樣的當地人例外，就只因為他是「在地人」，抑或因為他是更好的衝浪手——或至少是在這裡衝浪更久的人。因此，他會認為自己在道德上具有特殊地位，其他人要是提出反駁，他便覺得受到不公平的對待。他所犯的錯是民主平等這種集體德行的白璧微瑕。

正常的衝浪客在開始動手或揮拳警告之前，都會靠口頭抱怨或用「怒目相視」來正視彼此的平等地位。大部分的衝浪客會聽進對方的抱怨，有些人樂於承認錯誤，甚至鄭重道歉。即使要為了面子而做些反駁，通常也不會再激怒對方，畢竟自知有虧。說穿了，爭吵就是一種要求和提供理由的方式。我不會說這就是蘇格拉底辯證法的理想狀態，但是與其交換拳腳，不如交換意見，這才更能顯得出共同的理性、民主的負責態度與對彼此的相互尊重。

盯視

你怒目睨視著我，滿臉忿忿——我感受得到你的抱怨。那就是沙特所說的「盯視」（the Look），表達了不屑的沉重凝視，或至少是種充滿懷疑的質問。我能感受得到你對我的要求，搜尋著我的目光，彷彿要叫我回望，正對你的眼神，正面解釋我自己的所作所為。在你眼中，是我無恥地冒犯了你。就算我下水的時候真的沒看到你已經在浪頭上了，但是如果我真的沒有回頭張望檢查一下，我還敢這樣跟你說嗎？我知道你不會相信這一套說法；你只會氣呼呼地轉身大罵：「你真他媽的該回頭看一看！媽的！」這種時候，我可能會說什麼波浪的那個部位剛好擋住我了，或是其他比較無關緊要的話。

但是何苦要講那麼一大串理由彼此回嘴呢？為什麼你那憤怒的眼光就能夠逼我注意到你呢？我難道不能對你的盯視**視而不見**嗎？我一定得從你的表情讀懂你的心思嗎？那些臉部表情難道不過是你臉上的肌肉抽動，跟我一點關係也沒有，也跟我有沒有衝到了你的浪毫無關係，不是嗎？

---

⑬最近執法總算比較上軌道了。見《洛杉磯時報》二〇一六年八月五日的報導〈魯納達「海灣男孩」幫再因階級歧視遭到起訴〉，http://www.latimes.com/local/lanow/la-me-ln-lunada-bay-boys-lawsuit-20160805-snap-story.html。

對沙特來說，答案直指我們的存有本身。存有具有三種基本型態：只做為物體的存有（即「在己」）、身為意識主體的存有（即「為己」），最後，還有「為他者存有」，也就是透過他人的凝視而理解自身的意識存有。

用沙特著名的例子來說，我透過鑰匙孔偷窺人家在房間裡的性事，這時，我聽到從走廊地板傳來一聲咿呀。霎時間，我羞愧得無地自容。會感到羞愧是因為我在其他人**面前**做了什麼，或是在他人**面前**顯示出我自己是什麼人，也就是說，我必定在這個時刻假定有某個人正在看我。我可以感覺到你在看我，所以你必定**存在**。單純的物體不會盯視，所以你必定是另一個有意識的存在者，而且用我可能不想要的方式來看著我。而我，也因此必定是**存在**於你凝視中的另一個自我，不管我喜不喜歡那個模樣。

但是這一切仍然可能只是種錯覺；說不定那一聲咿呀是隻貓踩到了木地板發出來的聲響，走廊上就只有我一個人而已。漂流到荒島的魯賓遜也可能會因為意識到另一個存在，驚覺自己不再是荒島上唯一一個人而感到羞愧。羞愧不能證明其他人存在，沒辦法讓笛卡兒無從懷疑起。但是感到羞愧或驕傲或許能推論出我本來就是在其他人面前的存在，是為了這個會盯視著我的他者而存在，這就是我存在本身的一部分。我思考，所以我存在——只要有人提醒我就好。同樣地，我在羞愧中也會突然了解到你正在看我，所以**你**也必定存在。[14]我了解到你不只是一個由骨肉包覆著神經系統的「在己」肉身而已；你必定是**某個人**，是**另一個**會回望著我的人，我在你眼中看到的我會是**另一個**自己。[15]

即使是不知羞恥為何物的混蛋也會回應他人的盯視。只有心理疾患才不懂得從他者的怒目相視中理解到對方的觀點。這種人也許會因為覺得世上的其他人都不過是可以操控的物體而

---

⑭這並不能解決傳統上如何證明有其他心靈存在的問題，不過就像湯瑪斯．內格爾（Thomas Nagel）說的一樣，這的確談到更深一層的問題，也就是我們怎麼能夠理解「我們有沒有證據證明其他心靈存在」這個命題。沙特也說，我怎麼能夠理解有個「不是我自己的自我」？這沒辦法從我們對自己的知識得來。內格爾解釋道：「『我思考』不是由一個先驗而獨立的『我』和『思考』這個觀念組成的複合物。相反地，『我』只會以這個『思考』的主體顯示出來。同樣地，『他者』的這個概念也是來自於羞愧這種更基礎的經驗，也就是『被他人觀看』這個經驗的一種形式。」見〈沙特：盯視與他心問題〉（"Sartre: The Look and the Problem of Other Minds," in *Secular Philosophy and the Religious Temperament: Essays, 2002-2008* [New York: Oxford University Press, 2010], p. 168）。

⑮事實上，如果這裡所肯認的是他者的**自由**，那就很接近西蒙．波娃所說的相互肯認（mutual recognition）。西蒙．波娃與沙特分道揚鑣，接續了黑格爾（或許還包括費希特〔J. G. Fichte〕）的觀點，認為奴隸只要對著主人說話，而且讓主人能聽得懂，就可以從主人那裡得到對自己基本自由的某種肯認。這個想法其實也是來自於盧梭的驚人主張：肯認我們自己在政治上的平等就「迫使我們自己成為自由人」。見南西．包爾（Nancy Bauer）的《西蒙．波娃、哲學與女性主義》（*Simon de Beauvoir, Philosophy, and Feminism* [New York: Columbia University Press, 2001]）。

已，所以會殺掉某個人好吃掉他的午餐。這種人也可能極不明智，是個徹頭徹尾的獨我論者，絲毫不覺得需要替未來的自己做任何考慮。相較之下，對混蛋來說，他人的盯視只會引發他的內在衝突而已。混蛋在排隊衝浪的時候可以無恥地要求特權，霸佔他想要的任何浪頭，如果別人抱怨，他還會惱羞成怒。但是他這種無恥的心態也算某種成就，是他自我防衛的產物；他學會立即振振有詞地擋掉所有的抱怨，才不會讓自己受傷。心理疾患是令人害怕的恐怖對象，而混蛋則是令人洩氣、失望、困惑的人，因為混蛋至少還有能夠了解道德訴求的道德能力。這就是我們為何又掉回了自我懷疑的原因。我們需要確保自己是個和他人一樣值得平等尊重的對象，才不至於變成野狗那樣互咬或像鯊魚那樣嗜血。⑯

沙特指出了羞愧在我們存在之中的深層地位，卻也模糊了羞愧的道德與社會動力。⑰雖然我們很清楚無恥的衝浪混蛋為什麼會回應人家輕蔑的盯視，但我們卻不了解他這份道德信心是怎麼運作的。先前說過，混蛋會見笑轉生氣，因為他片面解釋了共通衝浪規則底下的道德權利。他認為**他住在這裡**就有了特權，可以不顧原本該公正分配浪權的規則。這混蛋不會因為覺得自己受到不公平的對待而感到羞赧或受辱，但他無恥的這一面卻有道德的成分。⑱

想要得到混蛋的肯認，根本就是自找麻煩。因為混蛋的所有道德能力都灌注在他那份錯誤的價值觀上，根本不會聽你講話，不會真的將你視為同等真實的人。對沙特來說，所有的人際關係就是這樣矛盾，也必然如此。但真的是這樣嗎？連衝浪客也包括在內嗎？不會的，衝浪客在衝浪禮儀中早已找到出路了。共享波浪這套規則既是全世界的習慣，也是整個地球村的道德，更是人類共同理性的社會實現，這套規則呈顯我們能怎麼一同管理共享資源的共識。大家共享波浪的這套做法就像盧梭理想中的民主一樣，提供了一套互相肯認的基礎，進而帶來和平。

包括混蛋在內的每個人都多少知道浪權規則與禮儀，也普遍認同這些規則禮儀的基本理由或目的。每個衝浪客都是平等的，都有立場要求自身的權利、要求他人為自己的行為負責；每個衝浪客都可以提出反駁、承認錯誤，和平（雖然帶點火藥味）合作解決衝突。我們也許會吵

---

⑯關於在放縱對方沉淪的束手無策和表達個人失望卻無濟於事的憤怒之間的徬徨無依，以及如何找出一條中道可行，請見拙著《混蛋理論》（*Asshole: A Theory*）。

⑰這項批評出自亞瑟．丹托，他指出羞愧（也許和罪惡感不同）基本上是一種社會表現，見其《讓—保羅．沙特》。

⑱根據哲學家凱西．霍爾（Casey Hall）所說，羞愧（shame）和恥辱（humiliation）的差異在於其道德面向：「恥辱這種經驗的信念特徵在於『不管我值不值得受到他人怎樣看待，我事實上都被他人看扁、看輕』。而羞愧這種經驗的信念特徵則在於『不管我事實上受他人怎樣看待，我都活該受到他人看清、看扁』。羞愧會連結到個人的價值，但恥辱卻不需如此，羞愧因而有種恥辱所沒有的道德成分。」見〈羞愧、恥辱與自由國家中的懲罰〉（"Shame, Humiliation, and the Punishment in the Liberal States," [Ph.D. diss., UC Irvine, 2013]）。

架；也可能有人提出了合理的抱怨，所以你會回他：「抱歉，老兄，下個浪是你的了。」規則確定了權利，所以犯規的人也就有了道歉的機會。我們是真的能互相認知彼此的權利和平等價值，和平因之存在。我們每個人都能享受到衝浪的樂趣。因為我們每個人都能憑著對波浪的熱愛，化解人群帶來的社會紛爭，可以一起享受對海浪的熱愛，和所有衝浪客結合成一體。我們上個小時還在吵架，但是現在人潮散去了，浪組又開始來了，我們會一起歡呼自己的好運。「其他人咧？老兄，我們真是太走運了！」不管我們先前在吵什麼，現在都沒事了。

資本主義與論功行賞

衝浪隊伍非常講求論功行賞。而且既然沒有規則指出什麼優異表現能夠得到特權，人人就都愛在衝浪時追求好表現了。正因如此，表現優異的衝浪客往往會得到他人禮讓，有些技巧好的人甚至還會主動要求別人讓他。外地來的職業好手可能會開始划水越浪，全身充滿志在必得的氣場，臉上自滿的神情彷彿在說：「我們都知道我打算上去這個浪頭，而且我也知道大家在乎的就是卓越表現，所以我們都知道你會把這個浪頭讓給我，看著我衝浪。」這也不能說不對。比較遜的衝浪客確實常常讓出浪來，甚至會從後面看著，為的是看那飛濺的浪花和板舵在浪頂轉向時的靈動飛舞。這是因為那個職業好手**真的**能夠駕馭這浪頭，而且看他衝浪實在是太刺激了！因為我們全都喜愛衝浪，重視衝浪中的優越表現。我們會盡力嘗試，而且要是自己真的做得漂亮，也欣然接受這份榮耀。所以比較遜的衝浪客能衝到的浪就會少一點，而有天分的衝浪客顯然不需要人家幫助，但是因為其他衝浪客的退讓，便會從這共同資源中得到較多的浪頭。

同意的話，歡迎來到下鐵橋區。⑲這裡跟馬里布那種流行復古的長板天堂不一樣，「下鐵橋區」是世界頂尖絕技之都，是南加州的高手溫床，來自世界各地的職業好手、觀光客、孩童蜂擁造訪，看著眼前的波浪就忍不住想要大顯身手。在遊客眾多的日子，波浪一來，人群就像沙丁魚一樣爭先恐後地下水。但是如果你常來這裡衝浪，很能領會這邊的波浪節奏，你就更能「深度預測」接下來的聳立浪牆最後會在哪裡翻起來。到時候，不管岸上有多少人潮，你總能一馬當先搶到黃金點，站上屬於你的浪頭。

---

⑲最後一位自由的重要環保人士，也就是美國前共和黨籍總統尼克森（Richard Nixon）在憲兵驅趕到彭德爾頓營海軍基地（Camp Pendleton）附近衝浪的衝浪客，沒收他們的衝浪板多年之後，總算開放了基地北邊的鐵橋區，幫了衝浪客一個大忙。尼克森在那附近的棉花角（Cotton's Point）有一幢房子——就是「西部白宮」（Western White House）。當尼克森還在這裡的時候，特勤部隊會為了安全理由取締衝浪客（我猜即使是衝浪客也會引發尼克森的妄想吧）。見大衛・莫里斯（David Morris）二〇一〇年九月六日的《紐約時報》報導：〈在尼克森樂園衝浪〉（"Surfing in Nixonland", https://www.nytimes.com/2016/09/06/opinion/surfing-in-nixonland.html?smprod=nytcore-iphone&smid=nytcore-iphone-share）。

其他人可能還是會來搶浪，確認你是不是真有兩把刷子。或者你也可能會穿梭在禮貌上早就該讓出水道來的衝浪客之間，衝進雪白浪花裡，而不是在浪壁上划行。因為他們沒禮貌，因為衝浪不是滑雪，所以你一直抓不準波浪的節奏。人生就是這樣。下鐵橋區給了你什麼，就能拿走什麼。不過如果你可以贏過大多數人，你就能玩到不少浪頭，而且在下鐵橋區玩一道浪，就已經抵得過在其他地方能耍出絕招的十道波浪，你在這裡可真是撿到寶了。在這先前人擠人，接下來又換另一批人擠人的地獄裡，終究還是能找得到天堂之門哪！

下鐵橋區是全世界我最喜歡的一個地方。研究所畢業回到加州後，我就當個衝浪資本家，試著融入南加州的人潮。我的「天分」現在還包括在下鐵橋區的波浪分配體系中贏得衝浪機會，這讓群眾衝浪比我想像中的更棒。

這項「天分」曾讓我和已故的三屆世界冠軍安迪．艾任斯（Andy Irons）在他巡迴世界比賽的途中，對論功行賞這件事吵了起來。我們那時都正搶進一組漂亮的好浪。艾任斯認為那組浪應該是他的，可是我切進去的位置其實更準，於是大喊：「喲、喲、喲！」他原本以為我會讓他，但是顧及禮節而退開了，之後他找上了我。「剛剛那個『喲、喲、喲』是怎麼回事？」他聽起來一肚子火。我回他：「欸，你也知道那邊沒有人在排隊，而我剛好是在正確位置上啊。」這是實話，卻不是這整件事的相關事實。真正的關鍵是：「說真的，老兄，所有人裡面只有你不需要我讓這組浪給你。」艾任斯是個超強的衝浪手，在各種表現上都比我優秀得多，他應該不會那麼沒風度，氣到要求論功行賞，更應該不會說：「你知道我是誰嗎？」（好像覺得我應該認得他，而且事實上也是如此。）結果他說的是：「媽的，多一點阿羅哈精神跟家庭氣氛嘛！」（他是夏威夷人。）我聳了聳肩，心裡想著（但是沒說出口）：「對啦，那很好啦，但你要知道這裡是**下鐵橋區**；我們這裡可不會分享跟體貼啊！」

不過這也不完全是真的啦。我們還是會讓出浪頭——但是偶爾才會如此。其實是我行使了論功行賞的權利：是我在搶奪浪頭的競爭中贏了（而且，事實上，還搶了他的另一個浪頭），所以在我們共同的規則底下，我就有資格享受這浪頭。我在這體系中的這種時刻光明正大地打敗了他；這和他是不是更厲害的衝浪手沒關係。程序規則比表現水準更要緊，公平比卓越更重要。更何況，他根本就不需要我讓，他自己就能搶到好浪頭了。要是我想客氣禮貌些，我還寧可把浪頭讓給另一個來海邊就是為了在拚命賣輪胎之餘，還要竭力享受片刻衝浪之樂的狂熱衝浪客。所以說，即使要論功行賞也有其限度：按規則追逐浪頭的才能比衝浪的天分更重要。善和美比什麼都重要，但都比不過正義的要求。⑳

---

⑳羅爾斯區分了透過作為而預期可獲得某種獎賞所形成的「正當期待」（legitimate expectation），以及依據道德價值或做為德行酬賞而形成的道德應得（moral desert）概念。

雖然我說：「那邊沒有人在排隊。」但這句話其實只說對了一半。只是當天早上為了先搶先贏所逞的口舌之快罷了。可是對所有佔了同樣位置、等著同一道浪的人來說，其實**真的有**隊伍可排，或者至少是可以形成隊伍的默契。如果有人等了好一陣子，總算等到他有機會上前的浪頭，其他人通常都會讓給他。大家會說：「哪，你等很久了。上吧！」甚至還會幫忙鼓譟打氣。就算這一波浪頭是整天看下來最棒的浪頭，甚至是整年、或這輩子最漂亮的浪，人們也會這樣禮讓。大家都會嫉妒得半死，卻還是願意讓出浪來。他們有時會因為可憐那些等浪等了一整個小時的衝浪客，但主要還是為了公平而禮讓，願意公平分享波浪的美好。

整體來說，浪權規則本身不太管要怎麼分配波浪。浪權規則唯一關心的只有靠過來的波浪，而不是有多少衝浪客在搶好位置，也不管什麼樣的分配才算數，或是在這段時間出現的浪有多好。這道規則是要將波浪這項共同資源平等分配給所有人，但也得要人彼此幫忙才行。

這很像是去野餐的時候，大家原則上都能得到公平的分配一樣。如果有人不斷走回大家放食物的地方，總會有其他人問：「你還吃不夠嗎？好吧……那至少留塊羊排給吃得少的人囉。」同樣地，排隊衝浪雖然是某種形式的資本主義，但在根本上仍然是一種平等主義。

首先，原則上每個人都能夠要求分享浪頭。至少，每個人都能下水划行到波浪區去選定位置，主張自己的浪權，跨越相當低的技巧門檻，展現出充分的衝浪能力。（就算當地主義會主張「當地」居民擁有優先權，那也只不過是從這種平等機會的背景預設中切分出來的特例而已。）

但一提到基本能力的界限在哪兒，便可能會引起爭議。有的衝浪客能夠站到正確位置，會划水越浪，也懂得坐在板子上等待浪頭，可是卻沒有一點追逐浪頭、駕乘波浪的技巧，這樣的衝浪客要不到浪，因為沒有其他人需要讓出浪給他——除非他能有什麼特殊保證。如果這名衝浪客在強浪衝上礁岸時有九成機會跌個狗吃屎，那麼就算他等得再久，其他人還是可以直接上前搶浪。事實上，仍會有許多人因為一時慈悲，願意讓出浪頭給他；但是這些人其實並不用錯過這衝上經典浪管的絕佳機會。因為要是讓出浪頭的代價真的那麼大，那麼請那位沒才能的衝浪客換到近海處也不算不合理，畢竟那邊的浪比較小，也比較多，而且沒有誰需要為此錯過絕佳好浪。唯一的麻煩是那個人不知道是否願意承認自己的技巧確實尚未到家。雖然在浪頭上跌個狗吃屎通常很引人注目，而且這個人摔倒的方式和次數在明眼人看來有多麼不行，但這名衝浪客還是有可能極力否認自己的無能。這也許是因為衝浪運動帶來的愉悅往往和做得多好的感覺混雜在一起了，也可能是要懂得怎麼衝浪的人才能了解自己欠缺了什麼。但這裡爭論的關鍵不在於是否要論功行賞，而在於講求合作平等的範圍有多大。因為如果你夠有本事，能佔到正確位置上，你就能享有平等的浪權；如果遇到了超棒的好浪，就算是再厲害的衝浪客也只得讓出浪頭給你。

如果大家都有同樣的基本技巧，衝浪客也不會只尊重在前頭排隊等浪的人；大家通常會覺得有責任自動排隊等浪。排隊等浪的重點就在於這樣較能公平分配浪頭。這尤其關照了運氣比較差的那些人。既然這些人缺的就是好運，那就可以排隊等好浪來，等到好運輪到自己的時刻，一旦上前站到了排頭，那個絕佳浪頭就是自己的了。這也算是伸張了衝浪的正義。

所以排隊衝浪是一種民主平等主義，只是仍然有些彈性變化。即使是排隊，也要有些相對的調節。南太平洋上的礁岩帶（例如斐濟的心形島〔Tavarua〕）就擁有清楚的下浪區，你只要排隊就能等到超棒的浪。但是世界上其他浪點就沒有那麼清楚的下浪區，因為波浪會從各個方向過來，排成一列根本無濟於事。這時候的準則就是抓到能上去的浪頭就上，除非你和浪頭的距離剛好跟別人差不多，那就排隊輪流吧！

在南非，衝浪客之間的作法更像是共產制度。如果你和其他朋友在同一塊海域衝浪，而其中一位朋友遲遲等不到浪頭，這時候要是有你們兩個都能衝上去的浪頭來了，那麼你要讓出浪頭給他。你只能去抓他上不了的浪頭，甚至連划水去搶他可能要上的浪頭也許都會違反禮節、破壞彼此友誼。下鐵橋區的衝浪客則習慣不斷吆喝、再三確認到底是否在正確位置上。衝浪常見的狀況就是大家往往會錯過浪頭，或是沒注意到腳下的海水正翻湧起來，這時候如果你已經再次確認過了，那就不妨跟上浪頭駕乘遨遊，這個浪是你的了。我以前也習慣這樣，結果有一次在南非著名的傑佛瑞灣（Jeffrey Bay）和我南非的朋友葛蘭米．博德（Graeme Bird）與「火焰哥」（Flame）㉑就因此起了爭執。我這個資本主義美國佬，覺得朋友一起衝浪還得為了共產制度放棄好浪實在荒謬透頂，所以當好浪過來時，就算我不是站在排頭，我也會上前試試看能不能抓住這波浪。我那些南非朋友習慣了就算不搶，下一個浪頭也會是自己的，因此就覺得我這「下鐵橋吹哨哥」（這外號是葛蘭米給我取的）很煩，對我抱怨了幾句，說我應該只要等就好了，當他們都輪過了，下一個浪頭就絕對是我的。我承認南非當地的這種習俗很不錯，但還是堅持應該好好討論一下分配浪頭採取共產制度的限度。（奇怪，南非總是一向容易引發激烈爭論。）

我們時常會聽到人家說：「共產主義那套行不通啦！」但這不是我的重點。有些時候，共產主義這套確實可以行得通，例如在好朋友之間，或是像斐濟心形島那種能清楚排隊，大家都知道哪個浪頭該輪到你上的地方。我同意，在這些情況下，大家在道德上都該遵照秩序排隊輪流。可是在多數情況中，或者在世界上絕大多數的浪點（包括平日的下鐵橋區），只是**可能**形成嚴格的排隊秩序，而且很有可能錯失絕佳好浪的大好良機。所以說，該不該永遠嚴格要求排隊呢？如果已經有兩個人在排隊，那下一個衝浪客來的時候是不是一定要排在後頭呢？我不這樣想。因為那樣就是決定坐在這裡排隊，只等某一種型態的波浪過來時才輪流上前，不管其他型態浪頭的機會有多好，都只能眼睜睜看它們過去。這種「我為人人，人人為我」的情操是不

㉑火焰哥是個煙火技師，只是偶爾才會上場施放煙火。他的本名叫麥可・羅賓森（Michael Robinson），「火焰哥」這綽號是因為他有一次在莫三比克衝浪時弄傷了鼠蹊部，後來大家就叫莫三比克那個新浪點「卵葩火」（flame balls）了。

錯，但我就是不喜歡來這一套。我寧可離開排隊區，去其他地方試試我的技巧和運氣。㉒

不過，要是從共享資源中拿得太多，可就是不折不扣的資本主義**豬**了。就算沒有拿得**太過誇張**，但是套句洛克的話，沒有「給他人留下足夠的好東西」也算是錯。但就算一個人真的是資本主義豬，甚至在生活的許多方面都算得上是豬，他也可能不管自己夠不夠資格拿那麼多，不在乎當個混蛋。這個人可能是單純的貪心或是有強迫症，所以才會一時軟弱，從野餐桌上拿走那麼多餅乾。即使是在美國，除了下鐵橋區以外的大部分地方，也經常有人很客氣地要我別搶著上那麼多浪，讓一些給其他人。我想，沒錯，我事實上就是豬啊！㉓即使沒有人排隊拿餐桌上的食物，即使要把壽司在盤子上疊得像山一樣需要高超無比的技巧，我們也都知道什麼叫拿太多了。衝浪的浪權規則只規定了某個浪頭的先後順序，所以也管不到是不是有人佔了太多的共享資源。不過，就算這個浪點沒有明白的排隊規則可循，衝浪的禮節還是會要你在佔了夠多浪頭的時候讓出一些給其他人玩。這不是叫你大發善心，純粹只是為了要公平分享。即使你是憑真本事，公公正正地搶到了大多數的浪頭，就**好像**在進行一場搶浪頭比賽而非輕鬆的練習一樣，你也不能為了多搶一些浪頭就自顧自地強橫划水，把這場輕鬆練習變成一場比賽。你會惹得其他人一肚子火，而且是你不對。真要這樣做，你就得和大家有一樣的共識，了解到只有在沒什麼波浪或者太多人要衝浪的時候才能如此積極搶浪。如果不懂得這點，你就不只是頭搶了太多浪頭的豬，還是個蠻橫貪婪的混蛋，只會在這種輕鬆的練習時段佔便宜。

所以，衝浪客分享浪頭的作法有些變化彈性，會因應不同的波浪環境來調節。這有點像是行人在繁忙的大都市街頭行進的樣子，但是更有彈性。在城市街頭走路時，我們每個人都會調節自己的腳步來配合其他人的路線，我們會讓路或是加快步伐，時時刻刻管好自己的部分，在每個人各走各的之際，形成了一種共同的架構。人人都有權利能站在某個地點、能去另一個地方、能在別人靠過來時要他們看路、小心錯身。（只有混蛋才會擺出一副趾高氣昂，「你給我閃邊」的樣子。）這跟在海上一樣，你站在這裡或是上那個浪頭的權利也正不斷變化流動。你這個位置或這條路線現在當然是你的，但是下一刻就會是其他人的了。所以，我們其實在城市裡走路也一樣是在「衝浪」呢。

我們每個人都在人群裡衝浪，但不是在馬路上，因為道路並不會時時刻刻都有所變化。從這一點來看，排隊衝浪也一樣不斷在調節。衝浪客之間會彼此適應，而且也會一齊適應變動不停的海浪狀態。他們會順應浪頭的相對多寡來調節對彼此的期待。從這方面看，正如我所說

㉒我聽說過有人叫號排隊的辦法，大家要按照叫到的號碼上前衝浪，但我未曾親身經歷過。雖說這種方式希望能在各個浪點通用，但其實只有在小浪區才行得通。至於那些不喜歡排隊，寧可在排隊區邊緣追逐浪頭的衝浪客會被人稱為「偷浪賊」（scab）。如果遇到這情況，我會先排隊排個幾輪，然後再去當我的偷浪賊。

㉓但我其實是因為太愛衝浪又健忘才如此，不是真的覺得我比誰更有資格。我沒有要為我多搶到的浪頭辯護，所以我只算是豬，還稱不上混蛋。

的，排隊衝浪和在變動的全球環境下的國際關係實在像極了。

有所調節的資本主義

世上各國現在開始會配合逐漸改變的全球環境來協調彼此如何合作，而衝浪客老早就會自動這麼做了。在這種國際間的「無政府社會」裡，各個國家或多或少都會依照國際法與慣例、政策協調，以及外交措施來相互合作。但是在這資源日漸短缺，不停變動的環境條件下，國際間的合作一直緩不濟急。科學界有共識，要大氣層吸收經濟活動所排放的氣體而又不提高平均氣溫，就只能捨棄現有的繁榮、娛樂和整個人類的未來了。如果這病灶在於老派的資本主義用了太多石化燃料，產生溫室氣體，那麼各國要共同解決這問題就得靠衝浪客的智慧，要懂得資本主義該如何在生態稀缺的新條件下適應調節。

只不過，在一小撮衝浪客間行得通的辦法，未必能照章搬到整個社會基本結構上頭運用，更甭論要套用到將近兩百個各自擁有上百萬人口的國家了。但是大致上看來，衝浪客社群和各國國際關係之間並沒有那麼大的差別。不管是衝浪隊伍、國家、國際法和慣例，都是要治理共同事務的辦法。而如何治理，向來都是在變動環境下進行的歷史實驗。

要猜想未來實在困難重重，難怪霍布斯沒猜到文明富庶會隨著民主政治興起而傳播開來。在《利維坦》中的選項就只有君主的威權統治和混亂的無政府狀態而已，但是這種二分法即使是在出版當時也顯得太過簡略了。《利維坦》在一六五一年付梓，但在那之前，一六四八年簽訂《西伐利亞和約》（Treaty of Westphalia）後興起的近代國家體系卻已終結了霍布斯在書中描述諸王彼此興兵征戰的國際關係。歐洲確實平定下來了，但這並不是因為出現一個能夠懾服眾人的歐洲王。和平來自於互利互惠的停戰協定和相互容忍的作為。可見就算不必靠中央集權的政府，這種辦法也能夠維持，最終為全世界帶來和平。

我們終究能夠達到這標的——不過，老實說，整個國家體系的擴張並非那麼順利。可是你如果蒙上眼睛，快速跳過幾百年的殖民征服、大屠殺、各種恐怖統治、人類史上最血腥的兩次世界大戰（儘管這些事件未必造成愈來愈多的痛苦），那麼至少康德所夢想的和平終究成真了。㉔這是真的，我們終究在戰後獲得「長久的和平」，這當然比此起彼落的暴力來得好多了。民主政府傾向不打仗。㉕但是現代秩序和戰後和平都要追溯到近代國家早期體制與西伐利亞和約。工業化資本主義出現，全球化程度提升，民主政治下的勞工終於能夠靠著投票與抗議

㉔康德在〈邁向永久和平〉一文中專注在以經濟整合作為和平的基礎，儘管其成效不如民主制度來得重要，但也許確實有助於達成和平的目標。見康德的《邁向永久和平的哲學擘劃》（*To Perpetual Peace: A Philosophical Sketch* [Indianapolis: Hackett, 2003]）。

㉕見麥可・道爾（Michael W. Doyle）的《自由主義的和平》（*Liberal Peace: Selected Essays* [New York: Routledge, 2011]）。

從貧困中脫身，要求別再做那麼多工作。到了二十世紀中葉，每週四十小時工時定案，休閒文化終於大肆綻放。隨著現代化的遍地開花，開啟了休閒革命，為資本主義帶來嶄新的衝浪風格。

馬克思對資本主義終結的預測是人人在早上工作幾個小時，調整一下工作機器，下午就去進行各種超棒的活動，好比釣魚、讀書、花時間陪孩子等。如今，資本主義還是攫著我們不放，是馬克思錯以為我們只有在終結資本主義時才能夠從無止盡的勞務中解放出來。我們現在把每週四十小時工時視為理所當然，而這就表示我們都同意資本主義體系必須要讓人能夠休息、放鬆、娛樂、週末休假、要有假期可放，而且在老死之前就能退休。

只有最純粹、最硬派的資本主義才會把關於時間和勞動的所有事務都交由市場決定。自從一八八〇年代俾斯麥帶領下的德國開辦了社會保險以來，這種辦法就希望藉由醫療保險、年金、勞保等措施來改善英國那種無濟於事的《濟貧法》（Poor Laws），試圖證明私有財產和市場體制確實可以促進公共利益，卻又不至於走向社會主義（俾斯麥甚至還驅逐了許多社會主義領袖，禁止社會主義集會和通訊）。㉖

所以，資本主義確實會依照預定目標而有所調節。那又為什麼要增加國家財富呢？因為要消除貧窮，讓每個人都能夠衣食無虞、得以休憩！但是亞當·斯密說的提升「國家財富」，其實只是指年產量，或者就是我們所謂的GDP。為什麼要努力提升這數字呢？對大多數人來說，如果不能從中分得一杯羹，這根本一點也不重要。如果比爾．蓋茲參加了一場野餐，那場野餐的GDP會提高，但是其他參加者卻不會因此而更富裕呀！而要是許多人都只是「有機會」致富，但其實翻身的希望渺茫，那麼姑且不論受到貪得無厭的資本家統治和主宰的風險有多小，我們都能說資本主義注定無法實現其改變世界歷史的承諾。

國家財富增加本該要促進大眾共享繁榮才是，不該只是叫勞工用更長的工時去多換一點蠅頭小利。這種作法遲早會面臨到極限，畢竟一天不過就這麼長而已。要是沒有充足的「閒暇時光」——也就是經濟學家所謂離開勞力市場的時間（不過這也許包括無給薪的家務、養育孩童和其他類似工作的活動）——你哪來的時間去享受勞動的成果呢？有了每週四十小時的工時、休假、屆齡退休等諸多福利，大家就比較能在時間與金錢上取得平衡——少做點事、多賺點錢，又能享受有意義的閒暇。㉗雖說休閒革命肇始至今已經三十餘載——但就拿美國人來說好

㉖見伊莉莎白．安德森（Elizabeth Anderson）〈公共財〉（"Common Property", *Boston Review*, July 25, 2016. https://bostonreview.net/editors-picks-us-books-ideas/elizabeth-anderson-common-property）。

㉗科亨（G. A. Cohen）在支持馬克思主義的時期曾說，改變後的資本主義本身就抱持著反對縮減勞役、增加休閒時段的偏見，而商業競爭本身則傾向於增加產出。反對增加休閒的偏見完全是出於對「廣泛經驗的普遍化」，可是這往往有例外。而且就算要「抗爭」，我也敢說每週四十小時工時就已經算是

了，還是只為了微薄零頭在延長工時——這龐大的調節計畫仍能持續進行。我們真正需要的，是一套對於資本主義中市場／國家平衡的二十一世紀適應方式。

早在一九四〇年代中期，海耶克就曾警告過別踏上社會主義的奴役之路。但在他對社會秩序與市場力量的非凡洞見中，㉘對於「中央規劃」和「自由市場」間的鮮明抉擇卻和他的哲學一樣毫不迷人。㉙事實上，戰後經濟發展走上的是衝浪之路，即使是像美國這樣嚴格管制市場的地區也一樣。各個經濟體都呈現一片繁榮景象，各自有各自的市場／國家比例，各自因應著個別的環境來調節。㉚提到「資本主義」和「社會主義」可以讓人聽起來很有哲學深度，但真正著手時，這兩者間並沒有顯著差異，而且只是在不同條件下做出了各種調節而已，這在政府的各個不同領域中多少可說是「社會主義式」的辦法，只是比例不同。㉛美國並沒有因為採取每週四十小時工時就變成社會主義國家，而且就算成立國家公園、開放公有海灘、成立公家消防單位、提供殘障或退休撫卹金、逐漸走向全民健保，也未曾因此改變，只是其中的比例不同罷了。事實上，美國在採取這些適應對策後，反而進入了一個在各方面大幅成長、不平等狀態逐漸消弭、休閒文化日趨普及的黃金時期。

未來會像過去一樣嗎？大概不會。現代的國家治理方式是一個長期的試誤計畫。但即使自由資本主義式的民主制度已經打敗了敵對的共產制度，要像法蘭西斯·福山（Francis Fukuyama）

重大特例了。見《為馬克思歷史理論辯護》（*Marx' Theory of History: A Defense* [Oxford: Clarendon Press, 1978], p. 311n1, and Section "A Distinctive Contradiction of Advanced Capitalism"）。

㉘見海耶克了不起的《法、立法與自由》第一卷《規則與秩序》（*Law, Legislation, and Liberty*, vol. 1, *Rules and Order* [Chicago: Chicago University Press, 1973]）。

㉙見海耶克沒那麼了不起的第二卷《社會正義的幻象》（*Law, Legislation, and Liberty*, vol. 2, *The Mirage of Social Justice* [Chicago: Chicago University Press, 1976]）。他接受了霍布斯那種在君主統治與無政府間選擇的簡略二分法，但是對「無政府」抨擊更力，因為這樣一來就能產生「自主秩序」。不過我們可以說，即使是最純粹的資本主義，也得要「立基」於由司法、行政、立法體系所保障的財產和權利制度之中。見社會學家卡爾・波蘭尼（Karl Polanyi）的《大轉型》（*The Great Transformation* [Boston: Beacon Press, 1957]）。

㉚見丹尼・羅德里克（Dani Rodrik）《全球化矛盾》（*The Globalization Paradox: Democracy and the Future of the World Economy* [New York: W. W. Norton, 2011]，台北：衛城出版，二〇一六）與《一帖經濟學，多重濟世方》（*One Economics, Many Recipes: Globalization, Institutions, and Economic Growth* [Princeton, N. J.: Princeton University Press, 2007]）。

㉛我們也許可以將資本主義大致定義成一種主要由私有財產構成的經濟體系，依賴市場來進行貨物、服務與資本的生產與分配。公共財比較多、比較不依賴市場的經濟體系也可以是某種資本主義，除非這

那樣，說什麼階段就會是「歷史的終結」，恐怕不太明智。㉜「自由資本主義式民主」本身就涵蓋甚廣，具有無比彈性，可以隨時重新適應。真正的問題是，政府要採取什麼樣的比例治理才最能夠適應當前瞬息萬變的人類境況？

我們能有著力處嗎？

「一切堅固的事物都煙消雲散了，一切神聖的事物都遭褻瀆了。」馬克思對資本主義的善於調節不予稱讚，反而加以埋怨。再也沒有什麼是神聖的了——宗教也好，衝浪也罷——沒有什麼不能拿來牟利了。

除非我們能夠喊停，拒絕讓資本主義來調節。而要是在末日情境中，我們大概就會這麼做。假如我們人人都在競爭地位，但是這套地位賽局的規則是固定的——就像勞動賽局就是要賺更多錢、從事更高消費的休閒活動一樣；再假設除非大家都能減少工作、花更多時間從事比較不會破壞生態的休閒活動（當然也要採取其他更重大的拯救方式），否則我們將面臨生態末日的嚴重危機，人類就要滅絕了。這時我們就不會放開排放溫室氣體的氣閥。在氣候賭局中要是沒有極端的好運，終究免不了自食苦果。

這情境夠現實嗎？可能有人會認為這只是人性問題而已。對霍布斯來說，我們沒辦法不競爭地位，沒辦法單純地活著；人就是會追慕「虛榮」，會「永無止盡地渴求權力，至死方休」。㉝盧梭覺得我們的天性比較有彈性，認為我們如果平等看待彼此就會願意合作，因而停止競爭相對的地位（「自戀」），能滿意自己，毋需與他人比較（「自愛」）；但是對盧梭而言，這個肯認問題只會每況愈下。㉞環繞著部落營火旁的紛擾還能控制得住，但是國家財富一增加，財產、不平等和權力也就應運而起了。我們心中熊熊燃燒著的羨慕、嫉妒、怨恨之情，把整個社會傾倒在追求肯認地位的殘酷競爭之中。沙特的戲劇就刻劃出這幅血淋淋的景象。

盧梭的洞見並非只是酸葡萄心理作祟。在蘇門答臘尼亞斯島拉瓦德里灣後方的那些聚落會為了舉辦美式足球賽，定期整頓一貫的貧苦景象，將連馬桶在內的奢侈品全都清掉。球員身上填滿各種雜色補丁、毫不合身的球隊制服讓人分不出誰是哪一隊，大家齊聚時的笑鬧聲更掩蓋過在峭壁另一端狂吼的海潮浪聲。我猜這比賽真的有人在計分；來比賽的客隊球員看起來跟主

個社會體系已經到了光譜另一端，主要由公有財產構成其經濟體系，而且極不依靠市場來進行經濟決策，我們才能說它不是資本主義。而如今世上所有先進國家也好，發展中國家也好，大約都落在這兩個極端中間。

㉜見法蘭西斯．福山《歷史之終結與最後一人》（*The End of History and The Last Man* [New York: Free Press, 1992]，台北：時報出版，一九九三）。

㉝見《利維坦》。

㉞《論人類不平等的起源和基礎》。

場球員彼此相識，大概都知道誰會跑什麼方向；球員都拚了命地想要將球踢過那搖搖晃晃的球門柱。看在像我這樣從先進國家來的觀光客眼裡，他們的打法實在毫無章法、「欠缺效率」。不過，他們倒是一點也不像先進國家的人一樣苦於非得釐清得分和獲勝是否相同，而且他們才不會在這社群的團圓時刻，在大家歡聚一堂、放肆嬉笑的燦爛下午浪費時間去計較呢！

反觀「先進的」美國，隨便選個週六早晨吧，在一連串吆喝吹噓後，週末總算來了，雷霆箭隊要**好好教訓**一下臭屁的棕貓熊隊，棕貓熊隊這下可得好好防守，才能避免輸到脫褲子，要守住自己主場城市的臉面，保住自己的尊嚴和聲望。這種焦躁不安會讓人沒辦法覺得「這只是場球賽」，因為這是**輸家**在顏面盡失之後才會講的話。這球賽不能只當作球賽來玩，不能只是場輕鬆的運動，至少在這種高標準之下辦不到。至於爭取他人肯認的努力也一樣，這種一直製造悲慘人生與社會病態的根源都是在不斷競賽，不管是在運動方面、薪水、房子、車子、度假旅遊、聰明才智、學位名聲、外貌打扮，甚至連社群媒體上的追隨者和「讚」也能拿來比。

這一切的一切都促成了末日情境來臨。全球氣候平衡如今危在旦夕，競爭型的社會就是人類最終的結局嗎？這場賽事——不是輕鬆玩衝浪，而是為了賺錢而工作，靠著比薪資單上的數字、車子、房子、週末和假期旅遊這種破壞生態的「大拚大玩」心態——難道還沒成定局？我們就只能眼睜睜看著暖化問題日漸嚴重？我們努力不懈證明自己價值的奮鬥難道要至死方休，沒辦法隨著生態稀缺的惡兆來調整，只能對已知的人類文明末日束手以待？確實可能如此。但是只能這樣了嗎？還有沒有其他生路？

我們非得找出這個答案不可。

8｜自然

你無法踏進相同的河流兩次。

——赫拉克利圖斯（Heraclitus）

地球暖化所造成的海平面上升，首先會淹沒的衝浪點之一就是沙漠浪點（Desert Point）。我相信龍目島西側有某種特殊地理條件，才會使得印尼直通流南方的龍目海峽那邊形成那種得天獨厚、高聳壯觀的碧綠浪管。印度洋上的湧浪穿越了海峽深處，行經調節氣溫的地球導熱帶，將太平洋的海水帶進印度洋，猛地撲上了這裡的淺礁。但是這氣候系統中的暖化趨勢可絲毫不會對沙漠浪點客氣。這個點的礁岩上頭得要有距離海平面三到十五呎深的水，潮水要能由低攀高，在這種情境下，雄偉的滾滾浪牆就會像滿潮一樣整片襲來——法國衝浪客這時候就會說「媽的」（*merde*）！

全世界的浪點差不多都得要有這種潮汐變化，才能讓人衝得了浪。不管是高潮位、低潮位，或是不高不低的潮位，潮水的高度決定了在礁岩或沙岸上頭的海水有多深，也就影響了從深水區過來的波浪會如何進退翻捲。儘管每個浪點都有各自不同的衝浪條件，而且當地衝浪客往往知之甚詳（他們會不斷反覆查看海浪狀況，研擬出一套複雜的衝浪預報），但是高潮位通常都會使大部分浪點的水位變得太厚、太滑、太無趣。

就算我是衝浪客，一想到這種景象可能成真也會陷入絕望。沙漠浪點和其他一大片低潮位浪點，只要再多個幾呎深的水就沒了，而我們從小就開始玩衝浪、愛上衝浪的那些浪點也遲早會淹沒在水裡。千百萬年累積下來才能形成良好波浪的地理結構終將只剩一句「媽的」，然後永沉水底了。（或者至少還得再過個幾千年吧，但對人類來說，那跟永遠也差不多了。）

結構與流動

水的**流動**——無論是波浪、潮流，還是印尼直通流，都要**穿過**不會流動的**結構**，這結構會形塑水流**如何**流動，讓水流具有流動的動力。

在河流中的河床會形塑水流的路徑，或曲折，或蜿蜒。在海岸邊，則是海床和水平面的共同結構形塑了每道波浪的變化。各種島嶼、水道，還有印尼直通流的海底形貌一同將太平洋的活水注入了印度洋。天地自然之間，一切的流動無論是在現實中或概念上都要依賴底層的結構。

人跟社會當然都是自然的一部分，所以流動與結構的形上概念也同樣適用於人與社會。衝浪客在浪頭上可以隨著波浪的流動前進，完全是因為其他一切都按部就班——完全是因為浪頭翻騰躍起之際，其他的結構框架都還相對穩定。衝浪客隨浪頭前進時之所以能表現出流暢的動作，完全得看波浪本身給予的條件和他自己不斷精進的練習才行。在衝浪客所處的社群裡，衝浪客也多少會在衝浪禮儀的架構下順暢地互相配合，而且會隨著環境條件變化調節，就像存活下來的其他社群一樣。

如果意識本身就像我們所感受到的一樣會流動，那麼意識的主觀感受也必定要依靠在底層的心靈結構才行。康德認為，人類的所有經驗或「直觀」無論看起來有多麼直接，必定都是由知性的基本「範疇」（時間、空間、因果）形構而成。經驗到美的方式有各式各樣，可以是思考在想像力中的「自由玩耍」或「自在和諧」，也可以是意識的自由流動，比呆呆地觀察桌上的杯子更加愉快、更無拘無束。而且就算是沙特，從深層來看也是個康德主義者。意識可以非常自由地流動，但始終還是受限於我們的生理結構（亦即「現實性」）之中。

所有的流動永遠與其底層架構共存，也因而和那架構一樣持久或短暫。任何流動要能流過一段時間，就必須有能存在那麼長時間的架構。但是在流動與支撐架構之間，可以是一種動態關係。架構能夠在任何時刻或任何時期為流動形塑出不同形貌，好比河床上的一個急彎可以在某個下午或花上整個星期來改變河道走向一樣。但是流動也可以隨著時間經過而改變架構，就像河裡的流水終究會侵蝕掉那個急彎一樣。只要「架構－流動」這樣的基本關係不會眨眼間出現劇烈轉變，那麼這兩者在大環境下可以改變彼此。而這關係一旦發生了急遽轉變，我們就難以分辨出究竟什麼改變了、什麼消失了。突如其來的大洪水並不是**改變**溪流的水流，而是將整條溪流全都沖潰。

這就是氣候變遷的大問題：生態流動與其底層架構之間關係的改變來得太急了。雖然從地質年代來看，各個時期之間的平均氣溫會有所不同，但是工業革命帶來的卻是溫室氣體的猛烈排放。我們排進大氣層裡的二氧化碳、甲烷和其他氣體多到大自然來不及重新吸收（例如海藻就有固碳的作用），因此在大氣層中累積，吸收了太陽光的熱能，使地球氣溫逐漸升高。雖說我們的資本主義與能源開發在短期間內就帶來無比的財富，卻也永遠徹底改變了支撐著地球生命和社會的氣候與海洋結構。

我現在說的都是科學界對全球暖化趨勢、人類導因和可能引發重大甚至滅世危機的共識。我自己是相信科學家的說法啦，不過，比較有懷疑精神的讀者可能會注意到我們現在要談的其實是在這種不確定情境中的道德**哲學**問題。就算只是為了論證起見而假定整個地球正在暖化，有可能面臨重大災變好了，但是真正的問題是，接下來我們在道德上該怎麼辦？這也是個有意思的思想實驗。倘若氣象科學的災難預言確實可能成真，那我們就不該對這情況不負責任，作壁上觀了。

「老兄，別緊張嘛！」

我的南非好哥兒們葛蘭米是個衝浪高手，但是為人並不算特別開朗。所以除了關於南非的政治爭論以外，當我聽說他有一次在和其他南非衝浪客談論衝浪的環境遲早會消失時，其他人居然會對他那種審慎樂觀的態度大動肝火，我著實嚇了一跳。

其他人一想到海平面升高就全都發出一陣哀號。我相信他們是真的擔心旱澇饑饉、資源戰爭、移民衝突等天災人禍會導致數百萬生靈塗炭，洪氾區的人無處可棲，只能流離失所。但是在這當下，就在這些衝浪客想著節節高升的海平面的這一會兒，世界上最好的衝浪點和次一等的衝浪點仍都不免面臨永沉海底的命運。

目前的海平面上升情形聽起來不太嚇人（上個世紀上升了十七公分，近來每十年約上升三公分）。真正令人擔心的是大陸冰蓋的加速崩解，會讓海平面快速大幅升高。誰也說不準什麼時候會發生、規模有多大；這其中牽涉了超複雜系統的模型計算，而且這些系統本身就充滿不確定，甚至比預測未來還更困難。不過，在衝浪客看來，那些精密計算其實不重要；光是這些不確定性指出海平面**很有可能**比現在高出**不止**幾呎就夠了。而現在海平面顯然免不了會上升十呎左右，甚至有些研究說會上升十七呎。如果這還不足以令人心慌，那你得知道大氣層中的碳濃度如果一直維持現在這比例，那麼海平面大概會**高出七十呎多**，這就不只是衝浪客的噩耗，更是整個海岸生態的浩劫了。所以說，要是不及時做些什麼來擋住這股全球熱潮，這世上絕大多數的衝浪點遲早會毀於一旦。

難怪衝浪客之間會爭論該拿這世界局勢的發展怎麼辦。我相信葛蘭米在那場爭執中的態度，就跟他對我轉述這件事時那副冷淡的老樣子一樣。這個南非佬太熟悉人性黑暗的一面，也太了解自然災害的威力了。他當然也熟悉自然的美好，比方說，南非傑佛瑞灣上那條健行步道上令人出神的純淨美景（我跟他就是在那裡結識的）。他也去過印尼好幾次（甚至還得了瘧疾回來）。他是個值得尊敬的德爾班人，可以使出頂尖的逆向管浪騎乘絕招，但也十足犀利幽默、深思熟慮、彬彬有禮，重點是酷愛衝浪。他就和我們一樣把衝浪當作生活重心，要是衝浪點真的消失，他肯定覺得了無生趣。

但即使如此，他在那些呲牙咧嘴的其他人面前還是直言無諱：海平面上升**也會讓幾個衝浪點變得比現在棒多了**。的確，有些衝浪點現在實在太淺了，要是海平面上升，海水灌進來會好得多。

他舉的例子是拉亙德里灣尼亞斯島上的「機器」（the Machine）浪點，那是我有一次去尼亞斯島衝浪回來後跟他描述二〇〇五年蘇門答臘大地震引發海嘯之後的情況。那次大地震將整個大陸棚抬高到離海平面十呎的高度。拉亙德里灣著名浪點（當地稱為索拉克〔Sorake〕）的浪頭變好了，但是機器浪點那邊的礁岩原本會讓海浪像機器推動一樣源源不絕而來，如今卻淺到沒辦法衝浪了（除了滿月大潮之外，不過要同時遇上大潮跟好浪可真是千載難逢）。葛蘭米要說的是，如果海平面上升，那麼像機器浪點和其他散布在印度洋和南太平洋上的那些過淺浪點就又可以衝到好浪了。

葛蘭米的話倒不是危言聳聽。從**哲學**的角度來看，這確實是隱含的結論。葛蘭米並不是質疑氣象科學，也不是看輕了這件事對世上大多數浪點的威脅。但是，如果要在這一片黯淡無光的前景裡找到一點希望，那他所說的其實是就算末日來臨，我們這些衝浪客也不用太擔心沒浪可衝。我們不只可以找到其他新的浪點，說不定還可以發現原來某些普普通通的浪點也變得超棒。所以說，我們真的不用太苦惱。只要順隨著氣候變遷的潮流走，看看事情會如何發展演變，坦然接受就好了。今朝有浪今朝衝嘛！葛蘭米說得好：「老兄，別緊張嘛！」

葛蘭米是否只是要表現甘隨事物變化而調節，逆來順受的意願呢？畢竟這就是衝浪客的本性，不是嗎？同樣地，要是末日情境真的會發生，難道我們不該為衝浪末日做好準備？今朝有浪今朝衝，至於未來，就隨它來吧！不管怎麼樣，我們衝浪客總是會調節好的。

這種態度非常像斯多噶學派，但是我自己倒不認為這會是衝浪客的真正立場。任何事物要能夠置身流動之中，順隨流動而調節，就得要有不會流動的大型背景才行；必須有這些大型背景存在，才有流動出現的可能。再回想一下，河裡的水流必定有固定的河床，而且也會因為河床相對固定的架構而出現如此的流向。每個浪點都仰賴支撐這個浪點的各種條件才能形成，諸如海底的地形走向、海面的風向、海平面的高度，甚至還包括因遠方風暴捲起的湧浪。同樣地，我們周遭的自然氣候和海洋環境也都形成了其他事物的底層架構。就算衝浪末日真有來臨的一天，欣然接受這恐怖景象也不是「順隨潮流」的正確態度。至少，這不會是在衝浪和生活裡真正值得擁抱的態度。

衝浪客懂得怎麼適應不停變動的自然現象，因為衝浪客知道處在這種調節關係中的真正價值是什麼。這多少意味著他們了解到架構在這份關係中所設下的限制。所以對真正珍視衝浪這活動的衝浪客而言，他們也一定會重視保存讓這活動得以存在的條件，並因而調節自己的生活方式。世界已經愈變愈亂了，所以衝浪客如果要繼續適應自己所鍾愛的海洋和波浪，就必須**真的**在我們還有機會改變的現在**動手**避免衝浪末日來臨。

那衝浪客要怎麼樣讓自己發揮作用呢？習於基督新教工作倫理的我們應該會大吃一驚：衝浪客的解法就是少做點工作、多去衝浪。

容易接受的真相

我們一開始就提到現在的工作製造出了溫室氣體。所以，我們其實可以靠著減少工作、做些比較不會破壞生態的事來減少排放溫室氣體。絕大多數的衝浪客都很樂於為此出一份力。就算這些衝浪客先前沒想過衝浪可以回饋社會，現在也能憑著這股合作精神勇往直前繼續衝浪。

當然，要是有能夠消除或積極減少溫室氣體和經濟生產間衝突的科技，那就不必這麼做。

可是就近來所有的再生能源發展來看，實在無法期待有什麼能夠解決整個問題的良方。①在所有估量可能結果的模型中，凡是對各種暖化問題沒那麼悲觀的預測**全都**建立在我們當下還辦不到的未來科技發展（尤其是碳捕捉技術）上。②

所以，如果我們大家全都少做些工作，多花些時間在比較不傷害環境的休閒活動上，肯定是因應日漸脆弱的地球生態的合理調節方法。光這樣做當然不夠。但是如果加上其他同樣甚至更積極的手段（比方說加徵排碳稅、排污交易等辦法），就可以為休閒革命增添新動力。

先前曾提過，這說法不是指衝浪客**只要**砍掉工作時數就好，還得在休閒活動中比在工作中排放更少溫室氣體才行。衝浪本身算得上是種無碳活動，但並不是所有的衝浪客都騎單車到海灘，而非開車到處尋找浪點，所以衝浪客還是得學習休閒時如何能像在工作時一樣減少排碳。如果你想靠衝浪以外的辦法來減碳，那也一樣。你可以讀書、健行、睡個長長的午覺、陪孩子玩、和朋友喝咖啡聊是非、探望老人、投入慈善事業，這些方法都很棒，只要不會像賺錢工作一樣使氣候變遷問題更形惡化就好。

如果我們個人一輩子排放溫室氣體所造成的危害更大，那這一點就更重要了。這時候我們得靠著像衝浪客一樣有所貢獻才能避免危害他人。③可是少做點工作、多衝點浪就能**有所貢獻**了。一個人一輩子排放的溫室氣體和汽車、家電、幾百萬人所使用的電腦所排放的氣體一比，說不定只是滄海一粟罷了。但是我們在談到污染問題時會說「人人有責」不是沒道理的：只有靠每個人都盡一己之力，才能讓整個大群體的作為真正有所成效。積沙最後能夠成塔，滴水終究可以穿石啊！④雖說把一只寶特瓶丟進海邊的樹叢裡不會毀了整個海灘，但你還是可以「順手清垃圾」，維持良好的保護環境習慣，幫忙淨灘。同樣地，少做點工作、多衝點浪（或是多

---

① 無奈的是，再生能源的成功在某些情況中（例如加州）會縮減對核能的資助，但這其實也是一種重要的乾淨能源。

② 馬爾薩斯（Thomas Malthus）有個著名的論證：（一）人類喜歡生孩子，（二）地球只能生產這麼多食物，（三）人口成長必定會超越糧食生產，終將導致大饑荒。但這情況從未發生。綠色革命已經顯示出糧食生產得夠快了，因為隨著人口一增加，市場需求和科技發展也會提升資源產量。不過，氣候變遷在影響的規模、範圍和結果上都比糧食問題更極端，所以，我們不能把這問題當作馬爾薩斯的人口末日說那樣輕忽。

③ 頂尖的哲學家兼經濟學家約翰．布魯姆（John Broome）說我們人人都有不傷害他人的「正義責任」（duty of justice），所以應該設法抵銷個人所排放的溫室氣體。見《氣候大問題》（*Climate Matters: Ethics in a Warming World* [New York: W. W. Norton, 2012]）第五章。

④ 見約翰．弗列克（John Fleck）在《人人搶水喝》（*Water is Fighting Over, and Other Myths About Water in the West* [Washington, D. C.: Island Press, 2016]）一書中提到一則故事，在科羅拉多河盆地保護區曾有大旱警告，但由於當地所做的一些微小努力，最終總算成功解決了缺水問題。這也是諾貝爾獎得主伊莉諾．歐斯壯關於「共享資源」系統研究中的一例。

聽點音樂、多打些毛線）也可以是一種「各盡其份」的方式，是平衡工作和休閒的好辦法，可以使得暖化問題不致愈來愈嚴重。

二〇〇八年的金融危機造成了大規模失業，迫使許多人不得不少做點工作、過著簡樸些的生活。那段時期裡的碳排放量明顯減少許多。在家門口徘徊，覺得「百無聊賴」的失業勞工也許可以這樣鼓勵自己：自己至少在為對抗氣候變遷盡一份力。但是要降低我們整體的碳排放量並不一定得靠失業這種壞事情發生才行。我們可以一方面讓大家都工作，同時縮減工作時數，一方面讓大家都做得更少，減少每週的工作日數。

假設我們將每週工時像懶惰的德國人一樣砍到卅五小時好了，但就算只做到這樣也算幫大忙了。我們甚至可以繼續砍工時，一直砍到整個勞動水準不足以維持現代經濟為止。沒有人知道這底線在哪裡，但是姑且聽聽二十世紀大經濟學家凱因斯（John Maynard Keynes）的說法吧，他在將近九十年前就已經預測到現在的富裕水準，而且認為我們應該每週只工作十五小時就好了。（但是為什麼沒變成這樣？這容後再敘。）如果他建議的時數聽起來太少，我們也可以拉高到每週二十小時。這樣一來，先進國家每週只工作二十小時，剩下的時間拿去休閒，氣候變遷問題就不會像現在這麼嚴重了。

而且，我們甚至能在休閒生活變成常態之前就做些努力，讓這種生活方式更容易為人接受。社會潮流確實難以測度，但是總得有人率先帶頭，而且人類其實總是容易受他人所作所為影響，遲早都會搭上這班列車，甚至還會有自詡「帶風向」的人來加速推動這股潮流呢！一旦大家開始減少工作時數，在社群網路上炫耀自己不工作時的樂趣，就更容易透過政策規範來縮減每週工時，並做些必要調節或限制特例。從這方面看，衝浪客真可說是公民德行的模範，「工作狂」反而才是真正的搗蛋鬼。

可是少做點工作不就是「偷懶」嗎？少做點工作的衝浪客難道不會太自以為是、自私、放任自己佔別人便宜？不是這樣，畢竟有給職並不完全代表著對社會做出貢獻。為人父母大概賺不到什麼錢，卻能為社會做出莫大貢獻。選擇去衝浪而不去工作的衝浪客並**不是**偷懶或遊手好閒，而是主動選擇了衝浪，甚至可能靠她這份技術在工作呢！衝浪客的貢獻就在於她對自己要做什麼的選擇，就在於她在勞動市場中做出了**去衝浪而不去工作**的選擇，而做這種選擇本身就是一個重要的社會目的。也就是說，儘管這聽起來是有些荒唐，但是即使選擇了偷懶或遊手好閒而不去工作賺錢的人，也同樣是在拯救人類避開那緩緩逼近的末日浩劫。

不過，衝浪客還是有責任的。大眾會想要確保衝浪客在從事休閒活動時的排碳量少於工作時。因此，可能就要花納稅人的錢去監督衝浪客是否善盡公民義務，沒想像中那麼輕鬆了。⑤另外，一說到以休閒為服務，衝浪客會不會顯得太積極主動了？這種熱忱是不是暗示他們

⑤怎麼知道衝浪客的休閒生活是不是真的比較簡樸？我們大概得要粗略估算每個人的排碳量，才能確定到底這種生活方式能有多少成效。我們希望這種計算方式不會侵犯個人權益，同時又能便於記錄。我想這主要是監管上的技術性問題，說不定有什麼應用程式可以處理吧！

其實根本對社會真正的需求不屑一顧？唉，為人父母也是貢獻良多，但還是有許多人樂於養育孩子，根本不在意那份辛勞啊！我們不會拿人家當父母的熱忱來說他們不對，也不用期待他們非得在意當個好父母代表什麼意思才行。雖然有許多人只是希望孩子能出人頭地，老來能夠靠兒女撫養，但也確實有些父母是思考過社會需求後才生養下一代，這些想過才生的父母也同樣值得歡度母親節、父親節呀！不然也可以想想純粹發自愛心，不領薪水，自願幫老人換尿布的那些照護志工。我們不會因為他們很熱心就不把他們的服務當一回事，也不會認為他們非得仔細想過自己在整個老年照護的政治經濟體系中扮演了什麼角色。真正重要的是那些老人能夠保持乾淨舒適，這點對志工們也是一樣的。我們會因為這一點而感激他們，因為要不是他們的熱心服務，就得花錢雇人來做，到時無論是家屬也好，納稅人也好，都得有人要為此掏腰包了。

　　所以就算溫室氣體排放量不是衝浪客最關心的事，但只要衝浪客盡到了他們的努力，願意放棄工作和因為工作排放的溫室氣體，那就值得感謝與支持。我們會對把個人心思全放在創造就業和增進GDP的資本主義者大獻殷勤。好啦，這也無妨；畢竟貢獻到頭來是計較成果而非心意。同樣地，衝浪客去衝浪玩耍的貢獻也該當作貢獻成果計算。說真的，在工作表現上特別優異的衝浪客要是不去工作，反而貢獻更大。如果她的工作產量超乎尋常，那麼要她去衝浪而不是去工作，說不定就表示能把工作留給想要或需要這些工作機會的人呢！

衝浪客有助於資本主義

過去這兩百年間興起的資本主義消除了極大數量的絕對貧窮，首先是在工業化國家如此，繼而推至在南亞的發展中國家（尤其是中國）還有拉丁美洲（但在非洲的發展程度就沒那麼高了）。從亞當．斯密到海耶克以來，幾乎每個為資本主義辯護的大思想家都盛讚資本主義在消除貧窮上的卓越能耐。儘管資本主義造成了種種痛苦與麻煩，但這種能促進世界美好局勢的能力大概就是確立它在道德上受人歡迎或至少讓人能忍受的正當性關鍵。從人道主義來看，資本主義和既不正義又難以容許的奴隸制度實在不能相提並論，反而是件天大的好事。

同時，正因為我們的新世界如今正處在生態稀缺的狀態裡，又沒有能夠補救的技術，所以如果要避免在道德上無法接受的災難後果，就不能假定世界經濟成長率沒有極限。也許這一切不能怪我們任何個人或群體開了這個頭，因為這份不幸根本就無從預見起，就像在豪華宴會上的掛簾一樣，誰知道會著火呢？不過，我們還是可以說，我們所有人——包括衝浪客在內——都必須背負起從今以後撥亂反正的責任。

那我們應該做什麼？現今所定義的工作只會急遽增加碳排放量，所以我們至少得重新思考工作在生活中所扮演的角色，連同工作上的成功、獎勵以及對社會的貢獻。正如先前所言，既然眼前沒有簡單的解法，那我們該做的合理調節就是縮短工時。我們可以讓幾乎每個人都有工作做，但是每個人要做的都少得多，加上基本工資、補助等項目，讓我們的休閒時光更有意義。說真的，一旦靠機器人取代人力的速度快過人類找新工作的速度，說不定不久之後我們就會**被迫**要少做許多工作。不管怎樣，我們現在都**已經**有了很好的理由來縮減工時。

在所有配合氣候變遷的調節辦法裡，衝浪客無疑最愛這一種。這倒不只是因為他們的運動偏好。再回想一下資本主義擁有組織社會生活正當性的基本緣由，就是因為資本主義能夠消除窮困。倘若真是如此，那麼發展中國家就該有權要求在整個經濟成長大餅中的大部分才對。也就是說，先進國家如果真的遵守全球排碳限制，他們的經濟成長率很可能就沒辦法像現在這麼高了。如此一來，少做些工作、多衝點浪就不只是減緩地球暖化的社會貢獻而已，更是維持資本主義道德正當性的一套辦法。

如果富裕國家真的少做點工作，就能讓發展中國家千百萬的貧窮人口從三餐不繼的地步攀升到大約抵得上中產階級的薪資水準。即使不看未來世代的發展，資本主義也要面對一個真正的道德承諾問題，亦即我們還未能替那些發展中國家嘈雜忙亂的人民消除貧窮，還未將他們拉出當前所處的困境。但是如果全球經濟發展有其極限，而且世上的工作就只有這麼多，那先進國家的人似乎就該少做點，才能把機會讓給發展中國家，讓他們能夠繼續踏上「趨同」高生活水準之路。

我們當然不能強要窮人**一直**貧困下去，好讓**我們**能多做些工作來賺錢。我們會用嚴正的口吻來讚揚工作勤奮；那又為什麼不讓窮人努力工作呢？為什麼不讓他們有這種機會呢？他們難道就不能合理要求我們對現狀知足嗎？工作有重要到我們非堅持如此做不可，就算拿他人為代價也無妨嗎？

整個衝浪哲學的大論證也許可以用三大命題為前提。先進國家必須提倡休閒資本主義的理由如下：

第一，世上沒有簡易解。我們現在沒辦法期待會有什麼科技妙方可以適當協調在經濟活動和恐怖而又難以接受的生態後果間的衝突。所以我們有義務要限制全球的經濟成長率。（就算我們仍然可以祈求突然發現科技解法，但是除了這份期盼之外，實在沒有什麼好理由奢望這解法現在就會蹦出來。）

第二，發展中國家應該在接下來獲得較多的經濟成長。資本主義的道德正當性在於它消除貧窮的能力。因此，應該將較大部分的成長可能性留給發展中國家。既然全球經濟成長有其極限，先進國家的成長就必須少得多。

第三，在先進國家中少做些工作是斷斷無可反對之舉。如果先進國家的經濟成長必須大幅減少，那麼大家平均起來該做的工作也就減少許多。比較合理的安排應該是依據較新、較低的水準來制定休閒／工作時數，比方說，每週工作二十小時，同時要提供充分的假期以及育嬰和其他意外事件的留職辦法。這樣的辦法不僅可行，更無從反駁起——因為除了無可救藥的工作狂以外，每個人都能過得更開心。

這三個前提看起來並沒有**明顯**錯誤。而如果這三點果真正確，我們就有了一個叫先進國家必須全面採取休閒資本主義的論證。所以你可以按照自己的觀點來評估一下這些前提。你當然可以不接受這結論，不過那樣一來你就得解釋這個論證是哪裡出錯了。如果沒有好理由反對這些前提——畢竟這些前提頗為可信——那麼你就得吞下這個結論：資本主義的未來必定就是休閒。⑥

當個好命人

可是資本主義本身不才是真正的問題所在嗎？整個生態破壞問題不就揭穿了資本主義缺乏正當性的致命缺陷嗎？從馬克思到娜歐蜜・克萊恩（Naomi Klein）以來，不就一直在指責它這種貪婪放肆的精神嗎？⑦對衝浪客來說可不是這樣：真正要做的是微調資本主義。

人類在過去選擇了資本主義，衝浪客應該對此滿懷感激。如果你的生活僅能勉強餬口，得要辛勤耕耘才能養家，就像在某些發展中國家的衝浪客一樣，那麼你能衝浪的機會大概不多。我們繼承了從工業革命以來所創造的巨大財富。如今每週工時只要四十小時，得好好感謝資本主義給了我們這樣的機會，讓我們能夠衝浪，能從事有意義的休閒活動。

唉，可惜美國人不像懶惰的德國人那樣好命，平均每週工作三十五小時就好，還有六週的有薪假，徹底將工作排除在休閒之外，所以他們的自由時間會覺得自由自在。根據某些人的推估，德國人做的工作甚至比大家以為懶惰的希臘人更少。不過，事實上是所有在先進國家的人都很好命，能出生在美好的此時此地。我們享有相當多的財富和休閒，而且就算面臨即將造成生態災變的氣候危機，一旦情況**真的**開始失控，我們大多數人都還是能夠安享天年。我們過著這麼富庶的生活，但這筆帳到時卻要算到我們的孩子和無數後代的頭上。人生中最重要的就是搭上好時機。可是我們這麼好命並不能成為拒絕採取行動的藉口，更甭提要耽於無所作為了。

衝浪客的社會貢獻能為資本主義在這生態稀缺的世界裡提供道德正當性，因為他們釋出了工作機會給其他人——給了發展中國家大約三十億左右的貧民這個機會。如果富足的「代價」就是要我們放棄靠「賣命」資本主義賺更多的錢，改而去享受更多休閒活動，我們難道不該說

---

⑥假設我提出了這麼一個論證：（一）如果大家都必須少做些工作，衝浪客就是英雄；（二）大家都必須少做些工作；（三）所以衝浪客是英雄。從邏輯的必然性就一定會得出這個結論（這裡用的是「肯定前件肯定後件」規則）。你可以反對「衝浪客是英雄」這個主張，但是你得否定兩條前提之一，相信這些前提不會全部都為真。但是如果你沒辦法從這些前提裡挑出錯誤來，那你就只能硬吞這個論證的結論：衝浪客是英雄！在本章正文中的這個論證也可以同樣表述為邏輯上的有效論證。

⑦見娜歐蜜·克萊恩《天翻地覆》（*This Changes Everything: Capitalism vs. the Climate* [New York: Simon & Schuster, 2014]。台北：時報出版，二〇一六）。如果她不是真的要做這麼強的宣稱，那至少暗示了我們要尋求的是極為不同的事物。

自己實在是得天獨厚，實在是太好命了嗎？

事實上，既然我們這麼好命，不妨問問自己，能不能**拒絕**試著調節而無愧於心？我們這些坐擁富足成果的天之驕子真的能因為人家要我們少做些工作、多衝點浪而抱怨嗎？更何況這還不是為了我們自身的幸福著想，而是為了減少對當前與未來世代造成重大危害，使人類文明免於提前滅亡的重責大任呢？

這得看看我們是不是會因此做出重大犧牲：如果有，那我們就可以合理反對。例如，你不能期望我捐出一隻眼睛移植給一位盲人，讓他能看得到東西。就算這目標真的很有價值，在道德上也不需要我做出**那種**犧牲。可是我們所遭遇的氣候危機並不是這種情況。真正需要拯救的目標是資本主義的道德正當性。我們當然可以要求先進國家為了資本主義體系的道德正當性而放棄某些事物，畢竟這體系已經讓在這裡頭的我們人人都富裕了。我們難道不該至少「犧牲」一下，延緩經濟成長，不要那麼有錢嗎？

其實，緩慢成長甚至「負成長」的經濟並不蘊含著要任何人犧牲。我們失去了金錢，卻獲得了時間。我們是真的夠好命，才能有錢到真的能選擇工作以外的事情來做。衝浪客會很樂意少拿點錢，換取更多的時間去進行有意義的休閒活動。但這不僅限於衝浪客而已；理論上來說，如果能夠少做點工作的同時還能擁有不錯的生活水準，那麼大部分人——乃至所有人——都會和現在同樣快樂，甚至，會更快樂！所以我們為了氣候變遷問題所做的調節也許不需要全面犧牲呢！

而既然我們沒得抱怨全面犧牲，那就**肯定**有義務要做出調節。我們沒有理由反對、遲疑或耍賴。想想看未來的人會怎麼說吧！他們會說：「我不好意思打你臉，但是你事實上明知自己在排放溫室氣體，卻故意要讓我們這些後來的人遭殃。如果可以的話，請你做些排放量少一點的活動好嗎？拜託，請約束好你自己；我們要求的並不多。說真的，**你可以，而且也應該這樣做。**」這個道德論證就算是衝浪客也很難招架。既然我們都不是工作狂，為什麼不少做些工作，偷懶一下、去衝個浪、整理花園，讓我們自己過得更快活一點，或者至少不會更不快活？

衝浪客會愛上新的資本主義。誰不會呢？我們不必搞嬉皮，或是法國那套「為了生活而工作，不是為了工作而生活」（雖然有些衝浪客確實採取這種立場）。我們可以大方承認喜愛自己的工作，把工作當作生活的重心，但我們真正該做的是為了更遠大的重要目標而少做點工作。況且，誰不會拿多出來的休閒時間去打打網球、讀幾本經典好書、陪孩子一同嬉戲？

所以，氣候變遷危機不必**非得**是擺在我們眼前的舉世大害。人類在未來確實有可能過得還不錯，有更多的休閒時光、更多浪可以衝。衝浪客這套生活與社會哲學提供了一個大家容易接受的真相：人人都能過上更好的生活。

休閒資本主義的效率

說衝浪客可以什麼都不用犧牲就能盡到公民責任，好像是種異想天開的想法。要我少做點工作、多衝點浪——除非你能逼我這麼做啊！

衝浪客會突然聽到他人要求他們做出貢獻的嚴肅呼聲。不是人人都有義務為了避免迫在眉睫的大災害而**做出犧牲**，甚至為之受苦嗎？說我們這些天之驕子真的**什麼都不用**努力改變，這不是擺明開玩笑嗎？

嗯，不是這樣。根據衝浪客這種奇特而基本的經濟觀點，其實沒有全面犧牲的必要。說得粗略些，有效率（例如在「完全競爭」的經濟理論中）就表示沒有人因此過得更差（例如得花上更多錢，或是要負擔額外的「外部成本」）。可是氣候變遷是所有外部成本中最嚴重的一種。[8]在古典經濟學家帕雷托（Vilfredo Pareto）的說法裡，「效率」就是在沒有人過得更糟的情形下獲利，以此觀之，我們現在採行的資本主義根本就沒有效率可言。

現在的人類也好，未來的人類也好，大家都會因為我們排放的溫室氣體過得更糟。不過其實還有其他方式可以避免氣候災變，又不會讓大家過得更糟。我們可以讓將來子孫不用負擔那麼多，靠我們自己來彌補就好。[9]也就是說，我們得減少排碳量，使用比現在更少的能源，才能減輕他們的負擔。這會讓我們過得比較差，除非我們還能找到其他辦法補償自己。話說回來，我們還真的有許多**能夠**補償自己的不同方式。[10]

在這些方式中最令人開心的一種，就是少做點工作、多點休閒活動。所以，沒錯，因為少做點工作，我們是少賺了點錢，但是也因此多了些自由時間可以運用。如果這些多出來的時間拿去衝浪、踢足球而得到的好處，大到可以讓我們整體來說不會活得更差，那就是有效率的辦法。老實說，這些休閒活動所提供的好處難道還不夠大嗎？衝浪客肯定會寧可少賺點錢，多花點時間去做這些有意義的休閒活動。由此來看，衝浪客可說是休閒資本主義的效率典範。⑪

---

⑧關於這為什麼會是「社會與道德偏好」的討論，可參考獲諾貝爾獎的新古典經濟學教父肯尼斯．艾洛（Kenneth Arrow）的〈社會效應及外部性的政治經濟評估〉（"Political and Economic Evaluation of Social Effects and Externalities," in *Frontiers of Quantitative Economics*, ed. Michael D. Intriligator [Amsterdam: North Holland, 1971], pp. 3-23）。

⑨見鄧肯．佛里（Duncan Foley）〈全球暖化的經濟原理〉（"The Economic Fundamentals of Global Warming," in *Twenty-First Century Macroeconomics: Responding to the Climate Change*, ed. Jonathan M. Harris and Neva R. Goodwin [London: Edward Elgar, 2009]），並見布魯姆《氣候大問題》第三章。

⑩布魯姆與佛里在〈世界氣候銀行〉（手稿）一文中描述了未來世代能因我們減少排碳量而回饋給我們的許多方式。如果我們現在多享受一些，那他們能繼承的好環境就會少一些。所以我們可以把他們遲早會繼承的傳統資本投資分散到綠能設施上，減少排碳量，讓他們負擔少一些。他們是會少繼承到一些財產，但是就當作為了他們利益著想而縮減排碳的「費用」，藉以換取讓他們的生活環境不會更糟。這種作法並不需要另增支出，因而其實也不會讓我們過得更糟。

⑪衝浪客寧可拿錢換時間的這種「效益函數」正好也解釋了我們能怎麼補償自己。不過工作狂的偏好大概會很不相同，我們留到下一章再詳談。

況且，那樣一來還算是人類夠好運，能夠避免最糟糕的可能情境，而我們現在正看著那種情境緩緩逼近。我們甚至可能已經錯過了幾個轉捩點，只能眼睜睜看著事情每況愈下。我們不知道是否很快就會面臨到聖經裡記載的那種淹沒各大陸的大洪水，衝浪客在這方面可不是先知。我沒辦法預知所有人的生活**真的都會**變得更好，也沒辦法事先知道衝浪客哲學會廣為流行，一洗華盛頓特區的政治歪風。還好，哲學家可以不管政治風向怎麼吹，花力氣徹底想通我們**應該**做什麼。在衝浪客看來，要**真正能**改善我們所有人面臨的這個問題，唯一的辦法就是大部分人都更願意順隨潮流、進行適當的調節。而且既然我們不用做出犧牲，那麼大部分人大概都會更願意善盡調節的責任。

奇怪的是，就算這個方便的辦法可以幫全世界的政治家輕易贏得政治共識，但他們幾乎都視而不見。⑫有些重量級經濟學家說我們應該要求現在的所有人做出犧牲，這樣才能促進整體的最大福祉。⑬也就是說，我們應該追求整體最大福祉，要根據對現在及未來所有人的影響進行成本效益分析，依照跨越各個世代人口的評估來權衡預期報酬和損失，但是可以「酌減」遙遠後人的比重。要計較的是未來還會有**許許多多**的人出生，他們可以因此而受益。我們這一代人的福利也很重要，但問題是我們該放棄多少好留給遙遠未來的子子孫孫。無奈大家通常並不會都這麼利他、這麼在意提升所有人類的幸福，尤其不會當真替遙遠未來的無數世代操心（所以就酌減了）。不只衝浪客是如此；一般人通常都不會為了「整體福祉」的需求而積極奉獻犧牲。⑭

所以堅持「犧牲小我完成大我」反而會弄巧成拙——在氣候變遷這問題上搞不好反成了災

---

⑫二〇一六年的巴黎協議勉強可算是共識，但一切都還是操之在是否有夠多的國家真的配合減少排碳。是否要支持這個辦法，得看各國覺得這麼做是犧牲現在這代人的利益或者只是在追求效率。

⑬見尼可拉斯・史騰（Nicolas Stern）《氣候變遷經濟學》（*The Economics of Climate Science: The Stern Review* [Cambridge, U.K.: Cambridge University Press, 2007]）與威廉・諾德豪斯（William Nordhaus）《平衡問題》（*A Question of Balance: Weighing Options on Global Warming Policies* [New Haven, Conn.: Yale University Press, 2008]），諾德豪斯在書中主張「最佳」策略其實是追求效率時要接受一部分犧牲，而不是純粹追求效率（或是追求「最好與最壞結果的加總」）。

⑭效益主義主張正確的行為或正義的制度就是能使整體福祉最大化的辦法，而這正是效益主義出名的軟肋。邊沁說過，「一人一票，票票等值」，我們在評估什麼是正確的行為時，會衡量各種選項所造成的全部傷害和利益，選擇效益最高的辦法來做。所以我們可能會犧牲某些可憐人，甚至是犧牲自己來成就更大的好處，例如捐出一隻眼睛給盲人，讓他得見光明。如果這樣真的能促進最大整體福祉，那這就不是「超乎義務」的要求，而是道德上該做的事。我自己並不接受這種觀點，因為這理論蘊含的結果和其中太不合理的要求實在是匪夷所思。彌爾主張的規則效益主義就把常識道德包括進來，但是他的理論仍會遇上其他麻煩。

害的推手。⑮大家還比較可能接受不用犧牲，有更多時間可以衝浪或造紙的效率資本主義呢！況且，我們說不定早就錯過了將排碳量控制在「安全」水準的機會。如果現在真的還有避免這末日大劫的機會，而且至少尚有辦法能大大降低風險，那還要嫌這種追求效率的資本主義不夠好嗎？

實事求是

好，就算縮減工時不用砍到每週二十小時，但還是要砍到必須有效減少集體排碳量——這樣的縮減法有多少可行性？這細節問題當然要留給專業的經濟學家來處理，不過從大方向來看，這種嶄新的超先進資本主義和較短的工時看起來大概會像是我們最近已經習以為常的經濟緩慢成長吧。

簡單說，經濟成長比現狀來得**糟**並不一定就是「經濟停止成長」。彌爾老早就和當代的一些「綠色經濟學家」一樣，認為經濟在長遠的未來將會進入零成長的「停滯狀態」（stationary state）。他對這未來有多長遠的估計不知道是否準確，但是至少在我們可預見的未來，先進國家還會維持經濟正成長率，好讓發展中國家的經濟可以繼續成長，持續消除貧困。國家的發展有一大部分來自科技的運用，這是藉由國際間的貿易來提供，而國際貿易又往往是由大學、公共投資和先進世界中的投機心態所促成。所以這種事業和其他的重要基本服務（例如警消單位、衛生機關、政府等）都會一直延續下去——只不過，如果可能的話，這些事業會需要更多人力，而讓每個人都能夠只負擔更少的工時。

富裕國家的經濟會陷入非常緩慢成長的說法並非空穴來風。事實上已經有了這樣的例子。日本、美國、歐洲最近都已經見證了經濟成長率的歷史新低（有一部分是因為金融危機所致）。所以經濟學家說，無論是因為長期的低投資（「長期增長停滯」〔secular stagnation〕）⑯或是因為科技生產的大部分獲利已經收割了結，低成長都可能成為先進國家的常態。洗衣機讓我們有了做其他事的時間，網際網路在這方面就差多了，而這種獲益日減的趨勢恐怕會一直持續到未來。⑰人工智慧可能很快就能為我們釋出大量時間，但也會奪走我們大部分的工作（見下一章）。不管是因為機會不再或是出於審慎選擇而踩煞車，我們怎樣都沒辦法期待富裕國家還能有過去那種高經濟成長率了。⑱

⑮見布魯姆《氣候大問題》，p.47。
⑯見哈佛經濟學家賴瑞・桑默斯（Larry Summers）的文章：http://larrysummers.com/category/secular-stagnation/。
⑰見羅伯特・高登（Robert J. Gordon）《美國經濟成長的興衰》（*The Rise and Fall of American Growth* [Princeton, N.J.: Princeton University Press, 2016]）。
⑱要選擇縮短工時來放緩經濟成長可能還需要同時刺激經濟，這樣才能維持經濟正成長率。我們會用一

那這種新的常態看起來會是什麼模樣？嗯，也許經濟方面的事情會變成兩倍。過去一個人做的事，現在要兩個人來做；這兩個人維持同樣甚至更高的生產力，但是他們的工作時數也都更短。所以也許新的 iPhone 會從現在的兩年出一款變成四年才出一款。我們的薪水說不定也要加倍時間才會調漲到相同平均水準，所以要存錢買幢房子可能要需要更久，不然就得買小間點的，還好，房價並不會漲那麼快。退休儲蓄利率也不會像現在這麼高，不過到時候大概會有很多人不會完全退休，而是每天稍微花幾個小時工作一下。我們還是可以培養出每週二十小時工時的工作倫理，為自己的工作感到自豪。而且我敢保證，只要工作規劃和彈性工時搭配得宜，就算是牛奶、瓦斯也可以隨叫隨到。⑲

每週工時定為四十小時是逐步形成的制度。所以每週工時二十小時，讓人保有充分時間規劃與調節的制度也可以依樣畫葫蘆。人們對損失或倒退的恐懼往往會讓我們低估了自己的調節彈性。事實上，我們融入新常軌、重新回到幸福基準線的速度經常比自己想像得更快。所以，我們其實可以安於緩慢的步調。有很多人會因為少做點工作而更幸福，而其他人終究也會回復到自己的幸福基準線。到時候，我們可以回頭看看這段亟於成長的年代，就像我們現在回頭看一九八〇、一九九〇年代一樣——那真是一段充滿了狂熱卻有些失控的歲月。

少做點工作當然也不會亡國。我們怎麼會變得這麼不快樂？真的有什麼好抱怨的嗎？（當然，我是說合理的抱怨。）在管理良好的經濟體制下，每個人都能有還不錯的收入，而且有機會（緩緩）升遷。當然，不同社會團體的調節速度得看財富如何分配而定。人人都有足夠的收入，甚至很多人都獲得工資之外的基本收入補助，好確保每個人能從事有意義的休閒活動。⑳不過大部分人當然都能夠安於較短工時，享受原則上會更悠閒的生活。如果身邊幾乎每個人都做更少的工作、更常去衝浪、露營或做些社區交流，那就更容易了。

但是真的有必要砍**每週工時**嗎？難道沒有更好的調節方式了嗎？我們也可以做比現在**更多**的工作，讓我們愈有錢愈好，同時對高消費、高耗能的工作或休閒活動課徵稅金。我們會打壓消費活動，不過我們可以讓人自由選擇要工作還是偷懶。雖然我們是要遏制排碳量，但總不會在倒洗澡水時連嬰兒都一塊兒倒掉了，不是嗎？

般的方法——貨幣政策、公共投資、減稅，甚至是縮小經濟不平等（因為比較窮的人往往更可能花錢消費）。但這並不會假設長期來看經濟會有較大幅的成長是件好事的這個想法，就像我們現在所認為的一樣。達到（低）目標成長率才是採取這些方法的合理理由。

⑲我有一次在大溪地遇到一個去過美國的人，他說美國唯一贏過大溪地的地方就是可以隨時買到牛奶（畢竟在大溪地要叫得到牛奶並不容易）。我也試著跟他說這種及時行樂的文化有些缺點，但是說服不了他。

⑳如果縮減工時，國家稅收也會減少，但是我們當然早就預期到這一點，所以可據此提早做好公共金融規劃。金融危機出現時要大砍公共支出的原因有一部分就是因為出現了未預期的預算失衡。下一章我會再回來談基本薪資如何長期支付。

這就是當前的傳統看法，看起來也頗具巧思。但這個辦法最在意的是不要放過任何能夠賺錢的機會，而不是提防現在與未來的眾多人類將會面臨的災難。我們當然可以高掛「付費排碳」的牌子，對大量排放溫室氣體的對象課徵高額稅金。可是我們這樣課稅是正當的嗎？也許是，也許不是。不到未來，我們就不知道自己幾十年前所做的決定對降低災害風險是否足夠。[21]我們對於這龐大的風險能做的政策選擇非常有限，而且沒有機會可以失敗重來。所以也許看起來最好的辦法是把賭注押在一種更全面、更穩當的方式上，大膽相信我們這樣就足以控制住排碳量。但是，與其選擇靠收稅抑制或任何方式，難道我們不該像精明的投資客一樣分散投資嗎？難道賺錢慢一點卻有得休閒真的會讓我們**那麼**不痛快嗎？如果不會，那為什麼不用保險一點的方式下注呢？

歡迎來到氣候大賭局來試試身手，只不過我們儘管只是在無意中闖入，如今卻也無路可逃了。衝浪客是甘冒風險的人，至少在風險還能控制得住，賭一把還有機會翻盤獲利時願意試一試。當你有機會使出這輩子最帥氣的浪管騎乘時，你就會奮力划向滾滾湧起的捲浪，把自己丟進那片高聳的浪壁，在一不小心就會在礁岩上摔得半身不遂的浪濤前面賭上那微乎其微的機會。對，是有可能發生這種意外，只不過你還是會賭一把，往浪管衝上去，而且如果你真的上去了，那表現肯定精采絕倫！

可是在氣候賭局裡的賭注就完全是另一回事了。賭贏沒彩頭，賭輸的風險倒是遠遠大得多。那我們應該在經濟成長、追求額外GDP這邊加倍下注，讓氣候變遷風險不斷升高嗎？

嗯，假設這一把賭贏了，暖化趨勢減緩了，那冒這麼大的風險所得來的「彩頭」是什麼呢？更多的工作！我們得更努力工作，忍受同樣的漫長工時，而且只比我們賭輸多賺上一點錢而已。可是假設我們決定下注時保險一點，縮減工時，並採取其他審慎措施，對於維持氣候穩定斤斤計較，那我們這種未雨綢繆的「代價」又是什麼？工作變少！我們會變得比較沒錢。不過這對衝浪客來說也無妨。有許多人——甚至是我們絕大多數人——都可以開開心心地離開這場氣候賭局，興沖沖地去衝一把浪（或是高空跳傘、玩股票，甚至是真的到賭場賭一把），好好度過賺到的休閒時光。㉒

㉑這就是對於全球各國排碳設立「上限」（例如要求大家要將地球暖化的溫度控制在攝氏2度以下）的好處之一，這種做法的遏止效果會比徵收各種稅收來得好。不過，各國當然也有各自不同的方式來達成他們的減碳目標就是了。

㉒這個「未雨綢繆論證」不會變成混合了各種統稱「未雨綢繆原則」的強版本論證。這些未雨綢繆原則其中一個聽起來較可信的是「不確定不代表不用做」。我的論證是主張要有所行動（多進行休閒活動）。也有人認為要避免重大危機，不必在意因為比較粗心而帶來的好處。我還是把這些好處納入考慮，但是我也要說這些好處其實相當有限。

真正可怕的事

如果這已經是夠好的理由讓我們在氣候賭局裡步步為營，不妨再看看另一個理由：要是我們不走運，那麼接下來出現的局面會有多可怕。

葛蘭米在樂觀大談升高的海平面也會有新浪頭的時候，看起來一點也不緊張。他只是想要我替他背書而已。我這朋友實在太可愛了，讓我忍不住想要好好安撫他。我承認機器浪點是有可能會重新變成好浪點，至少在海平面還不會升高太多的時候可以維持一陣子。我甚至也同意如果我們運氣不錯，那海平面上升的狀況不會太極端。說不定只有像沙漠浪點那樣必須在最低潮點才能衝浪的浪點會消失。不過，雖然我那時候沒當面給葛蘭米難看，但是我其實心裡倒是和被她惹惱的那些朋友一樣火大：這整件事根本就是個大災難啊！

讓我把那當下的感覺說得更清楚點：我當時在想，如果照現在這樣發展下去，整個情勢肯定會走到**無可救藥**的災難地步。葛蘭米說海平面上升不會造成「衝浪本身」的末日，這話也許沒錯。但是海平面上升肯定會造成「我們衝浪的末日」，我就是搞不懂，從整體來看，不管做了多麼厲害的成本效益計算，到最後這種全世界都是衝浪地獄的日子要怎麼能夠說還過得去？就算這裡頭真的有任何光明面可言，也無所謂了；到時候，什麼都無所謂了。

想像一下，如果你的孩子死去，你會有什麼感受？假如你的孩子死於一場不幸的意外，而你現在可以獲得五萬美金或甚至五十萬美金的罹難者家屬撫卹金，你會因為想到有這筆錢就開心了嗎？你當然不會想：「嘿，有這筆錢真是不錯，但要是我的孩子沒死，我就拿不到這筆錢了。」你會說的比較可能是：「我一毛都不要，我只要他回來，就算多一秒都好！」你會說的是：錢根本就**無所謂**。

這就是我在和葛蘭米說話時腦海裡閃過的念頭。在談到納粹屠殺猶太人的時候，要是去想這樣做可以帶來的種種好處，那一定是哪裡出了嚴重問題。就算那些好處是真的，比方說可以讓你活下來，但是會這樣想還是太可怕了。說不定你的父母在另一個希特勒不曾上台的時空中根本就不會相遇，而你這個人，他們愛情的特殊結晶，也根本不可能生下來。不過，會覺得屠殺猶太人很可怕，覺得這種事不該發生，但是你不用因此覺得自己不該出生，現在也不該活著。你根本用不著考慮到你自己，甚至根本不該考慮。一想到這種可怕的事件時，你這個人根本就不是問題所在。除了哭泣與哀傷之外，我們在反省納粹屠殺猶太人這件事時的適切反應並不是任何形式的成本效益分析，不是去計算得失，而是默然無語。

對葛蘭米的說法，我當下的反應大概就是這樣：就算知道有些浪點還會保留下來，甚至暫時出現一些新的浪點（說不定過沒多久也沉了），但是這也改變不了世上大多數的浪點永遠變成黏糊糊、衝不了浪的爛地方啊！如果衝浪末日真的來臨，那就是一切美好神聖事物的褻瀆破滅。就這種亂七八糟的破事兒來說，根本沒有什麼光明面可言！

當然了，如果機器浪點真的死而復生，衝浪客一定會蜂擁而至。我確信有些衝浪客會因為在這浪點的一切條件俱足時他們卻沒衝到的**那些**浪而懊惱萬分。不過在印尼那邊享受到的衝浪快感真是難以比擬，所以他們可能要過個好幾天才會陷入這種憂愁。而且，就算這些認真的衝浪客真的找到了其他的替代活動，也很難看到他們能就此甩開這份懊惱。（現在有不少內陸的衝浪池也都能造出很棒的浪，但是一想到只是在衝浪池衝浪就很惱人了。）雖然大部分的衝浪客都不會因為海平面上升而死，但是失去全世界中等以上的好浪點可是真的很令人傷心，簡直痛苦得要死。這就像是整個人生失去了目的一樣。我相信一定還有其他方式可以獲得幸福，但是如果全世界都變成一團爛泥，不能去海邊衝浪，那還要幸福做什麼？

這裡要談的是採取能完全拋開純粹自利考量的方式，來保護那些重要的價值。我得承認，我曾經安慰自己說反正等到事情出錯的時候，我也早就作古了。只不過我並沒有孩子，所以這種話可安慰不了那些會擔心留給後代子孫什麼未來的人了。從時間方面看，有很多人實在太好命，能生在工業革命方興未艾之際，享受到富裕和休閒。這是種天大的不公平，因為要防止工業革命緩緩為無數後人帶來的恐怖災難所必須承受的重責，對於像我這年紀甚至更老一些的人來說反而輕鬆得多。我們在盡興參加了這場狂歡派對之後，早就拍拍屁股走人了，根本就沒親手善後。所以，儘管衝浪客確實不是最能利他的人，但當我們一問對於整個世界如此走向該怎麼辦時，我相信大多數衝浪客都會承認自己好命與否跟要不要做些努力並不相干。大部分的衝浪客都覺得自己很好命，深深感激能成為衝浪客的這份命運。他們熱愛海浪、讚嘆從小就體驗過或夢想過的好浪，所以一旦想到這樣的波浪有一天會永遠消失，他們就不免深感哀傷。為了避免這不幸的情況，衝浪客會願意調節自己的作為——尤其是要他們少做點工作、多衝點浪的這個辦法。我猜他們也會願意為此做點犧牲。

所以對衝浪客而言，我們有義務不要像現在這樣繼續使氣候惡化下去，而且這並不只是因為我們可以不必做出任何犧牲。我們也應該保護「我們能衝浪的日子」，因為我們應該要尊重大自然本身的秩序。

換句話說，衝浪客其實是**保守主義者**。㉓天然的衝浪點很有價值，因為我們有很好的理由尊重它們原本的模樣。那大自然的鬼斧神工，讓那塊陸地、海洋、氣候，全都在衝浪點持續活躍著。即使能用什麼更好的東西來取代這份大自然的秩序，我們也不該這樣做。我們應該如其所是地接納它，尊重它的天然樣貌，要小心別破壞它——比方說，別讓它面臨大規模毀滅的巨大風險。

衝浪客非常愛護支撐著我們、與我們緊密連結的這一切，包括自然環境如何形塑日常生活以及衝浪時的流動。這種架構關係造福了人類最基本的一切。人類及其福祉全都不能沒有這架構關係支撐著。大自然讓人類能夠以人類的樣貌活著，讓日常生活能夠按照預定的架構運行，這種讓人類自然存在的基礎本身就是個值得深深尊重的對象。我們可以藉由保護它來表達我們

㉓這種分類方式見科亨（G. A. Cohen）〈拯救保守主義〉（"Rescuing Conservatism: A Defense of Existing Value," in *Reasons and Recognitions: Essays on the Philosophy of T. M. Scanlon*, eds. Jay Wallace, Rahul Kumar, and Samuel Freeman [New York: Oxford University Press, 2011）。

的敬意，哪怕要少賺點錢也在所不惜。㉔

在氣候賭局裡下決定時，應該格外重視這份考量。科學可以告訴我們各種氣候變遷情境發生的（非常）粗略機率，不過還是會包含許多無法量化的不確定性。那我們該冒什麼樣的風險做決定？我們當然不應該把賭注押在最有可能發生的結果上。就算我們認為最有可能發生的結果是稍微暖化、輕微災害和不算太多的死亡人口，也不該不把**更糟**的結果拋諸腦後，畢竟那種情況確實可能成真。假設我們隨機挑一間房子，這房子失火的機率大概很低，但要是屋主真的不去準備個滅火器，那他簡直蠢到家了。就算機率再低、再怎麼不可能，單單是失火就會把他家燒個精光的這可怕念頭，就已經是買滅火器以防萬一的好理由了。

姑且不論愚蠢與否，會冒這種風險本身就可能是做錯事了。我在道德上不該對著某個人的頭玩俄羅斯輪盤：一顆子彈、六個膛室，轉動手槍轉輪，他在我扣下扳機的時候有六分之五的機率可以活下來，這機會滿大的。但即使如此，我扣扳機這件事就是錯的，即使結果是「喀噠」一聲沒擊發也一樣。如果他活了下來，我可沒辦法說：「反正你沒事嘛，老兄！」這明明就很有事啊！是我冒犯了他，將他置於六分之一的死亡機率之下。他可以合理要求我別做這件事，更何況這還不是為了玩樂、復仇或是展示我對他的主宰權。要是你覺得這例子太誇張，不妨想像一下有名駕駛對著路人按喇叭，雖然那名路人沒受傷，卻差點跌倒。這名駕駛的粗心大意該受譴責，他實在應該更小心點。那名路人可以合理抱怨這名駕駛，要是他開慢一點，就不會讓路人有跌倒的風險。

同樣地，晚點生活在這地球上的人也可以合理抱怨我們怎麼讓氣候暖化了。我們已經造成了氣候危機。即使整個問題憑空消失（說不定觸發了地球氣候系統的某種自我修正機制），我們終究還是犯了錯。如果我們毫無作為，一心等待奇蹟出現，那我們就像那名粗心的駕駛一樣，明明可以開慢一點，卻還是猛踩著油門不放。㉕

對「我們衝浪的末日」的預期會帶來絕望，而且不是只對衝浪客才如此：這象徵著整個自然界對人類生活的基本支撐方式有了深遠的改變。這種關係斷裂的風險可不是個人受傷的風險所能夠比擬。這種斷裂的關係不是別的，正是人與自然之間最基本的連結，是我們應該好好尊重的對象。在氣候賭局中做決定時，更應該要看重這種恐怖結果的可能性，提醒我們要小心自己所面臨的風險才行。無論我們覺得把整個人類生活置於這樣的風險之中能博得什麼好處，在這種應當尊重的對象面前，這些好處都該視若無睹，置之不理。至於我們自己，可以少做點工

㉔我這說法並不蘊含認為自然有其完全無關乎人類整體價值的「深層生態學」（deep ecology）。在這個論證裡，尊重的對象是人類的生命與其關係性基礎，而這之所以可能的根源，乃是深植於各種形式的自然秩序之中。至於大自然本身的價值，那是另一個更深切的問題了。

㉕有關這類的金融危機或氣候危機論證，見拙作〈系統性危機的獨特性〉（"Distinctive Significance of Systemic Risk," *Ratio Juris* [forthcoming], or at https://www.faculty.uci.edu/profile.cfm?faculty_id=4884）。

作，學著過簡樸的生活，謹慎地踏出每一步。㉖

我想，大多數的衝浪客都沒有這麼徹底想過這套衝浪客理論。不過我猜他們大概幾乎都會接受這一套主張。此時此刻，多數衝浪客對氣候變遷的看法大概就和先進國家的看法一樣莫衷一是。衝浪客一向很關心生態永續問題，有些人還會積極投入具體行動（例如加入衝浪者基金會〔Surfrider Foundation〕），只是大多數人都還不知道對於衝浪板、泳衣、開車觀浪、搭飛機去外地浪點這些會破壞生態的事能做些什麼。事實上，也有不少人在努力開發「綠色」衝浪產品，就像一般產業一樣。只是衝浪客也和我們一般人一樣，置身在石化經濟中難以自拔。

所以，沒玩衝浪的人會覺得休閒資本主義很違反直覺，甚至覺得是癡人說夢，倒也情有可原。過去歷史上的所有人（大概除了在大洪水上衝浪的諾亞之外）大概都能安心地認為大自然會一直都是這副模樣。對美國開國元勳產生重大影響的洛克（John Locke）甚至還說這個世界是上帝所造，為的就是讓人類能夠**盡量利用**。人人是都該留下「夠多夠好」的共同資源給其他人，而這個世界總是取之不盡、用之不竭。大自然存在的目的就是為了提供人類福祉所需。

洛克對每個人自己運用資源的方法說了很多（比方說要怎麼整出一塊地來耕種），卻沒考慮要是一大堆人在一個複雜體系中都這樣做會造成什麼後果。這看起來就像世上永遠都會有「夠多夠好」的資源，我們絲毫不必考慮要為後人保留多少。這當然是嚴重的誤解。現在優秀的公共管理都需要仔細維護日漸稀缺的生態資源：好的管理員會少做點工作，多衝點浪，把夠多夠好的資源留給後代。基督新教的工作倫理假定了正義的人只要一直努力工作就好，死後就得以潔淨。時至今日，像洛克一樣相信上帝恩典的人，看起來反而會是在固定衝浪時順手清潔海洋的人。

這個結論並不是那麼直截了當；你一定能了解為什麼其他人對這說法會感到一頭霧水。老派的資本主義讓我們失去了對這世上可用資源的良好領會，科學也是一直到最近才顯露出其極限，這個社會還有漫長的路要走，才能好好領會自身處在什麼樣的新世界——也就是這社會自己一手創造出來的處境。

㉖我並沒有排除在面對如此可怕危機時還得做出進一步犧牲的可能，只是還沒有為此辯護而已。說不定大家全都得投入綠色產業，更努力發展綠能科技、再生能源、沉積槽等計畫。但是我們至少應該更有效率地減少工作，多從事些休閒活動，把資金從傳統資本轉投資到綠色產業上頭。

9 工作

對每個人最好的事就是盡可能過得輕鬆。

——亞當·斯密《國富論》

麥可·里菲佛（Mike Lefevre）是一名住在芝加哥外圍的鋼鐵工人。他忿忿地指著一名工人，訴說著心裡的不滿：「我們做工的人不是笨好嗎？他只是累了，就這樣而已。」里菲佛也提出了一套解決這問題的辦法：

要是我一個星期只要工作二十小時，我就可以跟我的孩子、跟我老婆混熟一點。有個小鬼找我去社區大學看看，跟我說要約在夏天的某個週六。開玩笑！要是得在帶老婆小孩去野餐跟去大學之間選擇的話，當然是去野餐啊！可是如果每個星期只要工作二十小時，我就可以兩個都選了。①

對大多數勞工而言，美好人生總是在遙不可及的地平線彼端。一般的衝浪客對此肯定深有體會。畢竟，大多數衝浪客也都過著每週工作五天的傳統日子。澳洲人會把漫長的工作日集中，拿著積了幾星期的假飛去印尼衝浪，但他們也得和其他人一樣努力工作。只有少數衝浪客衝浪是有薪水可領的。不過，雖然頂尖的職業好手現在可以領到驚人的高薪，但是說實話，大部分職業選手能拿來當作衝浪品牌行銷的選手生涯還是非常短暫，之後他們就會轉入衝浪業界的其他工作，甚至徹底轉行了。一心追夢的年輕衝浪客很快就會發現人生最重要的決定就是要做哪一行、要不要生孩子，還有要怎麼找到知心的另一半。要是隨便哪一個選錯了，這輩子就別指望能經常去衝浪了，因為你根本就抽不出時間來啊！

所以一般的衝浪客絕對會贊同里菲佛的主張，要在從事有意義的休閒活動和工作賺錢之間做選擇時，多想要能夠有充裕一點的時間安排啊！所以說，我們得向週末衝浪的衝浪客致敬，他們可從來沒錯過哪個週六的浪頭。但是衝浪這回事就和其他的才能一樣，需要耐心、專注投入、充分的時間、對時機的把握，對於想要衝到好浪、讓自己能駕馭各種浪頭的衝浪客來說更是如此。我們尊敬在工作中所得到的愉悅，但是除了幫我們付清賬單之外，每週四十小時工時

---

①見史圖茲．特克爾（Studs Terkel）《工作》（*Working* [New York: Pantheon, 1972], pp. xxxiii-xxxiv）。

的安排還是奪走了每個人最珍貴的事物——我們真正活著的每一分、每一秒。

工作與休閒的墮落沉淪

在這個科技時代裡，工作是不是已經喪失了原本的意義？照馬修・柯勞佛（Matthew Crawford）的說法，十八世紀的早期資本主義社會裡，工資是按件計酬。②這馬上就遇到了問題：提高薪資並不會刺激勞工增加產量。勞工只會愈做愈少，做到滿足需求的限度就好。這在衝浪客耳裡聽起來再有道理不過了。絕對要保有自由的時間啊！但是在生產效率掛帥的趨勢底下，取代了過去富蘭克林（Ben Franklin）那種清教徒的道德勸說——「能省則省」——結果就產生了「刺激消費」的風氣，把「想要」當成了「需要」。由於廣告和消費債務的不斷轟炸，讓你真的愈來愈想要獲得那些新鮮酷炫的玩意兒，你現在就可以馬上享受，晚點再借用你未來的時間來付錢就好。一旦有了消費債務，勞工就緊緊套牢在愈來愈專門的工作上，而且這日趨精密的分工會使得我們原本從寬鬆知識中懂得的技巧以及對應的人生意義逐漸消失。

工作愈來愈無趣，時間愈來愈遭到壓縮，「休閒活動」就成了你為了這活動本身而做，而且做了也拿不到錢的事。照柯勞佛的說法，在此同時，好的工作就變成了——

> 能夠增加讓人追求〔休閒〕活動，好讓人生得到意義的工作。抵押貸款經紀人努力工

> 作一整年，然後才可以去爬聖母峰。他這暑假中瘋狂填補的精神食糧，支持著他繼續撐過接下來的秋天、冬天和春天。

現在，我們就可以感受到柯勞佛所謂在工作生活與休閒生活中的「斷裂」了。這兩種生活「是兩種潛在自我之間的交易，而不是在一個完整生活中彼此合理連結的不同部分。」③柯勞佛建議我們在工作與休閒之間要有「更緊密的連結」。在一個能夠肯認工作本身內在價值的社群中，工作就像休假一樣，是「全心投入的活動」，能夠做到最好，讓人體驗到內在於工作本身的價值。④換句話說，工作會變得比較像是在摩托車修理店中的生活。他以自身經歷為例，修理機械功夫這門傑出技藝只有同路人才懂得欣賞，才看得出摩托車機械運作的門道，懂得「打鐵跟打仗一樣精采」。⑤

我說我們當然可以肯定各行各業，甚至除了讀大學以外，也可以鼓勵孩子從事這些事業，就像柯勞佛所說的一樣。但光是這樣其實無法表達現代勞工的不滿心聲，因為他們不滿的並非

---

②《摩托車修理店的未來工作哲學》（*Shop Class as Soulcraft*, p. 43。台北：大塊文化，二〇一〇）。

③同前註。上一段引文亦同。

④同前註。

⑤同前註。

任何一種工作或是沒有什麼工作。問題根本就不在於一般的勞動分工。柯勞佛也會同意，精細的角色分工可以增加個人的工作意義。你可以動手寫一本書，但不用去管書的版面或印刷，或者也可以修理摩托車但不用自己親手打造零件或鋪設路面。就算是無比專業的工作也可以充滿意義；你可以專注在確保建築藍圖的某個單位或電腦運算法是正確的。在經濟學中，大規模的分工最後可以讓我們變得更富裕，藉此省下許多時間去衝浪或玩摩托車。

柯勞佛也不反對休閒活動這件事本身。各個職業的人都需要發懶的自由時間，也要在有靈感的時候努力工作，就跟其他人一樣。登山和衝浪都需要某種置身其中的具體知識，柯勞佛對這種知識也盛讚不已。所以真正的問題有一部分在於能去衝浪或玩摩托車這種活動的時間太少了——畢竟這些活動都是「貴族運動」。但是這樣一來，休閒和工作間要有更緊密的連結只不過是表示我們需要更多的自由時間，才能夠讓我們自由參與各種不同重要的活動。

衝浪客會告訴你，最根本的問題在於勞工的時間控制上。即使是「做你所愛」這句老生常談，如今這話的意思也已經變成了「沒收錢不做」，因為你若不把這件事當工作做，就根本抽不出時間來做。我們大部分人都能從工作中找到意義，甚至只是藉以餬口的工作也行，而且理想上我們都會找一份能全心投入的工作來做。但是呢，就因為每週四十小時的工時制度，這個社會最看重的是我們有沒有足夠的時間賺夠多的錢，**還要**陪家人，**還要**玩遊戲、做運動、做社區服務、完成生活中林林總總的瑣事（例如洗衣服、理財、烹飪等）。更別說失傳已久的無所事事了。[6]你為了養家活口工作賺錢，結果就是沒有充足的時間能讓你好好靜下心來，去細細感應品味的其他值得投入的事物。

還好，行事曆「塞滿」倒不是無法避免的事。我們可以讓所有人都去工作，但是大家都做得很少，每週只要工作二十小時就好。我們所有人都能夠有更多的自由，能夠擁有更多自己的自由時間。

為了存在的文化？

對沙特來說，我們一直在自身的自由中努力掙扎，永遠都在建構自己的身分。雖然這句話從一個成天泡在花神咖啡館聊天的標準法國人口中說出來有點奇怪，不過我們打從嚮往我們自由的本性中接受這番話，就像接受基督新教的工作倫理一樣。在基督新教工作倫理中，你至少會因自己的努力而有所收穫。你透過對自我的否定和勤奮工作，不斷努力成就美好德行、提升自我，就能逐步成聖成賢，買得起各種如蒙上帝祝福象徵的奢侈品了。就算這高估了個人成就和財富的意義，但至少不是**無的放矢**。沙特那套焦躁的自我創造理論讓我們身上除了責任之外

⑥喬治．卡林（George Carlin）脫口秀的這一段就是個例子：「現在哪裡還有小孩會拿根木棍坐在院子裡？你懂嗎？就是拿根他媽的木棍坐在那裡。現在的小孩還知道什麼叫木棍嗎？你就坐在院子裡，拿著那根木棍……然後在院子裡挖個洞。你懂嗎？然後你盯著那個洞看一看，盯著那根木棍瞧一瞧。」

還是責任。在這一切不斷的創造與再創造之中，除了我們選擇的目標之外就沒有更重大的價值了，甚至連這份自由也算不上是給你的酬賞，因為你本來就已經在使你必須不斷為了存在而勞動的人類境況中擁有了這一點點自由。

探究至此，我們有了一個主要結論。沙特似乎搞錯了人性的模樣，把自由看得比流動更重要。衝浪客則認為流動才是第一優先。流動就是感應超越自身之外的其他對象，透過感應，我們就能找到真正的自由、平靜、自足。

焦慮不是我們的天生狀態，是社會透過像基督新教工作倫理這種文化要求所造成的結果。對沙特來說，現下的焦慮文化完全反映了我們焦慮的自我。我們需要讓人看見、受人喜愛、被人肯定、有人在 Instagram 上幫我們按「讚」；我們不斷專注在展現自我上，透過社群媒體發文、跟風、炫耀自己的財富、外貌、聰明才智或品味——這些都是我們「為他者存在」的袒露，無時無刻都佔據著我們的腦子。每個人都希望透過他人對自己的注視獲得肯定，結果卻總是使自己內心陷入更嚴重的衝突，不斷否定彼此，拒絕平靜。不過，對衝浪客來說，我們的天性與社會動態並不是那麼牢不可破。我們對他人或周遭自然環境的感應可能受到混亂的文化所蒙蔽，但也可以透過彼此合作來撥雲見日。不斷驅使著我們接受「時間就是金錢」的工作文化說穿了真蠢，我們其實可以藉由縮短工時來減輕工作的負擔，進而減少不必要的焦慮。我們每個人都能夠擁抱衝浪客對生活的這份輕鬆態度。

亞當．斯密在他一七七六年所證成的工業化資本主義經典《國富論》（*The Wealth of Nations*）中說，人性天生懶散，主要追求的就是「輕鬆」。人類的天性不是持續工作，更不是要持續建構自己的獨特身分。而這就是為什麼要用金錢的誘惑或是挨餓的威脅來哄騙懶惰的勞工去工作。勞工的不滿是資本主義文化的產物，卻也是社會獲得經濟成長之必需。

亞當．斯密在大讚製針廠這資本主義產業模範時清楚地說道，有效率的組裝線能將工人盲目飄移的心思轉向更有意思的事情上。用一堆瑣事麻痺心靈就是生產更多零件的辦法：工人不需要浪費時間將注意力從這項作業轉移到另一項。這就叫「有效率」，因為時間不會「浪費」在各種變化、刺激或複雜細節上，更不用耗在勞工的心智健康上。（反正要是工人發瘋了，只要換一個就好。）不過就在一九七〇年代初期，福特汽車公司一名負責在生產線焊接的員工就說過：「根本就沒得休息。生產線一直跑個不停……這不像是叫你把這個東西搬到另一頭去放好，之後再走回來繼續——你走回來的時候還能喘上口氣呢！福特公司有更好的辦法在八小時內用工作把你給榨乾。」⑦

如果說沙特認為焦慮來自我們的天性是搞錯了方向，那亞當．斯密則是另一種搞錯方向，認為人天生就懶散怠惰。這帶出了另一個重要結論：就算是衝浪客，也不是天生就懶散。要活

⑦見特克爾《工作》，p.105。但也請留意美國在制定每週四十小時工時制度時，福特公司扮演了什麼重要角色。

得像個人主要是靠你**做**些什麼，靠你如何在知覺與行動中做出調節反應。但活著也不僅僅是不斷努力**做事**而已。因為自己的主動參與才讓人覺得輕鬆。在衝浪中如此，在生活中也一樣。在流暢而熟練的行動中，藉由主動領會世界的自然變化，領會在合作中的其他人，就能帶來一種和諧、超脫、寧靜的感受。

亞當·斯密說：「任何東西真正的價格……就在於獲得那事物的折磨與麻煩。」在工業革命開始之前，絕大部分必要的勞動**的確都是**些折磨與麻煩，所以大家做了當然要收錢。可是資本主義的成功已經讓這些差事沒那麼痛苦了。事到如今，最爛的工作——雖然有**一大堆**例外——通常都是靠科技或是發展中國家的血汗勞工幫我們處理了。現在大部分先進國家裡的工作其實可以很有意思，那我們又為什麼非得做那些吃力不討好的麻煩活兒？而如果大家都會逃避折磨與麻煩，就很難推論出人類天生懶惰，只想過著輕鬆的生活。麥可·里菲佛說得好，大家就只是累了而已。如果在除了睡覺和休息之外還有多一些休閒時間，大家就會興起追求創意與琢磨技巧的熱情，或是懂得藉著愛來生活，就像衝浪客會憑著對海浪的熱愛，在海裡划行好幾個小時一樣。人都會因為沉迷在有意義的活動中而「努力不懈」，但是卻無法在不斷痛苦、煎熬和無謂的折磨與麻煩中生出任何成就。這也許不是因為天生懶散，而是為了一份自尊，看重自己短短一生中有限時間的真正價值。

當波特萊爾（Baudelaire）說「工作比休閒不那麼無聊」時，他一定還沒體驗過組裝線作業或是辦公室瑣事之枯燥煩悶。工作和休閒可以同樣有趣，也同樣無聊。我們可能蹉跎掉休閒時光。大家常會看**一大堆**無腦的電視節目，但是他們其實可以拿這段時間去衝浪、看書或是散步。這問題的解方不必非得在勞動市場做更多工作。他們真正欠缺的是更深層、更專注的閒散，他們可以輕鬆躺著休息，或是仔細聆聽美妙的音樂、散散步，當然，也可以直接去海邊衝個浪。

有些人很愛吹噓自己「努力工作、盡情玩樂」，而且會拚命投入能獲得短暫愉悅的所謂休閒活動（例如拚命參加派對、重口味性愛、極限運動等）。「休閒」對這些人來說若僅是指狂熱的健身或熱瑜伽，而且還非要在社群媒體上大吹大擂，那他們的生活就只會變得更無趣，畢竟我們其他人所認為的「休閒」還只是想著不知道能不能去海邊而已。無所事事或消極的「擺爛」是**應該**「無聊」沒錯；因為這種事的意義就是要封閉主動官能，才能好好休息復原。相反地，休閒時間去衝浪則是會徹底攝人心魄。衝浪會使人在流動中、在需要高超技巧的移動中連結到崇高的外在事物，這種連結在衝浪的喜悅中佔了大半。這就是為什麼值得一輩子投入衝浪運動，但一輩子休息或無所事事卻大概划不來的道理。

工作其實也同樣可以很有趣。發揮才能也許就有其意義。說不定是要應付某個真正的挑戰，或是為了某個共同目標，抑或是滿足個人心裡最深處那份追求專精、地位的深刻驅力。不過，如果工作是在這些方面有價值，那就是說我們每週長時間從事有給職的工作不對了。因為在勞動市場外沒有薪水的工作也同樣有這些價值。想想看，養育孩子、社區服務或藝術創作這些活動就是活生生的例子。再不然，花時間去衝浪，去鑽研衝浪技巧中所包含的努力、紀律和效率這些基督新教工作倫理美德也可以。

既然工作和休閒可以同樣有趣或無聊，那麼真正的問題就在於我們缺乏時間去發掘什麼有趣、什麼無聊，而其間的適當比例又該如何。麻煩的是，要怎麼生出自由時間來好好感應？

我們的工作場所是為了「努力工作」來規劃，或者至少為了看起來像是給努力工作的人使用的，所以會要求所有同事都待在同一幢建築物裡，這樣才能夠監督他們。但是在「看起來很認真」和「用心創作」之間，或是在「強迫自己做事」和「製作重要事物」之間並沒有密切的連結。懶懶散散往往還做得比較好。說不定我在某個下午不想從沙發上爬起來讀一篇重要的文章；我得要勉強自己打開電腦才能讀。所以我乾脆躺在那裡，拿出手機，點開文章，躺在沙發上邊看邊思考。搞不好這樣反而會靈光一閃，生出這整個星期最棒的點子來（而且同事之後還會誇讚我的「努力用功」呢）。

資本主義能順利運作靠的是創新，而面對面的合作則公認是讓群體內產生流動的關鍵。可是真正的創意交流在整個星期的工作中往往只佔了極小部分。**近來，即使是大企業也體認到，想要培養創造力，休閒與發呆和工作同樣重要。**真正會關注整個市場的大局，而不是在細節上攪和的CEO就會過得比較像是衝浪客或藝術家。同樣地，人文藝術方面——在點子、文本、文化、工藝品、表演、社會意義、法律、歷史等領域——的專門人員也會積極重構老問題，設法找尋新解方，才能在競爭中不斷推陳出新。在進行所有的創意活動時，如果有時間讓心靈嘗試放手一搏和犯錯重來，能練習嚴格約束和放肆想像，能體會專心致志和不著邊際，能經歷共同討論和獨自思索等種種高低潮，就最能產出美妙的成果。

現在的工作場所已經變得更有趣、更有彈性、更吸引人了，數位時代的來臨也使得工作多少可以不用再束縛在辦公室裡。不過這種開明的管理通常也有龐大的代價，我們得要為此付出以前所謂的自由時間。我們愈來愈少時間可以**不受**工作騷擾，電子郵件頻頻急催，總是有人覺得你要是沒有馬上處理他交代的事，**那你到底是跑去做了什麼別的事**？（還好，至少現在衝浪時還沒辦法帶手機下海。）這種緊迫盯人的催促讓人更難關掉手機，沒辦法跑出去閒晃兩個小時，不用急著確認手機裡傳來了些什麼訊息。更不幸的是，在數位時代裡，基督新教的新工作倫理甚至把休閒也當成了一種資源。創意只不過是工作的一部分，只是另一種「生產力」罷了。

可是一談到所有工作的尊嚴，衝浪客就會告訴你自由絕不只是一種產生其他事物的手段而已。人應該擁有自己的思想自由，隨心靈自由飄移，例如在大城市裡信步閒晃時做做輕鬆的白日夢或是發揮創意。沙特會說，人類在流動的反思中是自由的。所以無論是否在工作中，讓人能夠自由想像這件事本身就有其尊嚴。

休閒之所以會沉淪，主因是來自於急促繁雜的工作節奏充斥整個生活。對斯多噶學派來說，會因這種情形而產生的焦慮都只能算是個人責任。我要把注意力放在什麼上，應該完全取決於自己。無論周遭文化有任何暗示，要是我因為新興科技的難擋魅力而分心，無法靜心專注下來，那都是我的問題；我應該要更努力克制注意力。我在先前的章節裡反駁過這麼苛刻的主張。我們都是世界的一部分，周遭環境確實可能影響我們領會多少的難易與否。我們都是社會性動物，就連內心思考也受到他人的影響，文化會形塑我們將注意力放在哪裡、領會些什麼事物，也會影響這樣做的難易程度。將每週工時縮至二十小時，建立重視休閒的資本主義肯定對此能有長足進步。時間與心靈都可以更自由自在。

追憶逝水年華

阿捷是個在加州聖克萊門特的衝浪客，對自己當餐廳服務生的工作毫不為意。他每天長時間工作，只領最低工資和還過得去的小費，一千九百元的月薪只能勉強支付他那間小公寓每個月兩千元的高額房租。不過他還是挺照顧自己的健康，而且工作的餐廳就在碼頭邊，可以眺望整片大海。這樣的生活很愜意，他也毫無怨言——只不過每次浪頭捲來時，他往往都得工作，只能看著自己衝不到的浪興嘆。有一名顧客因為漢堡上的芥末醬而氣急敗壞，而在這名顧客身後不遠處，那一排排的湧浪翻捲而來，那舉世無雙的完美波濤就能讓阿捷不禁覺得整個人的身心都安頓了下來。他的人生有一大半都花在專注欣賞浪濤的這種時刻上，尤其像今天這樣的好日子更是如此。而現在他對這位客人採取的對策，就是移開目光，放眼大海。

就像這樣，一般的衝浪客也會坐在椅子上盯著電腦螢幕，看著還沒回的一堆信件，沉浸在白日夢裡，心裡滿是失落。他們這種失落是來自一種缺席的遺憾，察覺到大好時光就因為自己待錯地方而白白流逝了。

弗洛依德也贊同人可以做做白日夢，因為這是一種應對刺激不足的方式。現實生活可能很無聊，為了追求愉悅，於是我們做夢。只不過，有些白日夢的作用並不是為了娛樂，而是發現自我。相片或影片可以引起衝浪客一連串回憶，落入滿是晶瑩碧綠的世界，回到在浪管中穿梭，或是在清風吹拂的浪牆上呼嘯而過的時刻。這是經典的「普魯斯特時刻」：真實的記憶從早已遺忘的過去中陡地傾瀉而出。這個時候，人會宛如回到當初首次了解到原來生命如此美好的那一刻，重新認清自己生命的真正意義。人能重新找回自我，而最近的那些狗屁倒灶的工作、金錢、地位、名聲等，都在這串經驗流中輕易洗去，成為不復記憶的過去，只留下單純而充滿意義的自我存在。不過，白日夢也可能只是癡心妄想，無法真正實現。詩人里爾克（Rainer Maria Rilke）說：

你想起了旅行過的那些地方，
想起了你抱不到的那些女人
她們的身影和不整的衣衫。
你驀地驚覺：根本什麼也沒有。
你站起身，在你面前的

是又虛度一年的
恐懼、樣貌與空洞的祈禱。⑧

衝浪的照片或影片也許可以激起早已遺忘的精采回憶，或是重新喚醒對完美的嚮往，就算自己永遠也達不到那境界——即使搭上豪華船艇去人間仙境明打威群島衝浪也辦不到。但是這又何妨？最嚴重的失落並不是隨著時光流逝而忘卻了過去，而是把握不了現在這個當下，**身陷工作的此時此刻**，自己卻沒辦法**浸**在海裡痛快衝浪。

虛度光陰的工作

斯多噶派哲學家塞涅卡（Seneca）曾經特別提過一種愚昧：「人在看顧自己財產時會格外小氣，但對光陰這最該節儉的事物卻是揮霍無度。」人生苦短，所以我們必須**把握今日**，彷彿再也沒有明天一樣。「人生其實不算短，只是我們虛耗了太多時光……我們不是壽命不夠長，而是讓它白白溜走；我們不是活得不夠久，而是浪費的時間太多……如果知道怎麼過活，活一輩子已足夠。」⑨

正因為工作是我們在睡覺和滿足基本需求之外佔去最多時間的事，在意效率的經濟學家才會優先從這裡尋找浪費光陰的源頭。用現代經濟學的術語來說，只要我們重視花在工作的時間還能拿去做些什麼，這些時間都得當作一種「機會成本」來計算。若以有限壽算中的時間來衡量，我們愈看重衝浪、園藝、和另一半談心——這都得花時間——那工作賺錢的機會成本就愈高。因為一個人一輩子只有這麼多時間，耗用到某個程度就是**沒有效率**，甚至是**浪費**了這種稀少的重要資源，他大可以拿這些時間去工作賺錢呀！所以說，只有不計較工作時間成本的「工作狂」才能肆意揮霍這份最珍貴的資源：活著的每一刻。

使我們感到不滿足的根源並非工作本身，而是在有限的一生中，明明可以有更輕鬆點的安排，卻被迫要做太多工作。正由於我們能投注在其他事物上的時間這麼少，長時間的工作就更讓我們覺得自己困在錯誤的地方，逼自己別去想每週工時只有二十小時的話，那能夠做多少其他的事啊！

上一章說過，凱因斯準確地預測了資本主義能使我們變得如此富裕。事實上，我們富裕的程度遠超過他一九三〇年在〈論我們兒孫輩的經濟狀況〉（“Economic Possibilities for Our

⑧〈回憶〉（“Memory”），見 https://paulweinfieldtranslations.wordpress.com/2014/09/21/rainer-maria-rilke-memory/。哲學家馬克．羅蘭斯（Mark Rolands）在〈里爾克型回憶〉（“Rilkean Memories”）說里爾克成了一種獨特的具體心靈類型，見http://miami.academia.edu/MarkRowlands。

⑨《論生命短暫》（*On the Shortness of Life*, trans. C. D. N. Costa [New York: Penguin, 1997]）。

Grandchildren"）這篇文章中的猜想。⑩即使是先進國家中的最差階級，生活平均水準還是贏過有史以來絕大部分的人類，包括現存人口中的絕大多數。⑪凱因斯還預言我們現在做的工作應該會少得多——只不過這次他猜錯了。先進國家比一九三〇年代時富裕了五倍，但是我們的工作量卻只減少了五分之一。凱因斯想過：既然額外工作欠缺效率，那麼人一旦脫離了貧窮狀態，怎麼還會不斷工作賺錢？我們也對此大感不解：我們怎麼要做那麼多工作？

經濟學家對此提出了幾種相容的可能因素。⑫（一）我們喜歡工作，覺得工作有趣、有挑戰性；（二）我們想要買新穎的優質產品（例如電漿電視或新的 iPhone）；（三）我們受廣告吸引和象徵品味的消費文化影響而渴望購買；（四）我們要工作才能賺錢跟張三比，而張三也要工作才能跟李四比。盧梭會說，如果我們落後太多或是不能迎頭趕上，我們就不會再這樣愛自己了。

但是拿我們所放棄的時間來看，這些都不是叫我們工作的最佳理由。我們還是能一方面保有這些動機，一方面做得更少，用更慢的步調來打拚、消費、升遷、比較，進行一場更漫長的比賽。何必著急成這副德性呢？⑬況且，要不是我們忽略了休閒時光的可貴，這些理由哪能夠證成我們就該做這麼多工作？

這樣說好了：我們打算詛咒兒孫多做些無謂的勞動嗎？應該不會吧？好，那**我們自己**又何嘗不是過去辛勤先人的兒孫呢？我們該拒絕他們留下的這份空閒時間嗎？我們當真如此愚鈍，不懂感恩，非得汲汲營營於名利，不能安心接受這樣的機會？（難道非得是衝浪客才懂這一點嗎？）為什麼富人累積了幾十年的財富，幾乎囊括了所有經濟成長的成果後，還要發了狂似地工作？為了賺錢工作而虛耗光陰的代價如此**高昂**，難道我們就不能有個更輕鬆、更有效率而且在道德上更好的工作方式嗎？

資本主義的魔法是靠著有效率地將時間轉換成金錢，才有辦法一本萬利。但是資本主義既能用一定的時間來產生更多的金錢，也可以有效率地用一定的金額來創造更多時間。我們可以任選其中一個，端看比較重視何者。我們不是**一定得要**將這輩子有限的時間拿來創造更多的財富，畢竟這些財富終究會留給其實比我們更富裕的兒孫。

---

⑩見羅倫佐．佩克奇（Lorenzo Pecchi）與古斯塔夫．皮加（Gustav Piga）合編，《重讀凱因斯》（*Revisiting Keynes: Economic Possibilities of Our Grandchildren* [Cambridge, Mass.: MIT Press, 2008]）。

⑪根據發展經濟學家的說法，先進國家中收入最低的百分之二十人口的淨所得，仍然比發展中國家百分之八十的人口要多。

⑫見《重讀凱因斯》。

⑬約翰．肯尼斯．高伯瑞斯（John Kenneth Galbraith）的《富足社會》（*The Affluent Society* [Boston: Houghton Mifflin, 1958]）和查爾斯．萊赫（Charles Reich）的《美國綠化》（*The Greening of America* [New York: Random House, 1970]）都對傳統經濟生活的膚淺提出了重大批評，但是最後卻未能成功改變。萊赫的書還稱讚了滑雪運動呢。

衝浪客愛的是**時間效率**：別把時間浪費在工作賺錢上，除非這筆錢能花在特別值得或真正美好的目標上，或是因為你碰巧知道（因為看了氣象預報）不會為此而錯過美妙的浪頭。對衝浪客友善的休閒資本主義也同樣重視時間效率。當財富到達某個（上升）水準以上，整個經濟體系要創造同樣水準的生活則只需更少時間。這就**節約了時間**，不只釋出更多時間，也才真正能肯定**時間的價值**，而不是追求創造更多財富那種低劣的價值。

亞里斯多德說過，人需要充足的資源才能「從事美好的事物」。衝浪就是在這短暫一生中值得從事的美好事物，而且如果你從來沒有狠狠砸上一筆錢買塊衝浪板或自己打造一塊的話，肯定不是經常衝浪，不然就是衝得並不好。不過，除了要有還過得去的收入（這當然得花時間去工作）之外，衡量任何衝浪動作或決心都端視你花了多少時間，畢竟你可以拿這些時間去做也許更重要的事。我們很容易就錯過好浪，或者沒有足夠的時間好好定期練習。至於要怎麼進一步投注這輩子最珍貴的資源（也就是你的時間），拿這些時間去換更多金錢大概很快就顯得太不划算了。所以說，何不讓資本主義為我們所用，運用市場和科技魔法來避免在工作中虛擲光陰？第一步就是解除亞當身上的詛咒，將人從折磨與麻煩中解放出來。再來則是解除亞當．斯密的詛咒，讓我們有愈來愈多的時間可以去衝浪或是追求超越自我的事物。

與時間效率對立的就是**金錢效率**：將所有的時間都用金錢來衡量，而且要將時間砸在賺錢這件事上頭。把時間花在純粹的休閒上就是**浪費**，因為這樣就錯失了賺錢的機會。而既然你沒辦法持續工作，必須時不時地休息，那麼所有的假期、休閒、放鬆都只能拿來**儘量休息**，不可以超過重拾賺錢精力的必要長度。

因此，公司行號間會用抽象數字代表的利潤率彼此競爭，而守財奴則是用美金、歐元來爭地位，或是用房子、車子、船艇等（不）動產的標價來較勁。投機客很愛談「效率」，但總是談得很籠統，老愛用某種複雜的必要性來包裝關於什麼才是重要事物的道德判斷。因為視財如命的公司只會把能夠增加金錢的東西納入成本考慮，才不會在乎你或你所愛的人因為工作而放棄了什麼（除非這些東西可以幫公司賺錢）。公司也好，或者想法和公司一樣的人也好，根本就不在乎你忘了參加什麼慈善活動，也不管你錯過了多少陪孩子的時間，錯過了多少浪頭。這些事情才不是「效率」該考慮的事，而是你在相對不重要的工作餘暇所做的價值判斷罷了。

金錢效率打從根本就毫無理智可言，而且令人難以苟同。還好，並非所有人都信奉這一套（至少不會徹底相信前文說的這種）。就算開口閉口「時間就是金錢」的人也很少會質疑該——大家要做多少工作——所設下某些基本的社會限制。你到某個時候就可以**退休**；每週工作有**一定天數**，而且還有支薪**假日**；孩子年紀還小的時候就該**玩耍**和**學習**，而不是出去工作；在某些日子，你就是得去參加**婚禮**或**宴會**；如果你現在已經賺了大錢，就可以**不用工作**，自由地**做你想做的事**；你期盼有一天能賺大錢好**提早退休**，可以更常去**打高爾夫**，那時候才真的享受人生；到那時候，在高爾夫球場上的時間就不用再換算成金錢了。我們可以坦然承認公司不會說的事：真的有種東西叫作「夠了」——而且夠了就真的夠了。⑭因為人生除了從事美好的事之外，還要做些什麼？如果你有個把一輩子都花在賺錢這檔事上的伯父，而他在臨死前跟你說他這輩子白活了，只有一個花不完、用不著的銀行戶頭，你大概會對他這份醒悟來得太遲感到哀傷，只是同時你也會想……呃，算了，這用不著我說。

所以要是有守財奴嚷嚷著「時間就是金錢」，覺得說出這套關於時間形上學的深刻主張實在太了不起了，那他們大錯特錯。時間就只是**時間**，金錢就只是**金錢**。時間不是金錢，時間也只有在人一生中的某段社會隔絕時期能拿來換取金錢（例如說，主要是工作的那些年，但是週日例外）。我們這社會大多數人在這方面都搞錯了。也正因如此，衝浪客才沒辦法順隨社會潮流。在這種汲汲於名利而不管個人衝了多少浪的文化中，在這絲毫不理會人生是否在工作中虛度的社會裡，你真正該努力捍衛的，就是你自己的時間哪！

工作狂竟是社會的蠹蟲？

英國哲學家羅素（Bertrand Russell）在一九三二年的〈閒散讚〉（"In Praise of Idleness"）中就說過，少做點工作可以讓我們所有人更快樂。「對工作美德的信念在現代世界中造成了許多重大危害。」他這樣寫道：「**通往幸福與富裕的道路就在於有計畫地減少工作。**」⑮

不過，光靠從幸福推出的這個論證還不足以採信。羅素所謂「對工作美德的信念」其實是一種宗教／道德教條——即偉大的基督新教工作倫理——這種教條假定了從道德的角度來看，光是幸福還不夠。從某種意義上來說，這當然沒錯。如果我已經答應了要去工作，我就應該在公司裡出現，不管今天是不是超適合去海邊衝浪，也不管我去衝浪是不是比坐在這裡開行政會議更幸福快樂。我不應該不認真工作，因為有其他人依賴著我。我們應該用正確的方式來回應基督新教工作倫理。一定有純粹**訴諸道德**的論證來支持更輕鬆的工時。⑯

我們在前一章已經提過一個道德論證：少做工作多衝浪的衝浪客維繫了資本主義在這變遷世界中的道德正當性；休閒資本主義可以有效率地實現減少生態變遷重大危機的道德義務；所以衝浪客不是好吃懶做、佔人便宜的寄生蟲。衝浪客大多有工作，但是他們也會樂於為這變遷世界做出調節改變，過著少做點工作，不會摧殘生態的模範生活。

---

⑭見羅伯特・史紀德斯基（Robert Skidelsky）與愛德華・史紀德斯基（Edward Skidelsky）的《多少才滿足？決定美好生活的7大指標》（*How Much Is Enough? Money and the Good Life* [New York: Other Press, 2012]，台北：聯經出版）。

⑮〈閒散讚〉，收錄於《哈潑雜誌》（*Harper's Magazine*）一九三二年十月號。見 https://harpers.org/archive/1932/10/in-praise-of-idleness/。史紀德斯基兩人在《多少才滿足？決定美好生活的7大指標》中也從幸福的價值來提出論述。

⑯不過，如果我們和許多經濟學家一樣接受效益主義，那幸福論證就已經算是道德論證了。

在我們這個詭異的世界裡，真正會給大家帶來麻煩的其實是**工作狂**，也就是那種沒辦法因為少做些工作而不感到難過的人。就是這種人對「幸福」的焦慮和努力，才使得氣候變遷問題愈來愈嚴重。

我們大概很難避免排放某些溫室氣體，但是一個人自己的生活選擇多少可以與社會的大潮流同步。工作狂樹立了一種壞榜樣，只會讓其他人更難縮短工時。對於試著努力拋棄過時工作文化的人來說，這樣的人只會讓他們很難不靠這種討厭的斤斤計較來進行自我評價。如果我們真的非比不可，其實可以在「遊樂場」上來比，看是要打高爾夫還是籃球，還是比看誰的收入低。可是工作狂就是會不斷拉高標準，要大家多做點工作好迎頭趕上。所以我們應該要問，工作狂既沒有為生態做更多努力，只會把這份調節責任推到他人頭上，那怎麼不算是社會的蠹蟲？

嗯，在道德上譴責不幸缺少了放鬆能力的人其實不太好。我們都已經接納了酒鬼、毒蟲、殘障人士，那麼也可以為這些非得工作超出舒適水準許多的人做些特殊安排。

有不少工作狂其實只要試著做點休閒，經歷一段文化戒斷期，就能融入得很好了。前一章提過，我們低估了自己調節的能耐，大家會發現自己原來少做點工作也可以同樣快樂。許多人會開始嘗試新活動，了解到自己同樣可以在運動、藝術、閱讀方面大展長才。有些人還是會對工作念念不忘，但他們也許是因為搞錯了自己的幸福所在。我們在第四章中提過，古人認為美好人生就是擁有一堆客觀善的事物。一個人的偏好可能和他的人生好壞完全無關，甚至是受到工作狂所主導的貪財文化所誤導。

有的人也許是很清醒地堅持自己是真的**熱愛**工作。他們的生活中要是沒有工作就會頓覺空虛，失去意義。發揮才能可以帶給他們深刻的滿足，辦公室或工廠以外的生活反而索然無味，因為在那共同勞動中形成的友誼才真覺甜美。我們可以體會這種感受，所以要人徹底拋棄工作也是種不合理的要求。我們當然可以要求工作狂為了氣候變遷問題做點調節，少做一點工作——但是假如有夠多的人願意盡一己之力，到海邊去衝浪來彌補工作過頭的損害，倒也未必非要他們這樣不可。只要有夠多的人為這個社會**少**做些工作，將多餘的工作機會讓出來，這些工作狂還是可以繼續發了瘋似地工作。不過在先進的資本主義社會裡，如果道德上要能容許工作狂這樣的生活方式，那麼每有一個工作過頭的工作狂，就必須有一名盡情衝浪的衝浪客來彼此「抵銷」才行。

這倒不是說要有個完全不工作的「衝浪客階級」，就像現在有錢人之中的休閒階級那樣。即使衝浪客「抵銷」了工作狂造成的排碳量，也還是得要達到基本的工作時數。這樣一來，工作狂就不會是罪無可逭的寄生蟲了；只不過，在某個層面上來說，工作狂所選擇的生活方式終究是寄宿在衝浪客對社會的貢獻上。⑰

⑰我不會說真正的工作狂做得不對。如果不是確定其他人都一起為了解決氣候問題而努力，那麼個人也就沒有義務要縮減工作量。真正的關鍵與其說是個人的責任，毋寧說是我們所有人該做些什麼或不做

這在在表明了休閒資本主義終究能夠成為達成我們道德義務的有效方式。即使是頑強的工作狂也不會因此而過得更糟。只要有夠多人能夠合乎衝浪客式的「效益函數」，將時間轉換成足夠的金錢，好從事有意義的休閒活動，而且愈來愈看重時間而非金錢的價值，那工作狂也不會無處容身。⑱工作狂也好，衝浪客也罷，都可以在這社會中發展出公民友誼來。

基本收入是份公平的回報

有鑒於近來在機器人學和人工智慧驚人的長足進展，我們現在可以比較有把握地想像（在遙遠的未來）懂得自我複製的機器人發瘋了，開啟對人類的戰爭而且統治地球的恐怖劇情。但在此同時，機器人覺醒的好處是它們也能處理我們不想做的所有工作。⑲

唉，只不過它們也會做我們想做的所有工作。機器人會取代我們工作嗎？這呼之欲出的答案愈來愈像是肯定了。要問的不是「會不會」而是「是什麼時候」。照麻省理工學院艾瑞克・布林優夫森（Erik Brynjolfsson）教授和安德魯・麥克費（Andrew McAfee）教授的估計，人類的工作到了未來很可能大規模由科技永遠取代。⑳

機器在許多情況中比較像是輔助人類而非取代人類工作。㉑深藍（Deep Blue）打敗了西洋棋王卡斯帕洛夫（Kasparov），但是使用電腦的業餘棋士卻可以「教導」電腦計算棋步來打敗深藍。電腦大概不太會像科學家、記者、廚師、工程師、藝術家、哲學家那樣想出一堆新的點子或概念。畢卡索（Picasso）就說：「可是電腦沒用啊！它們只能給出答案而已。」所以說，創意工作永遠都不怕電腦來搶。（從這點來看，哲學或人文學科可是絕佳的大學主修科系呢！）

況且，電腦或機器人只需要進行規律性作業的能力。這會大大縮減企業中所需要的專業人

些什麼事，才能避免導致生態滅絕危機的集體責任。至於個人分別該負擔些什麼責任，則是更複雜的問題了。

---

⑱我這裡的「效益函數」和經濟學家的用法一樣，只是我當作衡量客觀善的標準是時間而非金錢，或者也可以說是以理想偏好來代替實際偏好。關於幸福的人實際上更偏好時間而非金錢的問卷調查實證，見哈爾・赫許菲爾德（Hal Herschfield）、凱西・莫吉娜（Cassie Mogilner）與烏莉・巴尼（Uri Barnea）的〈選擇時間而非金錢的人更幸福〉（"People Who Choose Time over Money Are Happier," *Social Psychology and Personality Science* 7, no. 7 [2016], pp.697-706）。

⑲關於機器人覺醒的「奇異點」（Sinularity），見大衛・查莫斯（David J. Chalmers）的〈奇異點的哲學分析〉（"The Singularity: A Philosophical Analysis"），http://consc.net/papers/singularity.pdf。

⑳《第二次機器時代：智慧科技如何改變人類的工作、經濟與未來？》（*The Second Machine Age: Work, Progress, and Prosperity in a Time of Brilliant Technologies* [New York: W. W. Norton, 2014]。台北：天下文化，二〇一四）。

㉑同前註。

力，這些工作機會將逐漸消失。電腦如今已可進行複雜的「認知」作業，好比閱讀複雜的文本、分辨敘事形式，甚至連風格差異都能指出來。據估算，美國有一半的工作可以完全交由電腦自動化，包括許多白領階級的工作。如果員工再訓練和再就業可以跟上自動化的腳步，這倒也無妨。但是事實上自動化取代人力的速度已經比失業勞工找到新工作的速度快多了。照布林優夫森和麥克費的說法，一九九〇年代的就業率與生產力不相上下，但自那時起，兩者之間的差距日趨明顯。布林優夫森與麥克費認為這可能意味著：

> 既然數位勞工愈來愈常見、可靠、有用，公司行號就會愈來愈不願意支付員工所想要的薪資，好維持員工如今已經習以為常的生活水準。一旦這情況發生，員工就難以再就業。這對經濟來說是個壞消息，因為失業人口不會創造太多商品需求，整體經濟成長將逐漸趨緩。需求減少還會進一步惡化薪資與就業狀況，對人力資本與設備的投資也會減少，形成惡性循環。㉒

我們也沒辦法將「丟包」給發展中國家的工作再重新拿回來。轉移到國外去的工作往往都是規律性的手工作業，是最容易靠自動化取代的工作。即使是在中國的血汗工廠裡，機器人也已經逐漸取代低端人口脫貧的機會了。㉓而現在「回流」的那些工作，也有許多都已經交由自動化的無人工廠所取代。

《被科技威脅的未來》（*Rise of the Robots*）一書的作者馬丁・福特（Martin Ford）就很擔心「科技封建制」的來臨，屆時極少數富裕的寡頭根本用不著剝削勞動階級，而是直接讓勞動階級無所用武。他說，我們最多只能期望一種「集體式半退休」，讓大部分人都能靠基本收入過活，而在這筆錢中，至少有一部分是從超級富人身上抽來的稅金支付。㉔

想像一下，假如有無限多的機器人，而且它們什麼都能做，這對整個經濟體系而言意味著什麼？布林優夫森和麥克費說：

> 機器人和其他資產或天然資源的擁有者會攫走經濟體系中所有價值物，包辦一切消費。沒有資產的人只能出賣勞力，但是他們的勞力根本一文不值。㉕

㉒同前註。

㉓我曾經為血汗工廠提出過非常有價值的辯護，見《實踐公平》（*Fairness in Practice*）第十章。

㉔《被科技威脅的未來：人類沒有工作的那一天》（台北：天下雜誌，二〇一六）。伊莉莎白・寇伯特（Elizabeth Kolbert）在〈自動化的未來〉（"Our Automated Future," *New Yorker*, Dec. 19 and 26, 2016）中也記載了福特的說法，見 https://www.newyorker.com/magazine/2016/12/19/our-automated-future。

㉕見《第二次機器時代：智慧科技如何改變人類的工作、經濟與未來？》。

就算機器人學會做菜卻還是比不上頂尖廚師，但這樣的競爭會使廚師薪資縮水，只有極少數「明星主廚」得以例外。其他行業也大同小異。幾乎人人都丟了工作，沒有收入，更沒錢可花。既然沒有人買得起商品和服務，機器人的擁有者很快就會愈來愈賺不到錢。

布林優夫森和麥克費認為最自然的解方就是直接發錢給所有人，人人都領得到基本收入。每個人的帳戶每個月都會直接多一筆存款。衝浪客可以心滿意足地去衝浪；技師可以去修理摩托車，而收不收費就看他高興。至於擁有機器人的資本家則會開開心心地繳納高額稅金，讓其他人都能得到基本收入，讓他自己也能夠賺得到錢。因為要是大家沒有錢可花，資本家就賺不了錢，也就沒有理由投資，而他的所有「資產」便毫無價值可言了。基本收入可以讓所有人皆大歡喜。

左派和右派的政治人物也都支持基本收入這主張，因為這替所得貧窮提供了一套簡易解方。[26]這種新潮流和對科技變化的猜測也為基本收入提供了更進一步的理由：說不定很快就不只要發放基本薪資，還要為資本家提供市場。氣候調節也是個理由：我們對調節的迫切需求現在（其實是**過去**）就已經為基本收入提供了一個好理由。少做些工作、從事些簡單的休閒活動都是為社會做出貢獻。因為少做點工作就代表低收入，提供基本收入其實是為這種犧牲提供一份公平的回報。

不過，羅爾斯（John Rawls）反對這個主意。「互惠」在他偉大的正義理論中居於核心地位，但是也帶有附加條件：你必須按一般工時工作。羅爾斯特別點名了馬里布的衝浪客：「那

些整天在馬里布海灘衝浪的人必須找到養活自己的方式，不然就沒有資格領取公共補助。」㉗

綜觀整個歷史，衝浪客實在難得成為哲學上的爭執點；哲學家菲利浦．梵．帕吉斯（Phillip

㉖這項主張不只瘋狂的布爾什維克黨人相信，就連二十世紀自由派經濟學家傅利曼（Milton Friedman）、自由市場推手海耶克（F. A. Hayek）、保守派智囊莫瑞（Charles Murray）、共和黨籍的美國前總統尼克森（Richard Nixon）也都奉為圭臬。但是包括湯瑪斯．潘恩（Thomas Paine）、哲學家羅素（Bertrand Russell）、馬丁．路德．金恩博士（Martin Luther King, Jr.）、經濟學家托賓（James Tobin）、薩繆爾森（Paul Samuelson）、高伯瑞（John Kenneth Galbraith）等左翼人士也支持這個點子。右派人士會希望用這方式取代在先進國家中普遍實施的社會保險，但左派人士則認為基本收入只是種補貼而已。雖然雙方對發放基本收入的方式在這點上有歧見，但無論左派右派原則上都同意這個主張。

㉗羅爾斯說，有幾種不同的進路來解釋他自己的想法（而像我這樣的人就會仔細注意到底羅爾斯在想什麼）。其中一種是「假設每個人一天工作做滿一般工時」，另一種則是「在基本價值物〔個人能從社會要求得來的東西〕指數中納入一定的休閒時間，比方說，一般工時每天是八小時，休閒時間就是十六小時。沒去工作的人會額外獲得八小時的休閒時間，而我們則將這八小時相當於最差階級實實在在工作了八個小時納入計算。衝浪客得自己設法養活自己。」見《做為公平的正義》（*Justice as Fairness*, p.179）。正文中的引文則出自他更早的〈對的優先性與善的理念〉（"The Priority of Right and Ideas of the Good," *Philosophy and Public Affairs* 17, no. 4 [1988], p. 257n7.）。

Van Parjis）就提出了與羅爾斯相反的主張：「衝浪客該受人供養。」[28]基本收入應該要**無條件**提供才對，因為社會正義終究不是關於互惠和互惠的條件。正義所要求的是自由，亦即人人都能夠追求自己的美好人生理想。但是自由主義社會對於美好人生必須保持中立，不該以不當的歧視眼光來對待馬里布的衝浪客。如果「懶惰鬼」對自己理想生活的概念並不是「為擁有高收入興奮不已，決定就此茶來伸手，飯來張口」，嗯，那麼他們就應該也能領取可維持生活的最高基本收入，不帶任何附加條件。畢竟，他們想怎麼生活哪輪得到**政府**管？

至於衝浪客對這問題的看法，我想大部分衝浪客都會接受政府歧視工作狂，應該要叫他們放輕鬆點。在面對氣候危機的這當口，工作狂對美好人生的理想顯得太過耗能、太不合理了。

不過，衝浪客當然會說不想去工作的馬里布衝浪客應該有飯吃，不該拒絕提供公共補助。基本收入的確可以當作一種**互惠回饋**。羅爾斯並沒有真正仔細考慮過氣候變遷的問題（這問題到他晚年才變得火熱）。少做點工作、簡單過活的衝浪客其實是在為國家和整個地球做出調節氣候的重大貢獻。而人既然不能只靠麵包過活，那麼要暫時退出勞動市場當然要預設個人有能力照料自己。儘管有了不用工作的「休閒」時光，可是光要照料食衣住行就會讓人沒辦法衝太多精采的浪頭了。所以對衝浪客這種簡樸生活所做的貢獻，提供基本收入——就像澳洲的「失業救濟金」（dole）一樣——算是個公平的回報。[29]這不是說衝浪客就非得領得像銀行家一樣多才行，但是衝浪客對社會的貢獻確實是比造成金融市場崩潰和經濟大災難的投機客大得多了。[30]

「追求幸福」

別說這整套看起來都很不美國，對休閒價值的重視其實可以回溯到《獨立宣言》。洛克說，我們擁有「生命、自由與財產」的自然權利；而美國的開國元勳則將這說法改成了「生命、自由與追求幸福」的權利。他們用「追求幸福」換掉了「財產」，但是為什麼要這樣做呢？照某些史學家的看法，是因為對於南太平洋的衝浪有諸多報導，才使得幸福這個觀念成了當時的新寵兒。㉛

㉘〈衝浪客為何該受人供養？〉（"Why Surfers Should Be Fed," *Philosophy and Public Affairs* 20, no. 2 [Spring 1991], pp.101-31）。

㉙現在澳洲的「失業救濟金」加上了居住條件限制，因為過去很多衝浪客拿了這筆錢就到印尼去過著王公貴族般的奢華生活。這其實阻礙了一種有效的國外援助方式，畢竟很多印尼人也靠這方式得以脫離貧窮生活。即使是在峇里島上，一離開觀光區，攤販要找開一張五萬印尼盾的紙鈔（大約只比五美金多一些）都很困難。我們其實可以把澳洲來的衝浪客當作在做某種駐印尼的外交工作。

㉚事實上，與其讓金融業人士做這些不事生產的工作（如果真的沒有任何成果的話），倒不如去做些更有生產力的工作，例如教書或科學研究等。這也是讓工作狂不用縮減工時的辦法之一。

㉛見威斯威克與鈕舒的《漩渦中的世界》和安迪·馬丁（Andy Martin）的〈衝浪引發的革命〉（"Surfing

十八世紀末的法國大革命時期，出現了一種極端的概念。幸福不再只是一種觀念而已，而是個人能夠達致的目標，是我們在這輩子就能享受的東西，而當時剛發現的人間仙境大溪地就象徵著可能性。拿破崙在稱帝之前，曾恍如盧梭再世一樣，親自撰寫文章探討這個問題。而正當法國探險家特別關注在大溪地這撩人的性愛天堂中各式各樣香豔刺激的性冒險時，英國探險家倒是對衝浪特別感興趣。

一七六九年五月二十九日，庫克船長（James Cook）的一名手下對衝浪這活動留下了第一次記載：「所有人都為他們的奇特之舉瞠目結舌。」後來的冒險者也對當地衝浪者的身手大感吃驚：「他們只憑著運用和我們身上相同的能力，就在我們眼前顯出奇蹟般的景象。」這話裡頭暗示著來訪的旅客也能辦得到，所以應該嘗試看看。他們也真的試了。當他們第一次在獨木舟上衝浪成功後，一名旁觀者寫道：「我不得不說，這個人被大海如此迅速又流暢地推動時，真的感受到了一股極致的痛快。」

所以，問題變成了這種超凡的幸福——那份「極致的痛快」——要怎麼樣才能在北半球的生活裡實現？在北美的英國殖民者憑著當時那股革命狂熱，拋棄了歐洲那套階級和權力鬥爭，衷心期盼靠他們重塑自己心目中的超凡幸福。（自從來自夏威夷的杜克．卡哈那莫庫〔Duke Kahanamoku〕在一九一二年將衝浪引進紐澤西州的大西洋城，後來又迅速傳到南加州之後，衝浪當然也納入對於幸福的追求之中。）

美國的資本主義並不是原本就以追求富上加富為目標，也並不是非如此不可；而是要追求在工業和休閒中從事創造性、超越性活動的自由與生活。我們從未要求自給自足的農人去受那毫無意義的工作折磨。有許多人都認為馬克思對於多樣、巧妙、自動化的工作理想其實是來自美國對於自由創造活動的那份熱愛。兩百多年過去，現在的資本主義經濟已經變成了另一種野獸，但我們還是能從同樣的價值根源引導出全新的調節方式。

洛克本人並不覺得叫自由市場中那些身無恆產的人從事「苦工」或僕役（這不完全是奴隸）有什麼不對。但美國的民主政治肯定的則是一種更令人幸福、更積極的自由。所以，在現在這人類境況中，要人受勞動市場左右而無法從事有意義的休閒活動，不僅是反民主，更是反美國。我們至今都還受過時的工作倫理緊緊桎梏。每週二十小時工時才能釋放出人的動力洪流，在藝術、衝浪、企業精神、慈善事業、公共服務等需要自由和創意的活動上盡情揮灑。

屆時，也就真的能用科技來替勞工工作了。藉由電腦和網路之助，在沒有加薪的情況下，平均每名勞工每個小時的工作產量愈來愈高（這是計算過通膨後的均值），何況在同一時期，企業利潤和高層薪資更是一飛沖天。馬克思說這是「偷竊」，是侵犯了勞工對勞動成果的財產權。㉜你也可以說這叫作「不公」（inequitable）：勞工並未公平獲得自己所創造的勞動成果，

---

the Revolution: The Fatal Impact of the Pacific on Europe," *Eighteenth-Century Studies* 41, no. 2 [2008], pp. 141-47）。底下引文均出自〈衝浪引發的革命〉。

㉜馬克思也認為勞工是為了吃飯才被迫工作。資本家可以隨意聘用和解雇員工，反正替補的人力源源不

雖然有一部分的工作是藉由科技來協助完成。如果這樣聽起來還是太「馬克思主義」，那是因為整體來說，只有將工資完全交由市場決定（也許會超過最低薪資）才能夠盡如人意，不然，另一個可能的解方就是**衝浪客式平等**：以時間作為勞工薪資。資方可以付給勞工同樣的金錢，但是要縮短勞工的工時。這樣一來，一個人只要工作愈有效率，就有愈多時間可以去衝浪了（或是去塗裝花園中的擺飾、做手拉坯、編籃子都行）。

機器不斷在取代人力，而經濟學家長期以來也不斷向我們保證這一切只會更好，只要勞工能夠重新就業就好。生產力提升可以讓所有人的薪資都穩定成長，這是遲早的事。然而勞工同時還得不斷調節自己，從這份工作順利地換到另一份工作，不斷再受訓、再進修，中間還得支付日常開銷。經濟學家告訴我們，「長期來看」，「有彈性的」自由勞動市場會對大家都好，只不過我們也得想辦法度過「短期」和「中期」，而勞動人口也還在等著：他們的薪水多半都還沒因為過去這幾十年間的配合而調漲。薪水確實不會在各階級間穩定調升，但針對這些薪資「斷層」來說，如果至少能讓勞工依靠基本收入過活的話，勞工大概會予以配合，就像在衝浪時也要配合周遭一樣。

如此一來，勞工就能過得像投資者一樣，可以每天早上待在咖啡館探聽市場消息，也會期待投資協商。在美國這塊機會平等的土地上，我們當然該鼓勵勞工和資本家一同承擔風險，勇於創新。要達到這個目標，可以在每個人十八歲生日的時候發給他們一份「資本認證」，隨他們要存著收取回報，或是投資各項新機會。我們甚至還可以為每個人設立一個長期的「資本戶

頭」，靠各個行業的回饋金或政府挹注，給從事重要服務的志工。㉝

沙特大概是接受了法國或美國的那套嬉皮觀點，認為人應該「為了生活而工作」，而非「為了工作而活」。這是關於美好人生的一種看法，但是衝浪客說要少做點工作的理由並不是

絕，所以薪資協商對於居協商弱勢地位的勞工而言其實是種剝削：勞工沒辦法就這樣走人，畢竟還有基本需求要顧。（沒有土地與財產就甭談靠農作自給自足，所以勞工其實是受到擁有財產者左右，不得不投入工作。）而員工獲得錄取之後，馬克思就將工資看成是偷竊，是侵犯了勞工對自己勞動成果的自然財產權。這個想法頗受爭議，畢竟就連諾齊克（Robert Nozick）這樣「放任自由派」的敵人也往往支持自然財產權。另一個問題則是關於馬克思對勞工所做貢獻進行的分析，但他卻從未能完整闡明這一套「勞動價值理論」。

㉝大家會問，那麼基本收入（這還不包括社會安全保險等其他社會福利）應該訂多高？除了每週二十小時工時的工資之外，一名衝浪客該公平獲得的最低社會剩餘是多少？或者換個方式問，在所有對未來的展望中（把時間和金錢都考慮進來），什麼樣的不平等算是不公平？無論這問題的答案是什麼，我都不覺得會有任何特殊的「衝浪客答案」。我們在第七章中說過，排隊衝浪是容忍下浪時的不平等，但其中仍有公平分享的一般準則。這是資本主義與平等主義的一種糅合。衝浪客對於妨礙為社會進行氣候調節活動和時間效率等衝浪客價值的大規模政治經濟不平等感到憂心忡忡，但是情況真要發展到這個地步時，這種不平等本身就已經引起眾多反對了。

像馬克思說的只為了個人的幸福或自主。衝浪客的理由是要感應人類境況，調節資本主義以配合這個新時代。馬克思誤以為只有終結資本主義才能讓勞工享受自動化、自我主導、不受異化又充滿意義的勞動，而且還能擁有許多自由時間。我們其實可以在資本主義**裡頭**繼續推動休閒革命，縮短工時，讓大家有更多時間可以從事能夠刺激創意的休閒活動和怠惰——不是只有CEO、企業家或藝術家才能這樣，而是讓每個人都能如此。

伏爾泰說過：「工作使人免於三大禍患：無聊、惡習和匱乏。」基本收入只解決了匱乏的問題。所以工作還有必要存在的理由囉？衝浪客既不覺得無聊，也沒有惡習；他們沉迷在衝浪裡，而且算是相當有品德（至少在運動方面如此）。對衝浪客來說，真正的問題是匱乏，喔，還要一杯清涼飲料。衝浪客問的不是我們該不該工作，而是我們是否為了擁有美好的生活水準而做了太多工作？布林優夫森和麥克費說，工作永遠都會是「自我價值、社群、參與、健康價值、架構與尊嚴」的主要根源。㉞不過，儘管工作所佔的時間成本很高，但布林優夫森他們說的這些價值卻連一個都沒指出我們到底應該**做多少**工作。我們其實還是可以健康地重視這些價值，但是也少做點工作。

至於還是想擁有一大堆東西的那些人，基本收入至少可以幫他們多得到一點點樂趣。如果有人擔心衝浪客的工作會做得太少，我們也可以設立一個社會期待標準來鼓勵大家達到這個工作量低標。隨著收入增加，基本收入也可以逐漸退場，屆時就能有保證的最少工作量而且沒有任何負面誘因。（美國已經實施了這種溫和版的「社會主義」，在現行所得稅制裡，就有自由

派的傅利曼所設計的負所得稅，而且得到了共和黨的支持。㉟）

那我們要拿什麼來付這筆錢？當然是靠稅金了，只不過不是非靠所得稅不可。這樣一來的問題就是：有什麼稅可以支撐得住這種社會補助，讓每個人都過上迷人的休閒生活水準，同時每週還只要工作二十小時就好？初步的答案是：基本收入可以有一部分來自原本用於較無效果的政府支出（例如農地補貼）。既有的某些社會補助說不定也可以挪一部分出來（至於要分出多少，就得看個人的政治傾向了）。如果這樣還是只能提供非常低廉的收入，即使和二十小時工時的工資相比都太低，那麼不管從政府稅收中挖哪一塊來補都無妨。要遏止排放溫室氣體可以徵收排碳稅，這就能帶來很豐沛的稅收了。在超級富人身上也可以進一步徵稅，再加上對他們死後所留下豪宅課徵的遺產稅，至少能夠使我們免於逆轉休閒革命，不至於淪為經濟學家托瑪·皮凱提（Thomas Piketty）所謂的「世襲資本主義」（patrimonial capitalism），亦即休閒與財富主要是靠血緣和繼承而不是人人得享的反民主體系。㊱諾貝爾獎得主經濟學家托賓所設想的金融交易稅則能夠「讓銀行重獲安全」，避免金融危機，穩住長期爬升的生活水準，甚至可以「叫銀行家付錢」。雖然這筆稅主要是為了防制危險活動，但是對鉅額金融交易課徵小筆稅款可說

㉞見《第二次機器時代：智慧科技如何改變人類的工作、經濟與未來？》。

㉟同前註。

㊱《二十一世紀資本論》（*Capital in the Twenty-First Century*。台北：衛城出版，二〇一四）。

是不無小補。㊲國際租稅協定也得更能有效防止逃稅和資金回流。㊳從這麼多不同來源（包括進一步的消費稅）收得的經費應該就足以支應，不必再從個人收入中課徵更多的稅。所得稅也許有必要調漲，但也可能為了鼓勵減少工作而降低。那樣一來，為了要達到期望的生活水準，大家就不得不少做點工作了。㊴

第七章結尾提出的「末日情境」指出了一個重要問題：如果人就是會為了地位而競爭，那我們是不是就注定會為了賺錢而不斷工作、從事高耗能休閒活動，因而導致生態浩劫？我們現在得到答案了：儘管我們貪心、執著於名利地位，還是可以放慢競爭的腳步，放慢比賽的節奏，用較為休閒的運動競賽來代替。

盧梭可能說對了，我們除了透過他人的眼光而活之外，沒有別的方式可以愛自己。但是我們可以不用困在現在這種靠工作累積財富、名望、權力、美貌的競爭裡。可以改成比賽從事最有趣的休閒活動、最需要運動技巧或藝術天賦的項目，甚或是最有創意的休閒、服務和工作綜合活動。現在的這種比較可以當作只是我們身分的基礎，可以重新打散到各種不同的、像運動一樣令人投入許多時間浸淫其中的微文化裡。有了這麼豐富的比較方式，就可以讓每個人真正為自己感到滿意自足。我們會依照各種基準來評估與評價自己，而這些準則是依據我們所認同的文化與受我們重視的他人持何看法而定。文化會變，而靠我們就可以改變現行的競爭，靠我們就能有力量來改變。

所以我也許是個還不賴的衝浪客。喔，也是個還不錯的哲學家。我屬於這兩種次文化。要是非得從其中挑一個，說不定我就不喜歡自己了。而我如果只依照這兩者其中一個標準來衡量自己，判斷自己的地位，那我說不定早就忘記當初為什麼要將這輩子完全投入這兩種美好活動的初衷了。但是我也許能同時悠遊在這兩者之中，因為沒有哪一個能夠獨自指出我真正的身分。就像沙特說的一樣，我可以自由定義自己。我是誰？我是從加州來的六呎高右撇子衝浪客／哲學家。如果這就是我，那我幾乎找不到能與我比較的人，沒有一個在這身分上能讓我說自己比不上他的對象。我可以輕輕鬆鬆地就愛著自己原本的這副模樣。既然沒有多少哲學家會去

㊲我也在拙著《實踐公平》第八章中為這種「托賓稅」做了一番辯護。

㊳見加百列．祖克曼（Gabriel Zucman）《國家的祕密財富》（*The Hidden Wealth of Nations: The Scourge of Tax Havens*, trans. Teresa Lavender Fagan [Chicago: University of Chicago Press, 2015]）；至於哲學家對這問題的處理，見彼得．狄許（Peter Dietsch）《抓住資本論》（*Catching Capital: The Ethics of Tax Competition* [New York: Oxford University Press, 2015]）。

㊴降低所得稅的傳統理由——刺激工作或投資——也可以運用在某些情況（比方說，鼓勵大家在領取基本收入之外只要賺到中等薪資水準就好了）。但是要再強調一次，大目標不是要儘量鼓勵經濟成長，而是要維持在一個「安全」水準。

衝浪，也很少有衝浪客一頭栽進硬梆梆的哲學，我又為什麼要和我的靈魂伴侶彼此較勁呢？如果我們可以一起度過一個美好的下午，那我們大可去衝浪、談沙特呀！

所以，擁有了充足的自由彈性時間來醞釀創意，那我們所有人確實有可能在追求形形色色的休閒活動與工作之中找到能更愛自己的方式。在更講求休閒的資本主義裡，我們的生活可以不那麼愛比較。大家都有工作做，但是大家都做得更少，我們可以花更多時間靜心領會，用心生活，為了事物本身而做，從對於名位的執著中超脫到幸福自足的境界裡。

在不到一百年的時間裡，我們現在這世界就會變得更貼近凱因斯當初想像的模樣。時代變遷飛快。休閒革命早已揭竿而起，衝浪客就是先鋒。我們可以畢竟其功，說不定在這個世紀之內就能辦到。衝浪客自認是人類社會中最幸運的一批人。我們這些先進國家中的所有人都能了解嗎？如果有夠多人學著調節領會，而且會正視我們的共同命運，那我們真的就會有更輕鬆愜意的未來嗎？

可以的。

結語——在燦爛的陽光下

哲學家：為什麼這世上有事物存在，而不是一無所有？
上帝：反正就算什麼都沒有，你也同樣會跟我抱怨。
——哲學家席尼．摩根貝瑟（Sidney Morgenbesser）的笑話

生命的意義究竟是什麼？要知道答案，可以看看這則寓言：

有名求道者聽說世上最有智慧的大師就住在印度最高的山頂上，於是穿越了在德里的

一座小山丘，最後到達了那座傳說中的高山。這座高山陡峭非凡，求道者一次又一次滑跤摔倒，直到最後攀上山頂時，早已渾身是傷。還好，那位大師就盤腿坐在山頂的洞穴前方。

求道者說：「大師，請您為弟子開示何謂生命的奧祕。」「啊，生命的奧祕啊，」大師如是說：「生命的奧祕就是茶杯。」「茶杯？我大老遠來尋求生命的奧祕，結果你告訴我就是個茶杯？」大師聳聳肩，說：「好吧，那答案也許不是茶杯。」①

我參加宴會時，要是有人問我從事什麼工作，我就會說我是做倫理學與政治哲學的，接著他們就會皮笑肉不笑地問：「是喔？那你能告訴我生命的意義是什麼嗎？」這問題實在太難招架了，所以我通常都酷酷地說：「還好你問的是這個簡單的問題。」接著我就會用哲學家最常耍的花招，將對方的注意力轉到問題本身，然後改變這個問題。

如果對方繼續聽我講，我就會說我們要回答這問題之前，得先回答另一個問題：「生命的意義有哪些？」然後，如果這才是真正的問題，那我們就已經指出生命可以有許多不同意義的方式了。很簡單，對吧？像友誼、有價值的活動、創造性活動、音樂、衝浪、美好的宴會，或者什麼都行——我們想要做多長的清單都行。說不定我們一直要到這份清單的最後才會有不同意見呢！

我接著就會問他們，為什麼還要繼續追問生命**真正的**意義是什麼？為什麼非得要有一個特殊的重大意義，拿它來解釋其他的？

這大概就會打消他們擁護沙特或卡繆那種存在懷疑主義的念頭。一個人的生命意義可以用一份簡單的清單講完；真正困難的是在人生中這一切不同的價值要如何取得平衡。不過，這就留給大家有空時各自去想辦法吧。我的建議是：「生命的意義」**不過是生命對我們有意義的各種不同方式**，而我們每個人都會各自對生命中許多重要事物有不同的比例搭配。你沒辦法「什麼都要」，所以只能做出選擇。只不過你不是像沙特說的那樣，憑著一股荒謬的精神來選，而是在過於繁多的選項中來安排。要能夠組成有意義人生的組合方式實在太多了，所以你必須找出一個最適合你自己的。

所以說，原本那個問題「人生的意義是什麼」實在太容易回答了，因為這根本就問錯了。這問題之所以**看似**困難，是因為我們誤以為一定只有某種可以解釋其他所有事物的深刻意義。生命的意義其實可以很簡單。（倒不一定像茶杯那樣簡單啦；而且，看起來似乎有一大堆各式各樣的茶杯呢。）

不過，如果我們暫時脫離日常生活，思索這浩瀚的宇宙，這個老問題便又會顯得咄咄逼人。人類的歷史和宇宙相比不過一眨眼。我們很快就會全體消亡，遠比整個宇宙因為能量完全

---

①這故事出自湯瑪斯・凱斯卡特（Thomas Cathcart）。見：https://www.npr.org/templates/story/story.php?storyId=10158510。

轉變為熵而陷入冷寂要早得多。

可是這種考慮其實本身就有些混淆，就像內格爾說的：「如果我們的人生會因為我們的身體大小而顯得荒謬，那要是我們變得跟整個宇宙一樣大（不管是因為我們變大了，還是宇宙縮小了），難道就比較不荒謬了嗎？」②如果我們變大一百倍、一千倍，生命就會更有意義嗎？不會的。身體大小在這問題上根本不重要。

同時，從這個中立觀點（內格爾的用字）來看待我們自己，也讓人可以合理地述說一個世上的所有生命能有何意義的大故事。不過如此一來，問題就會是我們要為這種超級大意義接受多少前提？假如努力了一輩子的人所得到的酬賞就是死後得以參加一場美好的永恆盛宴，享有無盡的美味起司、美酒佳餚，還有好友相伴。這麼說來，既然這場餐宴會永遠持續下去，那麼個人的生命意義就會取決於美好盛宴的價值了。如果你已經把「美好盛宴」收錄在生命意義的清單裡，問題就變成你是否希望讓這樣的宴會永無止盡地延續下去。要是你剛好是個內向的人，遇到這種場合只想快閃，免得最後筋疲力盡，那麼這種超級大意義對你這輩子來說就絲毫不具意義。

也許你會比較喜歡其他的超級大意義，也或許一個也沒有。但不管怎樣，在這燦爛陽光下的日常生活都充滿了精采絕倫的意義。如果你真的對這件事感到困惑苦惱，嗯，我會建議你看看這篇開頭哲學家席尼．摩根貝瑟對宇宙論證開的玩笑，那真的很寫實地刻畫出了對我們所擁有的這一切美好事物不知感激的模樣。

在宴會上大談特談這些話將令人倒足胃口。因為大概所有的哲學操作都不會特別主張人渴望變成「更大事物的一部分」，渴望生命本身充滿了無論能否言喻的意義，好讓自己這輩子也能有意義。但是事實上我們也可以承認這種意義。無論你接受什麼樣的深刻大意義，都可以把這種故事放進你的意義清單裡。沙特不承認在我們自己告訴自己的故事之外還有什麼絕對正確的大敘事可言，但是衝浪客才不會這樣對你指手畫腳。衝浪客會說：「誰知道呢？這世界可是超有意思的呢！」

能令人感到滿意的答案，是某種故事，是某種關於更大的事情如何拼湊起來，能夠貼合我們日常作為，而且聽起來有道理的敘事。敘事的好處在於同樣的事情可以一說再說，並增添各種有趣的變化。說故事是非常自由的，而且與其要問故事真不真，不如問這是不是個好故事。

哲學家對這無神時代的虛無主義氛圍也有話說。休伯特．德雷弗斯（Hubert Dreyfus）和西恩．凱利（Sean Kelly）都指出了我們在大型運動中的集體意義感受。古代的生活與運動隨著奧運比賽流傳給了我們，連同對於在反映舉辦城市最美好一面的體育場館內所展現的絕技會興起讚嘆的共同情感，都象徵了超越自我的一種可能。他們說：

> 我們一直在說，荷馬那種多神論的基本現象——歡呼聲聚焦在一者身上一會兒，然後

---

② 〈論荒謬〉（"The Absurd"），p.12。

就換到了下一個身上——這在今日美國文化中還是歷歷可見……在球賽中歡欣鼓舞的時刻……提供了自律自主所無法提供的東西：你正在參與一場超越你自己所能為之的盛事。③

他們指的是盧・葛瑞格（Lou Gehrig）在因為不治之症而結束替洋基效力多年後所發表的著名演說，葛瑞格說：「各位粉絲，過去兩個星期裡，你們都聽說了關於我的不幸。但是今天我卻覺得自己是世界上最幸運的人。」面對如潮水般湧來的掌聲，他在這個由運動粉絲所組成的神聖社群對他所表達的謝意裡找到了人生的意義。

當然，德雷弗斯與凱利也注意到，這其實也是群眾受政治權威操弄下所發出的「歡呼聲」，這些政治權威會用一種危險的自我膨脹方式來呼籲國族主義，甚至是更糟糕的主張。群眾就像水一樣，既能載舟，亦能覆舟。如果說下鐵橋區是這世上我最喜歡的地方，但其實有些時候人太多了；那時候我就會想待在家裡靜靜讀書。而且，我們要有意義地合作似乎也未必需要依靠群眾激情來推動。民主制度可以讓人興起一種為了共同目標奮鬥的莊嚴感，即使是一個離群索居的人，當他在投票亭裡蓋章時，也是在為我們這整個國家做出決定。每四年舉辦一次的奧運不只是運動技巧的競賽，也不僅是對人類才華的禮讚，而是從我們身而為人所共同擁有的運動天性，對過去每個先人、每個國家的無限緬懷。

可是成為共同事業的一份子，並不比列在你意義清單裡的其他意義根源更重要。在大自然中徜徉，就算只是暫時獨自一人與大自然對話，逃脫社會所加的好壞要求，也不會因共同目標的重大價值而減損幾分意義。

所以我們的意義清單可以列得更長，也更兼容並蓄，涵蓋人類歷史的各種大型事件。說不定，人生就像是系列小說、時裝秀或其他創意社群一樣。我們一起在創造歷史，在人世間走這一遭，人人都在其中貢獻了一己之力。衝浪客會去衝浪，但是衝浪並不只是衝浪，更是工業革命以來的美妙結晶，是休閒革命的又一大步。資本主義在二十世紀開始了休閒革命這場大變動，而且很有可能在二十一世紀完全成功。

超棒的故事也可以談宇宙大道理。尼采就將他自己的人生和哲學看成一種自我表述的創作活動，主張一種無神論版本的永劫回歸：整個歷史早就已經發生過無數次了，而且在無窮的未來還會繼續不斷發生。照內格爾的解釋，對尼采而言，這就是即使不靠宗教，也能將人生神聖化的方式——

> 因為這能使人生的每一刻都成為永恆。過去從未停止存在，而此刻我們所經歷的現在也不會就此消失。我們存在的每個時刻都永遠是真實的。而**超人**（*Übermensch*）就是藉

---

③《閃閃發光的一切》（*All Things Shining: Reading the Western Classics to Find Meaning in a Secular Age* [New York: Free Press, 2011], p. 205）。

著自我肯定的能力，讓自己為這念頭欣喜不已的人。④

這是一種逃離常見的死亡結局，獲得永恆生命的方式。如果你很怕死，這種方式再適合不過了。不過，超人並不是某些人無法達到的特殊境界。就算是衝浪客，也只需要隨便抽出一天，完全投身到浪裡盡情痛快就好。要將人生神聖化可以很容易，完全不需要那些令人頭痛的形上學。

但是當我們談到衝浪客的美學時，我猜無限重複就會顯得有些呆板了。永劫輪迴本身更是令人費解，這就像是有一道洪荒大浪從過去滾滾沖到了現在，又滔滔湧向了未來，然後不知怎地又從頭來過一樣。你這輩子有幸生為一名人類衝浪客，可是如果你總是偷浪，不能放開胸懷與人共享，那你就是冒著下輩子投胎做牛當馬的風險，得小心再也沒浪可衝了。（不過，要是投胎成為海豚，也許算是種升級吧？）我敢說這根本說服不了真正的衝浪混蛋，因為從他衝浪的行為表現就知道他根本不相信超越、靈魂這一套。再不然，就是他超譯了尼采的作品，以為自己就是尼采所謂的超人。

衝浪可以有不同的精神面解釋，你也可以訴諸一神論的大敘事，設想有位躲在太陽背後的創世神在籌劃這一切，拿我們當作祂的創意媒介。但是說不定這位真正懂得美的偉大藝術家並不會照著精細的草圖來創造歷史，而是只叫人類搬演事件，偶爾在時間這塊布幕上稍作指示。又或者，就像基督宗教版本所相信的一樣，上帝安排了整場劇目，接著走上舞台現場表演祂對人類的愛，這表演內容光靠單純的道德本身可做不來：在上帝與人之間，以及人與人之間都能實現真正的和解。（單純的道德本身並不要求人必須寬恕彼此。）

沒有哪個衝浪客會說這種情懷太過慈愛和藹了。然而，如果這份超大藍圖還包括人要從日常生活中，要從這些真正的水、真正的浪裡頭，移往某個高高在上的快樂天堂，那衝浪客就有疑問了。高高在上？是在什麼東西上面？太陽的另一邊？那不就是要離開我們這美麗的地球，難道不會有點太冷清嗎？那衝浪還會是好事一件嗎？那邊會有海浪嗎？衝浪客可能會好奇，雖然大家都說天堂是場「盛會」或「饗宴」，那麼這無形無影的天堂是否只是個完全抽象的概念。如果「永恆的生命」這概念有意義，因為即使不具形體的事物也能佔據時間空間，那好吧，衝浪客會喜歡美好的盛宴。要是錯過這場盛宴就太可惜了——反正，若非如此，自己也就只會剩下一堆墳中枯骨，沒浪可衝。如果在人間歲月結束後還有多餘的時間，參加美好的盛宴確實是妙事一樁。而講求理性的人就更不用爭辯在天堂這種奇怪的世界裡，究竟會有什麼樣虛無縹緲的「存在」了。

回頭看看這燦爛陽光下的人世，如果我們快速瀏覽過千年來的歷史，展望即將到來的數百年，可以看到人類的歷史本身也是個宏大的故事。歷史當然會不斷有所進展，但在我們身上發

---

④〈尼采的自我創造〉（"Nietzsche's Self-Creation," in *Secular Philosophy and the Religious Temperament*, p. 38）。

生的故事、這個時代芸芸眾生的故事，絕對算是最美好的一段了。我們承繼了人類發展的種種輝煌成就，例如大概不會再發生世界大戰了，包括攻擊鬥毆在內的各種暴力事件也急遽消退，消除貧窮的程度史無前例，也根絕了許多重大病症，識字率與教育程度大幅提升，還大大促進了種族與性別平等，明顯改善了人類的健康情況與壽命。我們要感激的實在太多了。如果這份**感激**真要有個對象，那也許該說是上帝，或是黑格爾的絕對精神，或是這社會的良心，抑或是自由主義的社會計畫。即使你不喜歡這種擬人化的對象，仍然可以抱著客觀欣賞的態度讚嘆這份美好。不管怎麼說，我們對於能身處歷史上的這個階段都真的該萬分慶幸。

伍迪・艾倫（Woody Allen）說過這句俏皮話：「我不想靠我的作品達到不朽，我想要靠著不死來達到不朽。我不想要活在國人的心中，我想活在我自己家裡頭。」但是哲學家山繆・薛富勒（Samuel Scheffler）說得好，既然每個人遲早都會死，而且無一倖免，那許多我們現在所珍視事物的價值，其實都有賴於在我們死後還會存在的後人身上。⑤

假如我們知道有個小行星會在我們死後不久毀滅這地球，那麼即使我們的壽命不會因此縮短，也會覺得許多活動頓失意義。或者假設菲麗斯・詹姆斯（P. D. James）在小說《人類之子》（*The Children of Men*）裡所描述的情況發生了，人類全都再也無法生育，而且我們都知道現在最年輕的這一代就是人類殘存的最後一代，那麼我們就不會再認為研發癌症解藥，或是進行科學、科技、醫藥研究，抑或建造新大樓、任何建設有什麼價值了。即使是藝術、音樂、文學、歷史，也都會因為我們知道再也不會有人欣賞而失去價值。我們之中可能有少數人會毫不在乎地說：「反正我遲早會死；那這些價值消失又怎樣？」只不過，就算知道海平面要到自己死後才會大幅上升，也很少有衝浪客會對衝浪末日無動於衷。衝浪客珍視的是與超越事物之間的調節感應，即使可能超出自己經驗之外也同樣看重。這個末日情境正顯示出我們就算活不到親眼見到未來的子子孫孫，同樣也會珍視自己與他們之間的關係。

所以衝浪客衝浪時可以說不只是在衝浪，也同時處於這日漸暖化星球上的人為調節轉捩點，是在為了將來千千萬萬的人類謀福利。駕乘浪頭和駕馭歷史其實可以一舉兩得。不過衝浪客不會那麼故作姿態，在出板下水時還想著這件事。如果我們問衝浪客他這個下午在做什麼，而他居然還真的告訴你這個答案，那我們肯定會在內心裡暗笑他自命不凡。但是話說回來，他倒是沒搞錯自己（和我們）的歷史定位呢。

所有的故事都是為了故事的結局而述說。所以我們決定現在做不做什麼事，對於我們的未來確實會造成影響。那麼，從未來回頭看我們這輩子或我們這時代，會有什麼評價呢？到時候，我們又仗著自己這一生好命做了些什麼呢？

我們現在正在大開靠碳致富的派對。可是如果不採取激烈的手段來控制碳排放，那麼就算

⑤《來生》（*Death and the Afterlife*。台北：立緒文化，二〇一五）。

我們自己在因碳排放徹底毀滅地球生態之前早就死透了，留下的故事也只會是在餐宴上恣意放縱，卻死皮賴臉不肯付帳，更甭提要幫忙收拾善後了。

這真的一點也不帥氣。這是人類的大失敗，或者你也可以說是大污點、大罪過。如果這就是浮士德與魔鬼的賭局，那人類就輸慘了。

歌德（Goethe）在《浮士德博士》裡說，浮士德為了在俗世獲得更大的能力，把靈魂賣給了魔鬼梅菲斯特菲勒斯，結果做出了許多恐怖的事情來，最後勉強逃過天譴（因為他畢竟付出了「十二萬分的努力」）。同樣地，資本主義的浮士德夢想也是要運用自己的無比威力來消除貧窮、促進自由、扶植科學、藝術和衝浪。但是這個夢也帶來了有道德問題的利己動機，反而可能攪亂甚至危害資本主義要增進重大利益的此一合理基礎。我們的恣意揮霍對現在與未來眾人所帶來的危害顯然不能讓我們躲過公正的末日審判。我們要逃過天譴，就得要有夠多人像浮士德一樣付出「十二萬分的努力」來打造一個多點善意的資本主義，能夠多關心岌岌可危的生命與社會。

所以說，選擇權仍在我們手中：要不要多享受一點在陽光下衝浪的日子，盡我們一份力推展休閒資本主義，為了子子孫孫留下一些福報？假設所有人都少做點工作，不再汲汲於致富，花更多的時間在休閒活動上，如果這就是我們因應變遷中的地球所需要付出的調節「代價」，以維繫使我們得以如此富裕的歷史成就，這豈不是個超棒的故事嗎？資本主義其實可以不必背上千古罪名。我們都可以在與魔鬼的交易中**獲勝**，既能夠獲得世間的權力與財富，又不必犧牲靈魂。我們駕馭著靈魂，既拯救了自己，也拯救了我們的文明，這才真叫幸運。

我得承認，在我們知道靠碳致富的這場派對會危及未來世代之前，這派對本身真是好玩透了。但這驚天動地的爆雷消息可不會像宿醉一樣醒了就沒事。一直以來我們都在接收太陽的光和熱，可是現在卻將這份溫熱困在大氣層裡，擾亂了原本形塑大海面貌，提供地表生命所需，還讓人類得以散布到各大陸的細緻溫度變化。但是氣候變遷就在我們眼前發生，科學家愈來愈擔心生態災害一發不可收拾，如果我們不再思考關於人類境況和該採取何種負責行動的深刻哲學問題，我們的命運就注定會是將頭埋進沙堆裡的悲哀結局。

若想要讓我們的故事有更具意義的結尾，我們可以英勇面對更大的問題。在相對晚近之前，我們都一直在享受著這生態富足的世界，當人類境況出現了急劇轉變——當整個工業革命派對在為我們創造出驚人的財富之後便悄然落幕——這意味著什麼？我們已經習慣在生態富足的環境中能順利運作（雖未臻完美）的這套資本主義邏輯。但是這世界已經不再只是我們人類的而已。如果我們真的進入了一個全新的人類境況，生態資源愈來愈稀少，那麼我們至少可以好好反省傳統的思考方式，並拋開這副枷鎖。這可能只是杯水車薪，而且緩不濟急，但是至少能修正我們的故事結尾。

況且，如果我們願意調節，說不定我們真的能夠力挽狂瀾。我們煩惱的是：在這個生態資源比原本**少得誇張**的世界裡，我們到底幹了些什麼好事——又該做些什麼事？還要繼續狂歡嗎？

這本書的答案是：沒錯！我們應該繼續狂歡——但是要換一種玩法。我們不要再繼續追求財富，而是在休閒資本主義的世界裡衝浪（人人都有自己的一套風格），大家都有工作做，但是都可以少做許多。

不說別人，我自己就會全心擁護這一套。

而且，你也可能會說好。說穿了，我就是個衝浪客，而我這本書難道不就是在替大家翹課翹班去衝浪找個冠冕堂皇的理由嗎？也許是。但或許不是。這是個哲學問題，我們每個人都可以審慎判斷，反覆思量。太陽底下偶爾也會有些新鮮事。無論我們要不要對這個重大問題仔細思索，又要怎樣考慮，到最後不是交給上帝審判，就是交由歷史來評斷了。

誌謝

在我研究所畢業數年後，我的指導教授提姆——頂尖的哲學家史坎倫（T.M. "Tim" Scanlon）來到南加州。我們在聖塔莫尼卡（Santa Monica）一邊散步，一邊眺望著陡峭岩壁下方的大海。我們敘了敘舊，聊了些哲學，他突然問我這峭壁底下的浪點好不好。我跟他說，雖然這底下的陸風很強勁，是形成好浪的條件，但是這裡的浪還稱不上好。提姆馬上說這不就是我十幾年前辯護過的價值哲學主張「成善特徵」（"good-making feature"）嗎？我那時才驚覺，原來提姆一直比我還注意衝浪如何導出了我的人生哲學觀點。我希望這本書除了促進自我理解之外，也能展現出提姆早在我身上看出的潛力來。

我這一生何其有幸能在大師足下，接受他寬厚精神的薰陶和不遺餘力的指導，更甭提能與這樣不凡的人以哲學彼此論友了。提姆對我哲學生涯的影響比任何人都更深遠，所以這本哲學著作絕大部分都要歸功於他。

我的編輯蓋瑞·霍華（Gerry Howard）在這本書的每一環節都扮演了重要角色，從書名命名與整體構想，到整本書的內容與架構，甚至語調和潤飾都出力甚多。要讓這種在學院和社會裡早就不流行的老派哲學文章改頭換面，煥然一新，得靠才華過人的編輯才行。若不是靠他的睿智提點，我恐怕還不敢放手寫呢！

我要感謝我的經紀人唐納・連姆（Donald Lamm）和梅麗莎・欽奇洛（Melissa Chinchillo），要不是他們，我也不會嘗試哲普寫作。我要特別感謝比爾・布瑞肯（Bill Bracken）在我寫到海德格和沙特所提供的評語和討論，也要感謝大衛・蘇斯曼（David Sussman）告訴我沙特對滑水的論述，更要感謝馬歇爾・科亨（Marshall Cohen）多年來的友誼、午後的暢談、寫作的指導與無盡的支持。

除了提姆之外，克莉絲汀・科斯嘉（Christine Korsgaard）也深深影響了我的思考和哲學發展，儘管她和提姆指導我博士論文早已經是陳年往事了。我也要感謝哈佛大學的其他老師：吉姆・普萊爾（Jim Pryor）是我博士論文的第三位審查委員；希拉里・普特南（Hilary Putnam）教過我博士班前期好幾門課；還有亞瑟・阿頗邦（Arthur Applbaum）、史丹利・卡維爾（Stanley Cavell）、理查・黑克（Richard Heck）、羅伯特・諾齊克（Robert Nozick）、德瑞克・帕菲特（Derek Parfit）、查爾斯・帕森斯（Charles Parsons）、多明尼克・史考特（Dominic Scott）以及阿馬蒂亞・沈恩（Amartya Sen）。在我維斯蒙特學院（Westmont College）精采的大學生活中，我尤其感謝羅伯特・溫伯格（Robert Wennberg）、吉姆・泰勒（Jim Taylor）、史丹・歐比茲（Stan Obitts）、吉姆・曼諾伊亞（Jim Mannoia）和羅伯特・岡佳（Robert Gundry）。

我也要感謝下列各位的評論、討論和支持：阿拉許・阿比札德（Arash Abizadeh）、康納・安德森（Conor Anderson）、克里斯·阿姆斯壯（Chris Armstrong）、雷·阿薩爾（Ray Assar）、克里斯提昂·貝瑞（Christian Barry）、馬修·貝格里（Marthew Begley）、賴瑞·伯格（Larry Berger）、葛蘭米·博德和科斯丁·麥斯（Kerstin Mass）、丹涅兒·畢耶利克（Danielle Bjelic）、麥可·布雷克（Michael Blake）、提姆·布拉許（Tom Blush）、尼克·邦馬利托（Nic Bommarito）、馬修·布拉罕（Matthew Braham）、約翰·布魯姆（John Broome）、席夢娜·卡皮薩尼（Simona Capisani）、大衛·查莫斯、克莉絲汀娜·莊（Christina Chuang）、理查·克勞夫頓（Richard Claughton）、康雷德·科雷門斯（Konrad Clemmans）、安娜麗莎·科利瓦（Annalisa Coliva）、波西·卡托爾（Percy Cottle）、凱西·丹姆（Casey Dahm）、布雷特·德特莫斯（Brett Detmers）、葛瑞格·祖德（Gred Drude）、麥可·鄧肯（Michael Duncan）、路加·費列洛（Luca Ferrero）、愛德華·佛優爾（Edward Feuer）、馬克·費歐可（Mark Fiocco）、納森·富頓（Nathan Fulton）、羅伯多·富馬加里（Roberto Fumagalli）、帕布羅·吉拉伯特（Pablo Gilabert）、瑪格麗特·吉爾伯特（Margaret Gilbert）、大衛·希歐·苟伯格（David Theo Goldberg）、約翰·加提（John Gotti）、葛拉特里（Graterri）一家、西恩·葛林伯（Sean Greenberg）、羅利·古倫（Lori Gruen）、莎拉·漢南（Sarah Hannan）、妮可·哈蘇恩（Nicole Hassoun）、麥特·海頓（Matt Hayden）、雅各·海姆（Jacob Heim）、傑夫·海姆來赫（Jeff Helmreich）、潘蜜拉·希洛寧米（Pamela Hieronymi）、費歐娜·希爾（Fiona Hill）、路易—菲利浦·哈吉森（Louis-Philippe Hodgson）、傑夫·霍華（Jeff Howard）、露西·休（Lucy Hughes）與凱爾·休（Kyle Hughes）、艾力克斯·詹姆斯（Alex James）、亞琳·詹姆斯（Alin James）、伊莉莎白·詹姆

Ross）、尼可拉斯・羅希（Nicolas Rossi）與希蒙娜・達・希爾瓦（Ximena Da Silva）、埃本・沙蒂（Eben Sadie）、露西・史坎倫（Lucy Scanlon）、莎拉・史坎倫（Sarah Scanlon）和傑西・史坎倫（Jessie Scanlon）、卡爾・夏佛（Karl Schafer）、里奇・夏佛（Ricky Schafer）、坦馬・夏皮洛（Tamar Schapiro）、史蒂芬・薛德（Steven Scheid）、馬丁・許瓦博（Martin Schwab）、葛瑞格・雪佛（Greg Shaffer）、湯米・薛爾比（Tommie Shelby）、肯・西蒙斯（Ken Simons）、布萊恩・史金姆斯（Brian Skyrms）、安琪拉・史密斯（Angela Smith）、大衛・W・史密斯（David W. Smith）、理查・史密斯（Richard Smith）、克莉絲提安娜・宋尼歐（Cristiana Sogno）、宋繼武（Jiewuh Song）、盧丘・索托（Lucho Soto）、尼克・紹斯伍德（Nic Southwood）、丹・史畢克（Dan Speak）、藍霸・史騰（Lombard Steyn）、烏娜・史托伊尼克（Una Stojnic）、雪倫・史崔特（Sharon Street）、大衛・譚納邦（David Tannenbaum）、保羅・譚納邦（Paul Tannenbaum）、彼得・譚納邦（Peter Tannenbaum）與莎莉・譚納邦（Sally Tannenbaum）、史蒂維・湯普森（Stevie Thompson）與黛安娜・湯普森（Diane Thompson）、亞曼達・崔佛森（Amanda Trefethen）、朵夫・懷斯曼（Dov Waisman）、菲利浦・沃爾許（Philip Walsh）、羅傑・沃爾許（Roger Walsh）、安德魯・沃爾頓（Andrew Walton）、達勉沃（Damien Wao）、麥特・韋佛（Matt Weaver）與丹尼絲・韋佛（Denise Weaver）、拉爾夫・威吉伍德（Ralph Wedgewood）、雷夫・威納（Leif Wenar）、安德魯・威廉斯（Andrew Williams）、賴瑞・威爾森（Larry Wilson）、亞威美崔公司（Avemetric Inc.）的一位聽眾，還有我二〇一六年在加州大學爾灣分校倫理學與技巧練習課堂的同學。多賴各位建言，才有本書面貌；若有缺漏，尚祈見諒。

詞彙解釋

Absurd 荒謬：①缺乏理由、價值或意義。②表象與現實間的顯著差異（見內格爾）。

Adapt 調節：①依據個人所處環境而改變自身態度或行動。②藉由身體感覺與具體知識來隨環境改變。③因內在理由或外在理由（如：「改變是好的」；「衝浪這整件事就是在於調節」）而接受或重視在新環境中的改變。④為了進一步的目的而改變事物原有的用途，例如將鐵鎚拿來當作藝術展示或門擋。

Adaptation 適應：照生物學說法，即演化的基礎。見：調節領會。

Adaptive attunement 調節領會：①領會外界並調節行動。知覺與身體動作彼此密不可分。②衝浪的本質。③人的存有或本性（見：調節；適應；領會；社會領會）。

Aerial 空中：跳到浪頭上空。通常是從浪唇高速跳起（見：浪唇）。是現在常見的衝浪高超技巧，有各種不同變化，通常會伴隨著扭轉全身或部分軀體的動作（如：「空中迴旋」、「空中三百六十度」）。

Amour propre 自重之愛（盧梭）：在比較中的自我評價，尤其是自己也依照他人眼中的看法來評判自己的好壞優劣。是惡習的根源，文明疾病的肇因。

Analytic philosophy 分析哲學：在英美學界哲學系中的主流哲學方法。重視清晰和對語詞的定義，運用邏輯仔細建構並釐清對手的立場與論證。源自邏輯實證論（見：邏輯實證論者／經驗主義者）。

Anarchical society 無政府社會：沒有中央政府統治的社會秩序。具體例子如排隊衝浪的隊伍和各國間的國際關係。

Appropriation 佔算（沙特）：擁有、主宰或佔有某個事物以達成個人自己的目的，就像主人擁有奴隸一樣。

Asshole 混蛋：在共同合作的生活中佔取特殊利益，並自認有此資格而無視他人批評的人（通常以男性居多）。在衝浪界：「特殊利益」指清楚的下浪權（見：下浪權）；你可以划水衝上浪頭，因為其他人會讓開給你。相對：領會他人或社會流動。見：自重之愛；流動；社會領會。

Attunement 領會：①與某種出現的型態「同調」或「同步」。②對感官感覺的些微變化愈來愈能同調感應。③完全同調感應，但可能只是暫時如此。見：調節領會；調節；社會領會。

Authoritarianism 威權主義：由不可問責的君主統治。依靠暴力威脅來維持秩序（霍布斯）。相對：民主制度（見：民主制度）。

Awesome 驚人（舊）：引人驚恐的對象，使人產生害怕、尊敬、欽佩、惶恐或震撼等感受。對崇高的對象尤其容易興起這種感受。見：崇高。

Awesome 驚人（新）：在日常生活的平庸乏味中所出現，令人感到驚喜意外的暫時轉變。對崇高的美尤其容易興起這種感受。見：崇高的美。

Awesome 驚人（新的社會意義）：社會關係中的眾人所具備的性質。據哲學家尼克．瑞格（Nick Riggle）在《驚人》（*On Being Awesome*）中的定義，即創造「社會開口」，藉由打破尋常所扮演的角色以表現出個人的獨特性，開啟彼此欣賞的大門。反義字為「遜」（sucking）（如：「你太遜了！」），即拒絕開創社會開口。

Back padding 追背划水：跟在已經就正確位置的衝浪客背後划水。見：混蛋；正確位置；浪權。

Bad faith 自欺（沙特）：指人將自己當作只是世上的另一件物體；無法承擔起選擇要做什麼、成為什麼人的責任；無法滿足「真誠」（authenticity）的要求，無法擔起自身的自由。見：自由（沙特）。

Basic income 基本收入：提撥給所有人的現金收入，無論對象是否已有工作。是對於不工作的回饋金（見：衝浪客的貢獻）。可因收入漸增而逐漸退場，以消除不工作的誘因。可藉由稅收中較無用途的政府支出、社會補助或新增排碳稅、房屋稅、金融交易稅與消費稅等籌措；亦可視情況增加個人所得稅挪支。

Bathymetry 水深測量法：①一種水底地形研究法。②在衝浪界：對於海底地質是屬岩石或砂礫、深度和曲度等傾向會如何影響波浪形成、碎裂和品質的理解。是良好波浪的先決結構條件（見：流動／架構）。衝浪客對此有敏銳直覺，能夠預測波浪在何處、何時會開始碎裂，並據以在正確位置出板划水（見：正確位置；直覺）。

Beautiful 美：①能引起愉快或欣喜的事物，相對於見到崇高事物所感受的「歡欣」（delight）（伯克）（見：崇高；崇高的美）。②在自由想像中，無論個人對該事物原本的看法或感受如何，都會引發喜悅的對象（康德）。③屬於另一世界的永恆事實（柏拉圖）。

Being 存有：①存在。②有意識的主體，可能擁有自我意識。③置身於特定環境中的有意識主體，依照周遭文化而得以理解（海德格的「在世存有」）。④因應周遭環境變化而調節（見：調節；調節感應）。⑤指與自我相處的狀態，如心滿意足的休息、發呆、無所事事等。⑥置身於周遭環境與自我超越的狀態中，如弓道或衝浪時「活在作為之中」（見：自我超越）。⑦依自我意識不斷創造自我——「存有即是（只是）作為」。見：存有的三種型態（沙特）。

Buddhism 佛教：受悉達多．喬達摩啟發而傳播的一脈思考觀點與宗教修行，包括了禪宗在內。禁欲的宗派派別會努力克制欲望，完全捨棄「自我」的觀念。見：中道。

Bummed 嘔：憂鬱、沮喪、些微哀傷。反義為爽（見：爽）。

Capitalism 資本主義：一種經濟體系，主要由私有資產構成，並依賴市場製造與分配商品、服務與資本。放任自由（「撒手不管」）的資本主義與只負責基本安全和司法功能的極小化政府為其中最極端的版本。與社會主義只是程度上的差異（見：社會主義）。見：休閒資本主義。

Carving 切浪：在波浪上迴轉，尤其特指在波浪最美部位以領會良好或極端特殊招式進行的動作。

Compatibilism 相容論：認為自由與決定論相容的主張（見：決定論）。①決定論和非決定論都與我們的自由和道德責任**無關**（史卓森；衝浪客）。②自由**預設了**決定論，否則不可能預測一個人的行動，無法將那人當成神智清楚、理性、自由，能因其行動而受褒貶的行為者（休謨）。

Consciousness 意識：心靈中的主觀、內在與經驗生活。

Conservativism 保守主義：認為原有與有價值之物應予接納，甚至珍惜其模樣的主張。支持者會主張即使可以藉由更好的事物替代該事物，我們也不該如此嘗試，反而該尊敬其原樣，例如不該將該事物置於大規模敗壞的危機之中。

Continental philosophy 歐陸哲學：源自歐洲大陸的哲學流派，尤指康德之後的哲學。在英美國家學界研究中往往以研讀文學與批判理論為務。主要代表人物有黑格爾、尼采、胡塞爾、海德格、沙特與梅洛—龐蒂。

Contribution 貢獻：做出某種有助於達成重要社會目標的行動。不需要行為者主動積極或全心投入；主要以預期結果而非行為意圖來評價。例如：養育子女、照料老人、藝術工作、減少工作而多衝浪以協助緩和氣候變遷速度等。

Control 控制（衝浪客）：①身體的協調。②因高度領會而發揮效果。③因高度領會而發揮效果的身體協調。個人不應執著於嘗試如此（除非是特別矯正身體控制問題）。比較：估算（沙特）。

Cope 配合：不是為了行為本身的價值，而是出於情況窘迫所做的調節。目標在於減緩情況惡化程度。可憑藉技巧或努力完成。

Curl 浪捲：於波浪前端，浪峰捲過浪壁的移動部位（見：浪唇；浪壁）。可能形成浪管（見：浪管）。

Cutback 切回：在浪肩上快速轉向浪捲的動作（見：浪捲；浪肩）。通常會從湧起的浪壁迅速大動作轉入浪捲，並在白浪花區使出急旋動作（稱為「大弧度迴旋動作」）（見：急旋）。

Democracy 民主制度：①政府與投票程序的一種形式。②由平等人組成的自由社群，依追求彼此利益的共同理性統治，所有成員都同時是其法律臣民與平等立法者（盧梭）。③彼此平等合作的一套社會實踐。不靠訴諸戰爭或制裁，無須以投票形式而依共享理念循責，願意出聲抱怨，一同推理，在共同的公共規範與價值下討論、信任、檢驗並解決事務。相對：威權主義（見：威權主義）。

Determinism 決定論：主張世界為一因果確定體系。若非世界初始條件、自然律或上帝意旨有所變化，所有發生的事件絕不可能成為其他模樣。

Ecological scarcity 生態稀缺：環境資源供給（例如：大氣層吸收碳或乙烷而不至於提高均溫）受

限。繼續使用這些資源（例如大氣的吸收能力）會增加危害現存與未來人類的風險。相對的「生態富裕」則是指可儘管隨己意使用資源仍能留給其他人「夠多夠好」（洛克）的份量。

Efficiency 效率：①造福某些人，但不會使任何人過得更差（帕雷托）。相對的「犧牲」是指造福某些人會使另一些人過得更糟。毋需犧牲的效率範例：縮減每週工時以適應生態稀缺的世界（見：生態稀缺；休閒資本主義；衝浪客的效益函數）。②以最少花費的方式促進某個重要目標，例如：維持尚可的生活水準，但儘可能以最少時間工作（見：金錢效率；時間效率）。

Egalitarianism 平等主義：①人人都視為平等一員。②在衝浪界：能力足夠的每個人在浪權規則下都能要求浪權。浪頭不需平均分配——但佔了太多他人能衝的浪頭就會被看成是豬了（見：豬）。見：民主制度；浪權；衝浪禮儀。

Epic 經典：①用以表示衷心擁護之詞。②傑出的性質，例如可形容波浪的狀況、特定的某個浪頭或某個特定動作。③在合適記錄中正確記載。④理想形式，宛如柏拉圖的永恆理型在感官現實中出現。

Epistemology 知識論：關於知識的研究，包括知識是否可定義、適合的定義、證成的性質、證據，以及規範個人信念的性質或理路。

Eternal recurrence 永劫回歸：所有歷史都已發生無數次，而且未來也會不斷重複無限多次（尼采）。

***Eudaimonia* 幸福**：古希臘對人生完滿的用語，意味著成為完人。柏拉圖與亞里斯多德認為是一套具客觀清單的幸福理論。見：客觀清單理論。

Experientialism（關於幸福的）經驗主義：個人經驗（無論虛實）的品質完全決定了其一生幸福與否。

Facticity 現實性（沙特）：關於個人處境（包括身體在內）的一切事實。

Fade 淡出：緩慢的切回預備動作（見：切回）。通常會由浪肩緩緩切回浪壁陡峭面，以準備進入正在成形的波浪部位，例如等待浪管成形時，常會做此動作（見：攀升；浪肩；浪管；浪管駕乘；浪壁）。

Flow 流動：①領會良好的技巧發揮。②與超越自己以外的事物聯繫的一種方式。相對：「心流」的經驗狀態（見：心流）。見：調節領會；自我超越；社會領會。

Flow, experiential 心流：奇克森特米海伊定義為一種充滿控制感、感受到主宰自身命運、狂喜且深深滿足的「高峰體驗」。比較：流動。

Flow / structure 流動／架構：任何流動（例如波浪、水流）都是在某種不動的架構上流動，由架構形塑流動如何流動，使流動具有流動的動力（見：水深測量法；印尼穿越流）。這種關係本身可以動態調整，只要基本的流動／架構關係不會一次改變太多即可。要我們的氣候系統太快吸收碳排放就是造成氣候變遷的問題所在（見：生態稀缺）。

Foam ball 浪花球：浪花在浪管內滾動的泡沫球（見：浪管）。洶湧的浪濤從衝浪板濺出浪花球時可能會阻礙衝浪客在浪管內的移動。

Freedom 自由（沙特）：①我們的自我意識（見：存有；意識；自我意識；存有的三種型態）。②我們的困境，即必須在荒謬中毫無理由（或無充分理由）地做出選擇。③持續建構自我所必需之物（見：自欺）。④使用、擁有、主宰某人或某事物；見：估算。⑤決定論必定為假之緣由。見：決定論；不相容論；極端自由。

Freedom 自由（衝浪客）：①使人對自己行動負道德責任與褒貶的基本理由及自我意識。②從事個人畢生最值得的事而在該行動中達到的成就（見：意義）。③藉由調節領會放棄對控制的需求而能夠產生成效（見：調節領會；控制）。④藉由一組包含有意義的休閒活動的價值事物選項來定義個人生活的社會政治自由（見：基本收入；休閒資本主義）。見：相容論。

Game play 玩遊戲：自願嘗試克服非必要的障礙。照舒茲的完整定義，只使用在規則中允許的方式嘗試造成某種特定事態，但這些規則會鼓勵較無效率的方式，禁止較有效率的作法，而大家之所以會接受這些規則，是因為有了這些規則才能進行這種活動。見：玩樂；運動。

Gnarly 亂：①極為危險、極端或恐怖。②崇高的一種形式。③特別講究技巧或極端的動作（如「這迴轉亂帥一把的，老兄！」）。比較：美（見：美；崇高的美）。

Going with the flow 順應潮流：夢寐以求的生活方式，例如無論在城市中漫步、進行工作計畫時，以及在每天的例行事項中，都能少點焦慮和掙扎，時時抱著感恩心情過生活。見：調節領會；流動；心流；社會領會。

Happiness 幸福：見：幸福；經驗主義；享樂主義；客觀清單理論；偏好滿足。

Hedonism 享樂主義：幸福完全由趨樂避苦或整體說來能獲得的最多愉悅經驗所構成。

Incompatibilism 不相容論：自由與宏觀物理學（或喀爾文式的命定神學觀）所推定的決定論世界不相容。若決定論為真（見：決定論），我們就沒有自由。若我們是自由的，決定論就不成立（見：極端自由）。見：相容論。

Indonesian Throughflow 印尼直通流：位於印尼群島南部，為調節大氣均溫的地球導熱帶重要一環。

In position 正確位置：衝浪客因為最接近或在浪峰遠處（如果你大喊：「嘿！我在正確位置上，閃開！」）而最容易登上浪峰的位置。可能不是所有人都能清楚分辨某人是否在正確位置上，因而時常成為爭執原因。見：追背划水；黃金點；浪權；衝浪禮儀。

Intentional arc 意圖傾向（梅洛—龐蒂）：因過去的經驗與熟練的身體技巧累積，使我如今傾向於採取某種方式而非另一種方式來達成目的。是種有彈性的活動能力，會隨新情境隨時依照各種當時看似可行的方式修正。見：知覺；理性。

Intentionality 意圖：關於某事物的「關聯」（aboutness）。是思考與其他心靈狀態的關鍵特徵，例如：我正思考著印尼。

Intuition 直覺：①快捷的思考或感覺。②不靠理性細細推理而是靠具體了解來行動。③對個人周遭環境的身體知覺（見：意圖傾向；知覺）。④在五感之外，個人對自己身體的內在感覺。⑤道德判斷的理性基礎，而道德判斷則可經理性抽象為一般性原則（羅爾斯）。見：理性；反思均衡。

Know-how 懂／會／具體了解：懂得如何進行某種活動。能根據某種能力或成功標準具體表現。有時會與知道／抽象知識（know-that）相同（見：知道／抽象知識）。

Knowing-that 知道／抽象知識：透過信念而得知關於命題真假的知識。有時與懂／會／具體了解（見：懂／會／具體了解）相同。

Leisure 休閒：①依據經濟學理論，凡是離開勞動市場的時間皆屬之。②被動休息、放鬆、發懶、無所事事、閒晃。③花在遊戲、運動、慈善服務等主動消磨光陰活動上的時間。可以「休閒地」進行，亦可當「工作」來做（見：工作）。

Leisure capitalism 休閒資本主義：每週工時較目前為短的資本主義。面對生態稀缺能有效調節而無須犧牲的方式。見：生態稀缺；效率；衝浪客效益函數。另見：資本主義；休閒革命。

Leisure revolution 休閒革命：自制定每週四十小時工時制開始，為創造更多時間從事休閒活動的運動（三八制：八小時工作、八小時睡眠、八小時休閒）。約自一九四〇年代起，發生於資本主義內部以逃離放任自由資本主義（見：資本主義）。有鑒於生態稀缺現狀，可望於二十一世紀進一步削減工時（見：生態稀缺）。

Lip 浪唇：浪捲的前端（見：浪捲）。捲起的浪管前端部位（見：浪管），或浪壁前方碎裂崩塌部位（見：浪壁）。通常是進行衝浪動作的部位，例如，「跳離浪唇」（off the lip）就包括了各種從浪壁頂端彈跳或急旋的動作（見：急旋）。

Localism 在地主義：一種意識形態，指某地衝浪客僅憑自己住在附近便宣稱自己擁有浪權。往往易與其他較站得住腳的立場混淆，在地居民尤容易有此誤解。舉例來說，在地衝浪客對當地波浪較熟悉，往往較能抓到好浪頭。較少造訪該地的外來客在禮儀上有責任尊重浪點當地的習俗。

Logical positivists / empiricists 邏輯實證論者／邏輯經驗論者：由維也納學圈（包括Moritz Schlick、Otto Neurath、Rudolf Carnap、Hans Reichenbach等人）在二十世紀初期至中期所發展出的一支學派，提出許多解釋經驗科學如何可能的邏輯及語言理論，主張所有有意義的語句必定要能透過感官經驗檢證或確認，認為道德與宗教宣稱（都無法檢驗）既無真假可言，更在認知上毫無意義。相對：道德真理與客觀真（見：客觀）。

Look 盯：見：怒瞪。

Meaning 意義：①單純的一種價值（如：玩遊戲的價值）。②個人在許多價值中的選擇規劃。③平靜、和諧、熱切投入生活的基礎（見：和解）。④敘事，例如：關於宇宙或歷史的敘述。比較：荒謬；自由（沙特）。

Metaphysics 形上學：關於何為真實、真實的樣貌大概為何的研究，尤指以物理學等經驗科學以外的方式進行的研究。見：真實。

Middle way 中道（悉達多．喬達摩）：甘於得多少苦而能得多少樂。見：佛教。

Money efficiency 金錢效率：所有時間都以金錢衡量，並視同金錢一樣花費。花在純休閒上便是浪費，錯失了賺錢良機。反義：時間效率（見：時間效率）。

Money spot 黃金點：所有人都明白，你也知道大家都能清楚看出某個波浪絕對是屬於你的位置（見：正確位置）。

Mush / *Merde* 媽的／碎不成形，沒有浪壁的波浪。見：嘔。

Objective 客觀：①在價值上：無關個人信念或偏好的好壞價值。②在真假上：某個判斷（例如道德判斷或美感判斷）不因我們個別想法或感受不同而有所不同的真假值。③不屬於世間，永恆的實在（柏拉圖）。見：真實。

Object list theory（關於幸福的）客觀清單理論：個人生活品質取決於是否擁有某些美好事物。美好事物有清單可列，如：健康、事業成功、感官享受、與超越界維持和諧的關係等。這些美好事物具客觀價值，與個人的信念或欲望無關。

Opportunity cost 機會成本：做出不同選擇可得到的報酬。未選擇選項的價值。例如：選擇做更多工作，（機會）成本就是失去更多衝浪或陪孩子玩耍的時間。

Peak 浪峰：逐漸湧升形成三角形峰狀，尚未崩裂的波浪。

Perception 知覺（衝浪客）：具體處於某情境中，懂得如何因應環境調節自己的身體反應。行動有時會先於理解而為，也會形塑理解。理解到感官所驅使的動作——如眼球移動、轉頭或向前行走觸碰等並不只是我們知覺的唯一方式。是我們知覺意識的本質。見：調節領會；領會；意圖傾向。

Phenomenology 現象學：由德國哲學家胡塞爾所提出，看待我們日常經驗的一套方法。而且希望能區分出「內存」於日常經驗中的一般「邏輯」。原本發展於歐陸地區（見：歐陸哲學），現在於許多分析哲學中佔據核心地位。見：分析哲學；反思均衡。

Pig 豬：攫取太多共享資源的人。可能會成為混蛋（見：混蛋）。

Pitching 捲出：浪唇向前超出浪壁（見：浪唇；浪壁）。可能形成浪管（見：浪管）。反義為不成形的波浪（見：媽的）。

Play 玩樂：① 愉快或興奮，如：演奏爵士樂或衝浪時的感受。② 只為想像而假裝，如：小孩玩辦家家酒。③ 舒茲的定義：所有具備內在價值的活動。④ 康德：個人感官在想像中的「自由揮灑」，思想與感受的「自由調和」，尤指在掌握到美的時候。⑤ 胡伊青加：將例行與儀式性事物轉化為美與神聖領域的事物。見：玩遊戲；運動。

Preference satisfaction 偏好滿足（幸福理論）：幸福就是獲得你所想要的事物。可以指個人的實際或想像中的偏好（例如：想要獲得更多資訊）。

Pump 蹦躍：在波浪上加速的一種方式。結合了在衝浪板上移動重心和上下踩踏的動作。

Radical freedom 極端自由：與決定論式宇宙不相容的自由（見：決定論；不相容論）。見：自由（沙特）。比較：相容論；自由（衝浪客）。

Reality 真實：①存在。②一般意義：據一般標準而言，存在的事物。尤指在一般日常生活中無法完全撼動的事物。③個人意義：個人身體空間感，能在某個情境中做出許多可能動作、完成可能事項的感覺（梅洛－龐蒂）。④物理學中的客觀世界。

Reason 理性（衝浪客）：由對情境的具體知覺和過往經驗在行動中引導的思考（見：意圖傾向；知覺）。①緩慢而精密的慎思。②快速而立即的思考，理性在實作中的具體了解。相對：情感或情緒。見：直覺；反思均衡。

Reconciliation 和解：藉由接納而在世界、自我或這兩者中尋獲平靜。是衝浪客覺得爽的基礎（見：爽）。

Reflective equilibrium 反思均衡：知性融合的理想狀態（羅爾斯）。此狀態可藉由思索道德或其他「直覺」，再經反思後形成整體知識的過程達致。提出解釋直覺的明確原則或理論，然後修正或調整直覺或理論，以求雙方形成融貫而令人滿意的整體理論。見：直覺；理性。

Right-of-way 浪權：若衝浪客站在正確位置上，其他人必須將浪頭讓給他。見：追背划水；正確位置；衝浪禮儀。違反浪權稱為「偷浪」、「搶浪」、「截浪」、「拐浪」。

Rippable 好切：指波浪極為適合展現高度衝浪技巧。見：空中；切浪；切回；淡出；蹦躍；急旋；浪管駕乘。

Self-consciousness 自我意識：意識到個人自己（見：意識）。自我可以是個人經驗的焦點，也可能只處於經驗的朦朧邊緣。對比：自我超越（見：流動；自我超越）。

Self-transcendence 自我超越：超越個人自身。①一般意義：自我意識「消融」在高超技術活動中。這種消融可能只是流動的程度差別。可因練習和習慣而將注意力留作他用。②理性意義：在保有獨特自我身分的關係中失去自我意識。③極端意義：沒有所謂自我，或發覺「沒有自我」此事實。

Shoulder 浪肩：浪壁的下坡部分（見：浪壁）。相對：浪壁的陡峭面或碎裂的浪捲（見：浪捲）。

Snap 急旋：在浪唇上進行的動作（見：浪捲；浪唇）。衝浪板通常直立於浪唇，隨即轉至相反方向。衝浪板尾可以接觸水體（稱為「甩尾」），也可離開水面（稱為「擺尾」）。

Social attunement 社會領會：調節領會的社會形式。領會他人並順暢地在每個合作時刻（如對話、會面、在人潮中行走）做出反應。能帶來和諧的社會連結感與平靜感。見：調節領會；流動。比較：混蛋（見：混蛋）。

Socialism 社會主義：主要由公有財產構成，且大部分財產均不依賴市場的經濟體系。與資本主義僅為程度上不同。見：資本主義。

Soul surfing 靈魂衝浪：①隨靈魂脈動衝浪，不在意是否展現技巧，通常遠離人群。②在休閒資本主義中減少工作、多衝點浪，在浮士德式賭局中贏過魔鬼，求得世俗權力與財富而無需犧牲自身的靈魂。③和解的基礎（見：和解）。

Sports 運動：玩樂的一種，為其自身而做的事（見：玩樂）。由指出該運動特徵的「構成規則」所定義。通常比遊戲更不受規則束縛。可以成為競賽遊戲或非競賽遊戲；玩家可於技術競賽中接受定義得分和獲勝規則進行活動。見：玩遊戲。

Stink eye 怒瞪：①不悅地盯著另一個人。②強調衝浪禮儀的方式之一（見：衝浪禮儀）。③要求說明理由，對個人平等地位或該獲尊重的宣示。④回應挑戰的眼神，說明自己確實有好理由。見：民主制度；盯。

Stoicism 斯多噶學派：①古代哲學學派之一，代表人物為西賽羅、愛比克泰德、塞涅卡等。②對如何生活論述最精闢的實踐哲學。③斯多噶學派中人會控制自己的心靈，維持不動澄淨，對自己無力控制的所處環境坦然接受。④調節自身欲望以因應所處環境的人。

Stoke 爽：①興奮的感受。②強烈的和諧依靠感。③和解的基礎（見：和解）。

Structure / flow 架構／流動：見：流動／架構。

Sublime 崇高：①從安全處感受到的恐懼，伴隨著因為從痛苦或害怕中解脫的「欣喜」感（伯克）。②摻雜了欽佩、尊敬與「臣服、拜倒、徹底無力」的「欣喜」（康德）。③超越個人感受而能成為欽佩、尊敬、讚嘆的對象，卻不會因此感到無力的事物（例如：海洋）（衝浪客）。見：美；亂；崇高的美；崇高的亂。

Sublimely beautiful 崇高的美：崇高且美。可能源自伯克一七五七年〈對吾人崇高與美的觀念起源之哲學探究〉一文。文中指出崇高與美往往是相反的，只有極少數情況中才會彼此混雜。對比：崇高的亂（見：崇高的亂）。

Sublimely gnarly 崇高的亂：崇高且亂。與崇高且美相反。見：美；亂；崇高；崇高的美。

Surfer 衝浪客：①「衝浪客」：指大部分衝浪客對生活與存在共享的觀感。尤其當詢問衝浪客在波浪駕乘的技術之上還追求著什麼時所欲得的回應。②指持「衝浪客立場」的人，亦即以「建構性詮釋」大部分或所有衝浪客都懂得的事來表明衝浪客的「內在」知識。③衝浪的人。見：衝浪。

Surfer's contribution 衝浪客的貢獻：工作減量、多去衝浪，以從事休閒活動減少工作排碳。協助避免氣候變遷問題繼續惡化。凡是減少工作、增加低消耗性休閒活動（例如：與朋友喝咖啡聊天或拜訪長者）的人都可做到。若縮短工時制度，則可成為因應全球脆弱生態的合理調節方式基礎（加上其他更緊急的措施，包括排碳稅和排污交易等）。是在資本主義內延續推動休閒革命的新動力（見：生態稀缺；效率；休閒資本主義；休閒革命）。

Surfer utility function 衝浪客效益函數：衝浪客願意用時間換取足夠的金錢以從事有意義的休閒活動，在此之後便更看重時間甚於金錢。看重時間甚於金錢的偏好是種客觀美好事物的衡量標準，亦可稱為理想偏好而非實際偏好（見：客觀清單理論；偏好滿足）。

Surfer wage equity 衝浪客薪資衡平法：同一工作在較短工時下給予相同薪資。一個人工作愈有效率，就有愈多時間去衝浪（或從事園藝等活動）。見：休閒資本主義；時間效率。

Surfing 衝浪：①波浪駕乘，通常需藉助衝浪板。②與變遷中的自然現象同調，調節身體以借助其動力前進，可以刻意為之，亦可以此活動本身為目的。見：調節領會；玩樂；運動。

The Look 盯（沙特）：①他人的凝視，是羞恥的根源（例如被抓到透過門上瞻孔偷窺）。②不滿或懷疑的眼光。③認定假設他人存在是合理事實的根據。見：怒瞪。

Three types of being 存有的三種型態（沙特）：①僅做為物體（「在己存有」）。②成為有意識的主體（「為己存有」）。③透過他人眼光看待自己的有意識存有（「為他存在」）。見：意識；自由（沙特）；自我意識；盯（沙特）。

Time efficiency 時間效率：不浪費時間賺錢，除非這筆錢可以拿來達成真正值得做的美好目標。與「金錢效率」相反（見：金錢效率）。休閒資本主義的特徵（見：休閒資本主義）。見：效率；衝浪客效益函數。

Transcendence 超越：超出某件事物之外。見：自我超越。

Tube 浪管：波浪前推時形成的中空圓柱。浪捲從浪壁前方延伸，下探至浪底，在波浪內部形成圓柱形空間。在浪管內駕乘是衝浪最美妙的經驗。見：浪捲；捲出；浪管駕乘；浪壁。

Tube ride 浪管駕乘：在浪管內部衝浪（見：浪管）。亦稱為「管浪駕乘」（barreled）、「進屋」（shacked）、「騎浪管」（piped）、「關門」（locked in）、「溫室時刻」（time in the green room）、「裝桶」（kegged）、「進洞」（slotted）、「吸入」（drained）、「打包」（packing it）。

Utilitarianism 效益主義：主張正確的行為或正義的制度就是促進最大整體福祉的行為或制度。只要能達到此目標的手段均是合理的。

Wave etiquette 衝浪禮儀：全世界衝浪客都共同遵守的分享波浪規則。人人都有執行權力；人人皆可為自己權利發聲，並要求他人為可能侵犯浪權或禮節提出合理解釋。人人都該為自己行為負責，能在他人質問時提出可信說明。「在地主義」則認為在地居民享有衝浪禮儀中的特權；見：混蛋；在地主義。

Wave face 浪壁：波浪在湧起至碎裂之前，向岸邊推進時的前端立面。相對：浪底、浪捲、白沫（見：浪捲；白沫）。

Whitewash 白沫：波浪碎裂後出現的散亂泡沫。

Work 工作：①市場勞作，或為了錢而勞動。②折磨、苦工、瑣事。③以學習或卓越為目標的技術展現，例如衝浪。可能覺得費力，亦可能覺得「休閒」（見：休閒）。

Workaholic 工作狂：①熱愛自己的市場勞作，將工作當成生活重心與認同而忽略休閒活動的人。②會因將無數瑣碎工作的工時縮減至平均水準之下而感到悲傷的人。③加劇氣候變遷問題的人。比較：衝浪客的貢獻；衝浪客效益函數；衝浪客薪資衡平法；時間效率。

內容簡介

《衝浪板上的哲學家》是一本哲學之書，闡釋逐浪而活的衝浪客，何以能掌握關於歲月、知識、自由、控制、流變、快樂、社會、自然，還有人生意義等奧祕；它同時也是一本衝浪之書，揭示人類在經歷二次世界大戰及經濟蕭條之後，「休閒革命」仍應持續下去，人類順應世界潮流，享受更悠閒、更像衝浪客般的「休閒資本主義」，讓大家都有工作做，卻可以做得更少，讓工作不再是我們存在的主要理由。

本書作者亞倫．詹姆斯（Aaron James）為加州大學爾灣分校哲學教授，平日愛好衝浪，他結合了自身衝浪的經驗和精神，探索哲學中的關鍵概念，同時說明何謂「休閒資本主義」，試圖為忙碌的現代人尋找內心的平靜。

詹姆斯深受沙特思想的影響。早在二十世紀中期，沙特便提出深刻的人類生存狀態問題，思考黑暗深沉的生存困境。就像其他哲學大師與門徒的對話一樣，詹姆斯也開始在咖啡館、卡車上、衝浪時，開啟了與沙特的對話——亦即本書的內容。這一連串探問，會依循古早論著的方式，從深層的基礎開始，一點一滴地涉及歷史上的重要事件。

本書論及的哲學面猶如大海般深廣：沙特及其他現象學的大師，特別是海德格和莫里斯．梅洛—龐蒂，以及亞里斯多德探討行動和幸福、佛教和斯多噶主義；霍布斯和盧梭探討社會；

約翰·洛克聚焦在公共事務，以及馬克斯所談的自主性及休閒，當然也要看看嚴肅的康德對「崇高經驗」的論述，又與衝浪客對大自然的崇敬有何不同。

在這些巨人的肩膀上，詹姆斯發展出一套自己的獨特觀點，認為衝浪與相關休閒活動是新的「休閒資本主義」的一部分，將幫助我們適應生態資源不斷減少的星球。這或許是一個烏托邦的想法，畢竟目前的社會機制不允許我們朝此方向進展。但這也是哲學的美妙之處，能讓我們逃離政治的束縛，因而看得更遠。「少點工作，多點衝浪」或許能成為一種倫理教訓，帶領我們找到通往陽光之處、一個充滿希望的歷史觀，以及更豐富自由的生存方式。

作者簡介

亞倫・詹姆斯 Aaron James

哈佛大學博士，現為加州大學爾灣分校哲學教授。著有《*Assholes: A Theory*》、《*Assholes: A Theory of Donald Trump*》、《*Fairness in Practice: A Social Contract for a Global Economy*》，以及許多學術文章。詹姆斯獲得美國學術團體協會 Burkhardt 獎學金，同時於二〇〇九～二〇一〇學年在史丹佛大學行為科學研究中心做研究，並於二〇一三年秋季擔任紐約大學訪問教授。他同時也是狂熱的衝浪愛好者，目前住在加州爾灣。

譯者簡介

邱振訓

國立台灣大學哲學博士，研究專長為倫理學、道德心理學。譯有《大師與門徒》、《自己拯救自己》、《來生》、《離經叛道的哲學大冒險》（皆立緒出版）等書。

Email：cch5757@gmail.com

文字校對

馬興國

中興大學社會系畢業；資深編輯。

責任編輯

王怡之

東吳大學中文系畢業；資深編輯。

立緒文化事業有限公司　信用卡申購單

■信用卡資料

信用卡別（請勾選下列任何一種）

□VISA　□MASTER CARD　□JCB　□聯合信用卡

卡號：________________________________

信用卡有效期限：________年________月

訂購總金額：________________________________

持卡人簽名：________________________________（與信用卡簽名同）

訂購日期：________年________月________日

所持信用卡銀行________________________________

授權號碼：________________________（請勿填寫）

■訂購人姓名：________________________ 性別：□男□女

出生日期：________年________月________日

學歷：□大學以上□大專□高中職□國中

電話：________________________ 職業：________________________

寄書地址：□□□

____

■開立三聯式發票：□需要　□不需要（以下免填）

發票抬頭：________________________________

統一編號：________________________________

發票地址：________________________________

■訂購書目：

書名：____________、______本。書名：____________、______本。

書名：____________、______本。書名：____________、______本。

書名：____________、______本。書名：____________、______本。

共__________本，總金額________________________元。

⊙請詳細填寫後，影印放大傳真或郵寄至本公司，傳真電話：(02)2219-4998

大旗文化 閱讀卡

姓　名：

地　址：□□□

電　話：(　)　　　　傳　眞：(　)

E-mail:

您購買的書名：＿＿＿＿＿＿＿＿

購書書店：＿＿＿＿市（縣）＿＿＿＿書店

■您習慣以何種方式購書？

□逛書店 □劃撥郵購 □電話訂購 □傳真訂購 □銷售人員推薦

□團體訂購 □網路訂購 □讀書會 □演講活動 □其他＿＿＿＿

■您從何處得知本書消息？

□書店 □報章雜誌 □廣播節目 □電視節目 □銷售人員推薦

□師友介紹 □廣告信函 □書訊 □網路 □其他＿＿＿＿

■您的基本資料：

性別：□男 □女　婚姻：□已婚 □未婚　年齡：民國＿＿＿年次

職業：□製造業 □銷售業 □金融業 □資訊業 □學生

□大眾傳播 □自由業 □服務業 □軍警 □公 □教 □家管

□其他＿＿＿＿

教育程度：□高中以下 □專科 □大學 □研究所及以上

建議事項：

愛戀智慧 閱讀大師

廣 告 回 信
北區郵政管理局登記證 北臺字8448號
免 貼 郵 票

立緒文化事業有限公司 收

新北市 2 3 1

新店區中央六街62號一樓

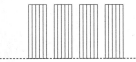

請沿虛線摺下裝訂，謝謝！

立緒文化 閱 讀 卡

感謝您購買立緒文化的書籍

為提供讀者更好的服務，現在填妥各項資訊，寄回閱讀卡（免貼郵票），或者歡迎上網至http://www.ncp.com.tw，加入立緒文化會員，即可收到最新書訊及不定期優惠訊息。

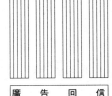

國家圖書館出版品預行編目 (CIP) 資料

衝浪板上的哲學家：從現象學、存在主義到休閒資本主義／
亞倫・詹姆斯（Aaron James）著；邱振訓譯 .
-- 新北市：立緒文化，民 107.04
面；　公分 . --（新世紀叢書；247）
譯自：Surfing with Sartre: An Aquatic Inquiry into a Life of Meaning
ISBN 978-986-360-105-0（平裝）

1. 哲學　2. 衝浪

145　　107003689

衝浪板上的哲學家：從現象學、存在主義到休閒資本主義
Surfing with Sartre: An Aquatic Inquiry into a Life of Meaning

出版——立緒文化事業有限公司（於中華民國 84 年元月由郝碧蓮、鍾惠民創辦）
作者——亞倫・詹姆斯 Aaron James
譯者——邱振訓

發行人——郝碧蓮
顧問——鍾惠民

地址——新北市新店區中央六街 62 號 1 樓
電話—— (02) 2219-2173
傳真—— (02) 2219-4998
E-mail Address —— service@ncp.com.tw
Facebook 粉絲專頁—— https://www.facebook.com/ncp231
劃撥帳號—— 1839142-0 號 立緒文化事業有限公司帳戶
行政院新聞局局版臺業字第 6426 號

總經銷——大和書報圖書股份有限公司
電話—— (02) 8990-2588
傳真—— (02) 2290-1658
地址——新北市新莊區五工五路 2 號
排版——菩薩蠻數位文化有限公司
印刷——祥新印刷股份有限公司

法律顧問——敦旭法律事務所吳展旭律師

分類號碼—— 145
ISBN —— 978-986-360-105-0
出版日期——中華民國107年4月（1～1,500）

定價◎ 450 元　立緒